미래 사회를 위한
리터러시 교육의
다각화 모색

리터러시 총서 **03**

미래 사회를 위한
리터러시 교육의 다각화 모색

초판 1쇄 인쇄   2023년 05월 09일
초판 1쇄 발행   2023년 05월 19일

지 은 이   김성수 최선경 정희모 유리 장서란 유미향 손혜숙 남진숙 공성수
펴 낸 이   박찬익

펴 낸 곳   (주)박이정출판사
주   소   경기도 하남시 조정대로45 미사센텀비즈 8층 F827호
전   화   (031)792-1195
팩   스   (02)928-4683
홈페이지   www.pjbook.com
이 메 일   pijbook@naver.com
등   록   2014년 8월 22일 제2020-000029호

I S B N   979-11-5848-891-8 93300
책   값   22,000원

리터러시
총 서
03

미래 사회를 위한 리터러시 교육의 다각화 모색

김성수
최선경
정희모
유 리
장서란
유미향
손혜숙
남진숙
공성수

한국리터러시학회

머리말

리터러시 교육의 질적, 양적 변화가 당위인 시대입니다. 4차 산업혁명의 기술 혁신으로 지식의 유효기간도 점점 짧아지고 있습니다. 혁신의 방향을 선도하지 못하는 교육은 이제 교육 현장에서 외면 받을 수밖에 없는 현실이 되고 있음을 실감합니다. 새로운 매체 환경에 기반을 둔 다양한 현장 수업의 설계도 다각화되고 있습니다. 바야흐로 교수-학습 방법의 변화만이 아니라 교육 가치 및 목표와 내용 등에 대한 확대도 필요한 시점입니다. 이 책에는 이러한 시대적 요구에 부응하려는 움직임을 담았습니다.

이 책의 제1부는 리터러시 교육의 새로운 방향과 내용을 다룬 논문들로 꾸렸습니다. 이들 논문에서는 학습자의 통합적 사고 능력, 자기주도적 학습 능력을 통한 리터러시 능력의 함양과 인문학의 핵심주제에 대한 다층적 접근 등을 다루고 있습니다.

김성수(2021)에서는 인공지능 시대에 인문학과 리터러시 교육 방향의 중요성을 강조하며, 인간의 자기존재 증명을 위해 학습자의 주체적 자유 의지를 강조하는 인문학과 독서 교육의 방향을 제안하였습니다. 최선경(2021)에서는 융복합 역량 함양을 위해 인문교양 교육의 다변화를 시도하였으며, 교양교과목 〈인문#〉의 교과 내용 및 운영 방법을 소개하였습니다. 정희모(2015)에서는 디지털 미디어 시대의 리터러시 교육 목표 재정립을 시도하는 한편, 인문교양 교육 안에서 디지털 텍스트의 특성을 반영한 글쓰기 교육을 제안하였습니다. 유리(2021)은 미래 사회 역량으로서의 다문화 리터러시 교육을 제안한 논문으로, 세계시민교육과 다문화교육이 유기적 관계를 형성할 수 있는 새로운 리터러시 교육의 가치를 기술하였습니다.

이 책의 제2부에서는 리터러시 교육 영역에서 다각적 교과 개발 및 운영에 대한 탐색을 다룬 연구들을 모았습니다. 장서란(2021)에서는 이공계 학습자들을 대상으로 과학사회학에 대한 논의 및 활용 사례로, 이공계 교양국어 수업에서의 과학 윤리 교육의 가능성을 제안하였습니다. 유미향(2019)에서는 〈과학적 글쓰기와 고전읽기〉 교과목과 교재 개편에 대한 교수자와 학습자의 인식 양상을 조사하고, 학습자의 요구와 흥미를 반영한 교과 운영과 교재 구성을 제안하였습니다. 손혜숙(2020)에서는 〈뉴스 리터러시와 미디어 글쓰기〉 교과에서 카드 뉴스와 앵커브리핑 원고를 비판적으로 분석하고, 공감하는 과정을 통해 미디어 리터러시 능력을 함양할 수 있는 교육 방안을 모색하였습니다. 남진숙(2021)에서는 융복합 교양교과목 개발 사례로, 〈미래 환경과 위험사회〉의 교과 운영 및 교수-학습 방법을 소개하였습니다. 공성수(2018)에서는 다매체를 활용한 글쓰기 교육의 확장으로, 사진 촬영과 글쓰기를 병행하는 수업 설계를 하였습니다. 매체 활용 기술에 초점을 두지 않고, 학습자가 매체를 인식의 확장 도구로 사용하는 방안을 제안하였습니다.

디지털 기술이 인간의 지식 영역을 위협하는 시대는 인간이 가진 고유의 정체성이 무엇인가를 탐색해야만 하는 시기입니다. 이는 교육적 혼란의 시대일수록 역설적으로 인간 가치를 탐구하고 인간 스스로 더 가치 있는 일을 고민할 수 있는 시기를 뜻합니다. 리터러시 교육 영역 안에서도 교수자이든 학습자이든 이러한 고민을 교육 현장에서 공유할 수 있는 방향을 모색하고 시도하는 활동을 멈추지 않아야 할 것입니다.

2023년 4월
한국리터러시학회 회장 김성수

목차

1부

리터러시 교육의
새로운 방향

1장

인공지능 시대와
책읽기 교육의 방향 모색

김성수

1. 여는 말: 인공지능 시대의 교양교육과 책읽기[1]

　최근 4차 산업혁명이 빠르게 진행되면서 인공지능(Artificial Intelligence: A.I.)과 로봇 과학기술이 우리의 삶에 가까이 다가오고 있다.[2] 인공지능과 로봇, 새로운 지식 생산의 방식으로서 학문 융합과 네트워킹의 초연결기술이 신종 코로나바이러스 감염병(COVID-19, 이하 코로나19) 시대의 비대면 소통을 가능하게 하면서 일상적 삶의 영역만이 아니라 대학교육의 체계를 근본적으로 변화시킬 수 있는 새로운 계기들을 제공해주고 있다. 모든 사물(공간·생물·정보·비즈니스 등)이 거미줄처럼 사람과 연결되는 4차 산업혁명의 초(超)연결사회(Hyper-connected Society)는 사물인터넷(IoT: Internet of Things), SNS(사회관계 망 서비스: Social Networking Service), 증강현실(AR: Augmented Reality) 같은 초연결기술로 코로나19의 갑작스러운 상황에서 비대면 마케팅을 비롯하여 비대면 재택근무, 비대면 온라인 화상회의와 실시간 수업, 비대면 예배와 공연을 가능하게 하였다. 그러나 지난 2년간 비대면 원격화상 방식의 수업 경험을 통해서 대학 당국과 교수, 학생들은 대부분 코로나19 이전에 해오던 교육의 형태와 모습으로는 다시 돌아가기 어렵다는 데에 동의하고 있다. 코로

1　이 글에서는 '작문(作文)'에 대응하는 '글쓰기'라는 어휘 또는 과목명에 맞춰서 '독서(讀書)'라는 명칭을 대신하여 '책읽기'라는 용어를 사용한다. 이렇게 되면 '작문-독서'라는 개념 또는 어휘와 함께 '글쓰기(writing)-책읽기(reading)'라는 용어를 과목명으로 사용하는 데 하나의 연결 체계를 가질 수 있다. '책읽기'라는 용어를 사용하게 되면 독서 개념을 담아 과목명으로 사용하고 있는 '명저 읽기', '고전 읽기', '과학기술 책읽기', '추천도서 읽기' 등 책 읽는 활동을 강조하는 교과목이나 프로그램 명칭, 나아가 '아이 책읽기', '(조금)삐딱한 책읽기', '최고 경영자의 책읽기', '(책읽기의 달인) 호모부커스', '빠삐용의 책읽기', '맛있는 책읽기', '행복한 책읽기', '행복한 책읽기와 수필 쓰기', '잔혹한 책읽기', '책읽기의 괴로움', '대담한 책읽기', '자유인을 위한 책읽기' 등의 책 제목에서 알 수 있듯이 '작문→글쓰기'에서와 같이 대학의 교과목 명칭도 '독서→책읽기'로 사용할 수 있을 것이다. 2000년대 이후 대학 교양교육에서 '작문' 대신 '글쓰기'라는 명칭을 일반화하여 사용해오고 있듯이, '독서'라는 명칭을 '책읽기'로 사용하는 문제에 대해서는 최근 부상하고 있는 '오디오북'처럼 책이 읽는 매체로만이 아니라 듣는 매체로까지 진화하고 있는 현실을 포함하여 향후 '책읽기' 명칭 사용과 관련한 구체적인 논의가 요청된다.

2　이 글에서는 4차 산업혁명과 인공지능 시대에 '다시' 생각해보아야 할 대학 책읽기 교육의 인문적 가치와 교양교육의 의미에 대한 재인식과 함께, 책읽기 교육에 대한 관심을 환기하기 위한 의미로 '인공지능 시대'라는 개념을 사용한다. 인공지능 시대에도 유지해나가야 할 대학 책읽기 교육의 의미와 방향을 재검토하고 강조함으로써 인문학과 교양교육 위기의 시대에 책읽기 교육의 가치와 위상을 생각해보는 데에 중점을 두고 논의를 전개한다.

나19 사태로 비대면 원격화상 수업의 비중이 높아지면서 이제 대학들은 캠퍼스 건물 같은 외형적 하드웨어보다는 인공지능과 가상현실(VR), 메타버스(metaverse) 방식의 새로운 교육 콘텐츠에 투자하고, 온라인 강의를 위한 교육 플랫폼을 구축하여 '혼합 학습(blended learning)'[3]을 전면적으로 도입하려는 움직임을 보이고 있다.

2020년 미국 라스베이거스에서 열린 CES 2020에서 모빌리티 혁신과 함께 가까운 미래의 핵심기술 분야로 인공지능과 서비스 로봇이 주요 트렌드로 제시된 이후 인공지능에 바탕을 둔 새로운 기술을 도입하고 적용하기 위한 연구와 실천이 교육계와 대학의 연구 기관에서도 활발하게 모색되고 있다. 미국과 독일, 일본 같은 세계의 주요 선진국에서도 빅 데이터와 관련한 기술개발 연구를 적극 지원하면서 인공지능, IoT, 3D 프린팅 등을 생산 현장에서 활용하고 있으며, 일본 역시 로봇기술을 활용하여 고령사회를 대비하기 위한 기술 전략을 발표하여 시행하고 있다. 우리나라도 2017년 대통령 직속으로 4차 산업혁명위원회를 두고 4차 산업혁명에 관한 대응 전략을 준비하고 있다(손혜숙, 2019:559-560). 디지털 기술로 이루어지는 초연결 기반의 지능화 혁명(4차산업혁명위원회, 2017)에 관심을 집중시키고 있는 정부의 교육정책은 과학기술적 능력뿐만 아니라, 인문 예술적 소양까지 겸비한 인재를 발굴하여 4차 산업혁명 시대를 이끌어나갈 인재를 양성하기 위해 STEAM(Science+Te chnology+Engineering+Art+Math의 머리글자) 교육을 강조하여 '과학과 공학기술과 인문예술' 역량을 강화하는 창의 융합형 교육에 관심을 두고 있다(안호영, 2015:66-67).

---

3 포스트코로나 시대의 '혼합 학습'은 가장 논리적이고 자연스러운 학습 방법의 진화 결과로, 혁신적인 정보기술 발전에 기초한 온라인 학습과 상호작용적 참여를 동반하는 전통적 학습과의 통합을 지향한다. 혼합 학습은 멀티미디어 테크놀로지, CD- ROM, 가상교실, 음성 메일, 이메일과 화상 수업, 온라인 텍스트 애니메이션과 비디오 스트리밍 등이 결합된 것으로, 전 세계적으로 서로 다른 문화와 서로 다른 시간대에 있는 학습자들을 하나로 모아줄 수 있다는 면에서 21세기의 가장 혁신적인 교육 방법 가운데 하나가 될 수 있다. 혼합 학습의 정의와 중요성에 대해서는 Thorne(2003/2005, 34-36)을 볼 것.

인공지능 시대의 기술이 인류 전체의 삶에 궁극적 유용성을 가져오기 위해서는 인간의 삶의 조건과 사회적 존재 방식, 그리고 미래 삶의 의미와 가치에 도덕적·윤리적으로 부합하는 방향으로 나아가야 한다. 대학교육 분야에서 정책을 만들고 교육을 해 온 사람이라면 알 수 있듯이, 인공지능의 등장으로 다양한 학문 분야와의 융합을 모색하고 과학기술 분야의 새로운 영역을 만들어내야 하면서도, 공동체의 사람들과 함께 어울려 더 자유롭고 행복하게 인공지능 시대를 살아가야 할 주체적 인간을 키워내기 위해서는 인문학 교육이 중요하다는 데 공감을 하고 있다. 인간지능을 넘어서는 인공지능이 도래 하는 시대, 수학자이며 SF작가인 버너 빈지(Vernor Vinge)가 제안한 '특이점(Singularity)' 개념은 레이 커즈와일(Ray Kurzweil)이 언급한 것처럼 과학기술의 발전으로 생물학적 인간의 지능을 뛰어넘는 인공지능의 미래 모습을 상상하고 있다(Kurzweil, 2006/2007). 4차 산업혁명이 사회 전반에 빠르게 펼쳐지고 있으며, 코로나19가 지속되고 있는 이 시대에 대학의 교양교육은 인간의 가치를 고양하고 인간적인 삶의 의미를 성찰하고 실천하는 인성교육, 융합 기반의 세계에서 문제의 핵심을 파악하고 종합적인 안목을 키우며 지적 연결 지평을 확장하는 지성교육에 관심을 기울여야 하는 역할을 맡고 있다(백승수, 2017:27-28).

국내의 대학들은 인공지능, 빅 데이터, 자율주행의 미래차 등 신산업 분야의 고급 기능 인재를 양성하기 위해 대기업과 협력하여 학부 과정에 '배터리 학과'(김지애, 2021)와 '반도체 학과'를 유치하고, 대학원 석·박사 과정에도 인공지능과 메타버스 전문대학원 과정을 설치하고 있다(이윤주, 2021;김명희, 2021). 이와 함께, 인공지능의 학습 능력이 인류의 패러다임을 근본에서부터 뒤흔들고 있는 이 시대에 어떻게 하면 더 인간다운 삶의 관계를 유지하고 발전시켜나갈 수 있을지에 대해 관심을 가지고 질문해야 한다는 점에서 대학 교양교육의 역할은 더 중요해지고 있다. 지난 몇 년간 '4차 산업혁명',

'인공 지능', '코로나19' 등을 핵심어로 하는 수백 편의 연구 논문들이 학문 분야별로 쏟아져 나왔으며, 교양교육 관련 분야에서도 인공지능과 연결된 성과들이 이어지고 있다.[4] 과학기술 분야의 인공지능 전문가들에게는 인공지능과 공생하게 될 미래를 위해 막연한 공포감이나 부정적인 시각보다는 "인간에게 편의를 제공하는 벗으로 인식하는 계기"(조성배, 2016:17)가 되기를 바라고 있으며, 종교학 분야에서는 전인적 인간 발전과 종교적 상상력의 관점에서 "인공지능의 시대, 인간의 길찾기"(황경훈, 2017:32)를 모색하고 있다.

배우 예술과 공연학 분야에서도 4차 산업혁명 시대, 배우예술의 영역과 경계는 무엇인지 논의하면서 "배우의 영역에서도 인공지능 로봇이 함께 공존 하는 시대상을 제시하며 배우예술의 경계를 무너뜨리는 계기"(정하니·유주연, 2018:95-98)를 분석하고 있다. 또한, 인간과 인공지능 로봇간의 관계에서 제기 될 수 있는 인성교육의 과제와 관련하여 "인공지능 로봇을 활용하는 일상에서 도덕적 의미를 이해하고, 인공지능 로봇 활용의 가능성"(송선영, 2021:28-29)을 검토하고 있다. 대학의 리터러시 분야에서 "대학생을 위한 인공지능 리터러시 교육이 나아가야 할 방향성"(박윤수·이유미, 2021:426)과 AI 리터러시 역량 향상의 과제를 다루고 있는 연구에 이르기까지 다양한 학문 분야에서 4차 산업혁명 시대의 인공지능 과제에 대해 논의하고 있다. 인공지능 관련 연구 성과들의 내용을 검토해보면, 인공지능과 로봇 과학기술의 윤리적 책임을 강조하며, 인간을 위한 인공지능의 선의적 활용을 위해 준비하고 논의해야 하는 과제가 대학 교양교육에서 중요한 화두로 부상하고 있음을 확인할 수 있다. 이를테면, 로봇으로 대체되며 경쟁하게 되는 인간

---

4 인공지능 시대에 교양교육이 나아가야 할 교수학적, 교양학적 의미를 논의하고 있는 손승남(2020:16-17)을 비롯하여, 인공지능과 관련하여 인간다움의 교양학적 의미, 인문소양, 미래교육과 관련하여 논의하고 있는 박승억(2016), 문동규(2017), 김성연 (2019), 김효선(2019), 홍성욱(2019), 서동은(2019), 정연재(2020) 등의 성과들을 참조할 수 있다.

의 일자리 문제, 자율주행차의 윤리적 선택에 관한 문제나 섹스로봇의 개발과 허용 문제 등이 사회적 이슈로 부상하면서 이에 관한 윤리적, 법적 장치를 마련하기 위한 논의 역시 각 학문 분야별로 뜨거운 쟁점이 되고 있다. 여기에 코로나19 사태로 대면 교육이 어려워지면서 비디오 컨퍼런싱(video conferencing)으로 불리는 원격 화상 방식의 비대면 수업을 각급 학교에서 채택하여 활용하고 있고, 향후 포스트코로나 시대에도 '디지털 뉴딜' 정책의 과정과 연결하여 대면과 비대면 방식을 섞어 혼합 학습 형태로 수업 운영을 변화시켜나갈 준비를 하고 있다. 이처럼 인공지능의 현실화와 일상화가 이루어지는 이 시기에 타인의 감정과 소망과 욕망을 이해하여 지적으로 읽어내는 서사적 상상력(Nussbaum, 1998/2018:29-31)으로서의 인간성 계발, 창의융합과 논리적 이해 능력 향상을 위해 힘을 모으고 있는 대학의 교양교육 분야, 특히 고전과 명저를 읽고 토론하고 에세이를 쓰는 교과목 등에서 빠르게 변화하는 시대에 부응하기 위해 책읽기 교육의 방향을 고민하고 전망해보는 일은 코로나19 사태로 온라인 교육 플랫폼을 구축하고, 혼합 학습을 준비하고 있는 상황에서 일정한 의미가 있을 것이다. 이 글에서는 인공지능 시대의 인문학과 책읽기 교육이 가지는 의미, 그리고 그 교육적 방향을 모색하고 제언하는 데에 목적을 두고 논의를 진행한다.

2. 인공지능 시대의 인문학과 책읽기 교육

4차 산업혁명과 인공지능 시대를 맞아 로봇 과학기술의 일상화와 초연결 사회의 기술 유토피아가 실현되어가고 있는 반면, 대학의 안팎에서 인문학의 위기, 교양교육의 쇠퇴라는 우려의 목소리가 높은 것이 오늘의 현실이다.[5] 대학 공동체와 시민사회에서 인문 정신의 중요성을 강조하면서도, 실제로는 실용교육 중심의 새로운 교과목에 투자하느라 기존의 인문학 교과목들은 상대적으로 축소되고 있다. 세부 전공에 함몰되어 교양교육에 관심을 두지 않고 있으며, 기초 도구과목이나 취업, 창업, 취미 중심의 실용적 강좌들이 점령함으로써 교양교육의 위기가 심화되었다(백승수, 2019:21-22). 인문 계열 분야의 학과가 사라지고 있으며,[6] 인문 분야의 교양과목과 교과목 강의 시수를 축소하고 필수과목에서 해제하거나 분반 당 학생 수를 늘려 과제물에 대한 피드백과 학생 면담 시간이 줄어들어 전반적으로 교양교육의 상황이 저하되는 결과를 가져오고 있다. 대학 바깥의 사회 현실 역시 디지털 환경에서의 매체 이용 변화로 인간 정신의 근육을 키우고 내면의 성찰을 이끌어내는 인문교육과 책읽기 환경을 위축시키고 있다.

일본에서 탐사보도의 선구로 평가 받는 지식계의 거장 다치바나 다카시(立花隆)가 도쿄대학 학생들의 지적 수준에 경악을 하며 쓴 『도쿄대생은 바보가 되었는가:지적 망국론+현대 교양론』(立花隆, 2004/2005)에서 언급한 '바보'란 기본적인 지적 능력의 결여를 말한 것이 아니었다. 다치바나 다카

---

5 우리 사회에서 1990년대 중반부터 본격화되어 나타난 '인문학의 위기' 담론은 인문 대학의 위기, 인문교육의 위기, 인문학자의 위기, 그리고 인문학 전공자의 취업 위기를 모두 포함하고 있는데, 2000년대 들어서 이러한 인문학의 위기를 실용적으로 전환해서 극복하려는 시도로 각 대학들은 '국어국문학과→매체국문학전공→문화 콘텐츠학부(과)', '사학과→역사콘텐츠학과', '불어불문학과+독어독문학과'→'유럽 문화학과' 등의 명칭으로 변경하고 교육 내용과 커리큘럼을 혁신함으로써 변화하는 시대에 적응할 수 있는 인재를 양성하려는 노력을 기울여 왔다. 또한, 인문학의 실용적 가치를 고려하여 '응용인문학', '실용인문학'으로 전환하여 연구를 하고, 결과 물을 생산하는 방향으로의 변화를 이루어 왔다(이미정, 2007). 한편, 인문학과 교양교육의 위기는 종합적이고도 인문적인 지식을 쌓은 교양인을 양성하지 못한 데에 원인이 있으며, 온갖 비윤리적이고 부도덕한 범죄율과 이기적이고 개인적인 행위들은 모두 인문교육 내지는 교양교육의 부재에서 기인하기 때문에 "오늘날과 같은 고도의 정보사회 하에서 올바른 인간적 품성을 쌓고 훌륭한 사회적 일원으로 만들기 위해서는(…) 인문학적 가치나 교양교육의 필요성을 강조해야 하며, (…) 21세기라는 급변하는 시대적 상황 속에서 우리가 살아남을 수 있는 길은 대학을 교양교육의 터전 으로 만드는 길"이라는 견해에 주목하게 된다(김상근, 2000:6-7).

6 실제로 지난 8년 동안 국어국문학과 등의 어문계열이나 철학과 등 대학의 인문계열 학과가 2012년 976개에서 2020년 828개로 줄어 150개 가까이 사라졌다는 보도(조선일보, 2021.12.22.)에서 이와 같은 사실을 확인할 수 있다.

시는 프랑스의 수학자 이자 백과전서파의 철학자인 콩도르세(Marquis de Condorcet)가 "교육의 목적은 현 제도의 추종자를 만드는 것이 아니라, 제도를 비판하고 개선할 수 있는 능력을 함양하는 것"(立花隆, 2004/2005:72)이라고 했던 말을 인용하여, 교양 교육은 무엇을 '안다'는 것이 아니라 '아는 것'을 실천할 수 있는 마음을 기르 는 일의 중요성을 강조하고 싶어 했던 것이다. 어느 사회나 그렇듯이 문제가 많은 제도와 관행들을 개선해나갈 수 있는 창의적 생각과 그에 관한 실천 의지를 함양하는 교양교육의 철학과 방향을 생각할 때 도쿄대생의 교양 수준을 비판한 다치바나 다카시의 견해처럼 우리의 대학생들이 지식을 아는 데 그치는 것이 아니라, 현실의 제도에 결핍되어 있는 문제를 찾아 해결하기 위한 상상력을 발휘하여 실천해나가는 의식을 갖출 수 있도록 교육을 해야 하는 것이 이 시기의 교양교육의 사명일 것이다. 다시 말해, 4차 산업혁명과 인공지능의 시대에 인간의 자율적 판단과 주체의 자유정신을 바탕으로 자본주의적 양극화와 과학기술 문명의 비인간화에, 그리고 기후변화와 같은 전 지구적 현실 문제에 대학의 교양교육이 적극적으로 개입하여 문제를 해결할 수 있는 실천적인 지식인을 키워내는 데 초점을 맞추어 대면과 비대면, 온-오프라인에서의 학습 형태와 교육 내용, 그리고 수업 환경을 쇄신하는 데 관심을 기울여야 한다. 인문학의 철학적 함의를 바탕으로 대학의 교양교육과 책읽기 교육을 세부적으로 재구성하는 데 더 세심한 관심을 기울이는 일, 그것은 4차 산업혁명과 인공지능의 시대, 나아가 포스트코로나 시대의 책읽기 교육이 걸어가야할 새로운 방향이라고 할 수 있다.

인공지능의 시대가 빠르게 다가오고 전개되고 있는 이때, 인문 정신의 실천을 위한 대학의 교육 환경과 분위기는 많이 달라지고 있다. 지난 20여 년 동안 하이퍼텍스트, 인터넷, 컴퓨터게임과 전자적 글쓰기(electronic writing)라는 매체가 등장하면서 디지털 텍스트를 읽는 관습 또한 새롭게 등장하고 있다(이재현, 2013:78-81). 음독과 묵독으로 대표되던 전통적 읽기의 관습은 다중 읽기(multiple reading), 소셜 읽기(social reading), 증강 읽기(augmented reading) 등으로 새로운 읽기의 관습을 만들어내고 있다.[7] 전통적인 텍스트가 종이책 미디어에 구현되었다면 아이패드 유형의 태블릿PC, 킨들로 대표되는 전자책 전용 리더기처럼 손의 촉각을 동반하는 '햅틱 읽기(haptic reading)'(이재현, 2013:88-89)는 젊은 세대의 독자들에게 새로운 읽기 습관을 가져다주고 있다. 문화체육관광부가 실시한 〈2019년 국민독서실태 조사〉(문화체육관광부, 2020)에 따르면, 우리나라 학생과 성인들의 종이책 독서율은 전년도에 비해 떨어진 반면, 전자책 독서율은 상대적으로 증가하였다. 아울러, 디지털 환경에서 매체 이용 다변화가 성인 독서율 하락에 큰 영향을 끼치고 있다는 〈2019 국민독서실태 조사〉 결과는 대학 교양교육의 근간을 이루는 책읽기 교육에도 시사해주는 바가 크다.[8] 여기에 귀로 듣는 오디오북 시장이 급속하게 성장하면서 종이책을 손으로 넘겨가며 읽는 전통적인 읽기 습관조차 조금씩 해체되고 있다. 오디오북 콘텐츠 시장이 커지면서 이른바 '듣는 책' 시장의 스타트업과 유튜버를 비롯하여 기존 출판사들도 오

---

7 '다중 읽기'는 하나의 텍스트에만 집중하는 것이 아니라 여러 개의 텍스트를 넘나들며 읽는 새로운 읽기 방식이고, '소셜 읽기'는 텍스트를 읽기 전과 후, 그리고 읽는 과정에서 텍스트를 둘러싸고 정보, 지식, 정서 등의 교류가 이루어지는 읽기 관습이며, '증강 읽기'는 텍스트 위에 또 다른 정보 층위가 중첩된 증강 텍스트에 의해 가능해진 읽기를 뜻한다(이재현, 2013:81-84).

8 코로나19가 발생하기 전, 문화체육관광부가 만 19세 이상 성인 6천 명과 초등 학생(4학년 이상) 및 중·고등학생 3천 명을 대상으로 실시한 〈2019년 국민독서실태 조사〉 보고서에 따르면, 1년 동안 성인의 종이책 연간 독서율은 52.1%로 2017년 대비 7.8% 줄어들었고, 독서량은 6.1권으로 2017년에 비해 2.2권 줄어들었으며, 초중고교 학생의 경우 종이책 연간 독서율은 90.7%(2017년 대비 1.0% 감소), 독서량은 32.4권(2017년 대비 3.8권 증가)으로 집계되었다. 반면에, 전자책 독서율은 성인 16.5%, 학생은 37.2%로 2017년보다 각각 2.4% 포인트, 7.4% 포인트 증가하였다. 2019년도에 처음으로 조사한 오디오북 독서율은 성인 3.5%, 학생은 평균 18.7%(초등학생 30.9%, 중학생 11.6%, 고등학생 13.9%)로 나타났다. 2017년에서 2019년까지 2년 사이 연령대별 독서율(종이책+전자책)의 변화 추이를 살펴보면 대학생은 2.7% 포인트, 30대는 2.0% 포인트 증가한 반면, 50대에서 8.7% 포인트, 60대 이상에서 15.8% 포인트 하락하였다. 〈2019년 국민 독서실태 조사〉에서 국민들이 책을 읽기 어려운 이유로 성인의 경우 '책 이외의 다른 콘텐츠 이용'(29.1%)을 꼽았는데, 이는 2017년도 조사에서 '일(공부) 때문에 시간이 없어서'(27.7%) 책읽기가 어렵다는 응답을 제치고 디지털 환경에서의 매체 이용 다변화가 성인 독서 하락의 주요 원인 가운데 하나임을 보여주고 있다. 학생의 주요 책읽기 장애 요인은 2017년도와 동일하게 '학교나 학원 때문에 책 읽을 시간이 없어서'(27.6%)라는 응답이 가장 많이 나왔다.

디오북 시장에 빠르게 진입하고 있다. 다음의 〈표 1〉에서 확인할 수 있듯이 젊은 세대를 중심으로 오디오북 이용이 확산되면서 대한민국 성인 가운데 3.5%, 학생 18.5%가 오디오북을 이용하고 있다는 조사 결과는 독서 대중의 읽기 매체에 변화가 일어나고 있음을 보여주는 증거이기도 하다.[9]

*출처: 한국출판문화산업진흥회(2020).

구 분		2010년	2011년	2013년	2015년	2017년	2019년
종이책	성인	92.3	83.8	96.0	94.9	91.7	90.7
	학생	65.4	66.8	71.4	65.3	59.9	52.1
전자책	성인	-	16.5	13.9	10.2	14.1	16.5
	학생	-	50.2	38.3	27.1	29.8	37.2
오디오북	성인	-	-	-	-	-	3.5
	학생	-	-	-	-	-	18.7

〈표 1〉 2019 국민독서실태 조사

　　디지털 환경에서의 읽기 매체 다변화는 1990년대로 넘어오면서 인터넷 보급이 일반화되었고, 21세기에 들어서면서는 디지털 매체의 등장과 스마트폰 사용이 빠르게 확산되면서 디지털을 사용하는 인간, 즉 '호모 디지쿠스(homo digicus)'로의 변화를 보여주고 있다는 점과 관련이 깊다. 전자 매체의 등장과 디지털 매체의 확산으로 문자가 전하는 선형적 읽기의 구조가

---

9 인터비즈(InterBiz), 2021.10.22. 이 기사에 따르면 오디오북 플랫폼 윌라는 2019년에만 유료 구독자 수가 800% 증가하였고, 1인당 월평균 재생시간도 250%나 늘었다. 오디오북이 귀로 듣는 책이어서 인공지능 스피커 같은 기술 혁신 시장의 성장 가능성도 커졌다. 국내 오디오북 시장 규모는 현재 100억~150억 정도로 추산되는데, 미국의 퓨 리서치(Pew Research Center) 조사에 따르면 미국 성인의 20% 정도가 오디오북을 이용하는 것으로 알려져 있다. 2019년에 국내에 진출한 세계 최대의 오디오북 업체 스토리텔은 한국의 오디오북 시장이 향후 5년 이내에 조 단위로 성장할 것으로 전망하였다. '윌라'는 책 내용 전체를 음성으로 듣는 '완독형 오디오북'을 선보이고 있고, '밀리의 서재'는 책 내용의 일부를 요약하여 들려주는 오디오북을 제공하고 있다. 국내 주요 출판사들의 오디오북 진출도 빨라지고 있어서, 민음사 같은 대형 출판사 대표 브랜드인 '세계문학전집'을 오디오북으로 제작하여 선보이고 있다. 최근 박경리의 대하소설 『토지』를 제작 기간 1년에 걸쳐 국내의 성우 16명이 참여하여 러닝 타임만 240시간 분량의 오디오북으로 만들어 공개했는데, 열흘 동안의 재생횟수가 27만 회를 기록하여 화제가 되기도 하였다(『한국일보』, 2021.11.10.). 이와 같은 오디오북 시장의 활성화는 일상생활과 여가활동을 즐기면서 동시에 책을 읽는(듣는) 멀티태스킹에 익숙한 젊은 세대에게 강한 콘텐츠 소비 욕망을 자극하며 접근하고 있는 것으로 보인다.

무너짐으로써, 디지털 세대는 문자의 선형적 구조에 잘 적응하지 못하는 현실을 맞이하고 있다. 인터넷을 활발하게 사용하는 사람들은 왼쪽 뇌 쪽의 전두엽 같은 부위가 인터넷을 사용하지 않는 집단보다 훨씬 더 활성화되어 있어, 디지털 세대는 의사를 결정하거나 복잡한 추론을 할 때 사용하는 뇌의 부위가 다른 집단의 뇌보다 두 배 이상 활성화된다는 연구 결과를 참조할 수 있다(Small, et al., 2009: 116-126). 이러한 뇌 구조 때문에 디지털 세대는 다중 작업(multitasking)에는 능숙하지만 깊이 사고하지 못하고, 공감을 잘 하지 못하는 특성을 보이고 있다. 즉, 인터넷 사용의 집중화된 훈련으로 새로운 정보를 스키마로 해석하는 데 방해를 받게 되는 것이다. 다매체를 사용하고 인터넷 사용이 급속히 증가하면서 혹사된 뇌는 주의력을 산만하게 하고, 사실뿐만 아니라 복잡한 개념 또는 스키마들을 저장하는 장기 기억에 문제가 발생하고 있다(조민정 외, 2020:68; Carr, 2010/2011:184-186). 이와 같은 정황을 고려하여 전통적 아날로그와 새로운 감각의 디지털 읽기 매체를 함께 고려하면서 다시 기본으로 돌아가 대학의 책읽기 교육을 검토해봐야 하는 이유는 4차 산업혁명과 인공지능의 시대에 고전 저작과 명저를 읽고 생각하는 주체로서의 인문 융합형 인재를 양성하는 교육적 과제와 밀접하게 관련되어 있기 때문이다.

인공지능 시대에도 고전 읽기를 강조하고 그 중요성을 언급하는 이유는 무엇보다도 책읽기 능력을 키워야 삶의 여러 국면에서 '유익함'을 얻을 수 있다는 점 때문이다. 여기에는 대학에서 공부를 하며 에세이나 보고서를 쓰는 데에도 도움이 되고, 취직을 하여 직장 생활을 하고 인생을 살아가는 데에도 책 읽기 능력을 강화해야 주체적 인간으로서의 지적인 삶을 살아갈 수 있으며, 더 나아가 젊은 세대뿐만 아니라 인생 2모작이나 인생 3모작을 준비하는 시니어 세대에게도 교양 있는 삶을 내면화하는 자기성찰의 시간을 가질 수 있다는 합의가 전제되어 있다. 책읽기 능력을 키우면 첫째, 유익한 실용 정보, 둘째, 자아 형성과 자아 성찰에 도움을 받을 수 있으며, 셋째, 행복한 삶의 길 을 찾을 수 있어 이 세 가지 차원에서 유익함을 얻을 수 있다. 이탈리아의 화 학자이자 소설가인 이탈로 칼비노는 「왜 고전을 읽는가」라는 글에서, 고전은 "사람들로부터 이런저런 얘기를 들어 알고 있다고 생각하면 할수록, 실제로 그 책을 읽었을 때 더욱 독창적이고 예상치 못한 이야기들, 창의적인 것들을 발견하게 해 주는 책"(Calvino, 2000/ 2008:14)이라며 고전 읽기의 중요성을 강조한다. 칼비노의 주장을 생각할 때 디지털 접속이 더욱 쉬워질수록 빅 테이터라는 광활한 사각지대, 디지털 생태계에서 '인간의 판단을 도입'하는 일이 더욱 중요해진다. 인공지능 같은 신기술이 절정을 이루어 특이점에 도달하는 시기가 온다고 하여도 그것을 이용하는 사람의 속마음을 털어놓게 하고, 설득하고, 불편함에 대한 호소를 수긍하고, 때로는 기술에 대해 논쟁도 하고 동의하거나 반발하는 등 서로 소통하는 사람들이 사라진다면 그 기술은 그저 '공허한 뼈대'에 불과할 것이 될지도 모르기 때문이다(Anders, 2017/2018:17). 요컨대 컴퓨테이션의 시대가 열리고 있는 21세기의 4차 산업혁명, 인공지능의 시대에 새로운 정보기술, 디지털 리터러시 교육과 함께, 읽기와 쓰기로 대표 되는 전통적 리터리시 교육 역시 공동체의 구성원들과 협력하며 살아가기 위해 여전히 중요하고 필요한 기본 소양의 핵심을 이루고 있다.[10]

　　인간성 또는 이상적 인간을 뜻하는 라틴어 'humanitas(후마니타스)'에서 유래한 'humanities(인문학)'는 "인간만이 가진 독특하고 드높은 정신적 능력을 환기시키는 게 그 목적"인 로마시대의 교육을 이상으로 삼고 있으며,

---

10 이와 관련하여 1900년대 초반 시카고대학을 중심으로 고전 읽기를 대학의 교양교육으로 자리매김하려는 운동이 진행되어 미국 전역의 많은 대학에 영향을 끼친 '위대한 고전(great books)' 프로그램을 생각할 수 있다. 시카고 대학의 '위대한 고전' 프로그램은 고전 읽기를 통하여 사람들에게 자유교육의 이상을 실현하는 역할을 함으로써 독자들에게 비판적 독서, 진지한 청취, 정확한 발언, 반성적 사고와 같은 가장 기본적인(basic) 소통 능력을 함양하는 데 크게 기여하였다(손승남, 2013:451-456). 이와 같은 고전 읽기 프로그램, 또는 대학의 고전 책읽기 교과목은 4차 산업혁명, 인공지능의 시대에도 여전히 학생들의 인성을 계발하는 중요한 역할을 할 수 있다.

더 충만한 삶을 향한 인간의 노력을 반영하고 있다. 조지프 콘래드(Joseph Conrad)의 소설 「암흑의 핵심(Heart of Darkness)」에서 저자의 분신이라고 할 수 있는 자기 성찰적 화자(話者) 말로(Marlow)가, "내가 노동에서 좋아하는 것 이라면 바로 내 자신을 발견할 기회를 준다는 것"(Anders, 2017/2018:21)이라 고 말하는 데에서 자신을 성찰하여 참 자아를 발견하는 인문적 교양의 가 치와 핵심 정신을 찾아낼 수 있다. 고전 작품을 체계적으로 읽고 토론하고 에세이를 쓰는 책 읽기 교육의 심화 과정과 그 의의로서 가령, 인류 최초 의 문학 작품 『일리아드』 이야기를 통해서 아킬레우스의 분노의 정체와 함 께, 아들 헥토르의 시신 을 찾아 나선 프리아모스의 아버지로서의 깊은 고 뇌와 연민의 정체를 공감하 여 읽어내는 인문 정신의 감각을 함양해나갈 수 있다. 또한, 『오디세이아』의 읽기를 통해서 젊은이의 성장담(텔레마키아)과 뱃사람들의 모험, 그리고 실종 되었던 주인공 오디세이가 온갖 고난과 위 기를 극복하면서 그리운 가족의 품 으로 귀향하는 서사의 이야기를 통해 성숙한 인간으로 한 단계 고양되어나가 는 삶의 과정을 배우게 된다.[11] 더 나아가, 20세기 지구 생태 환경운동의 중요한 계기를 마련한 레이첼 카슨 (Rachel Carson)의 『침묵의 봄(Silent Spring)』으로부터, 슈바이처(A. Schweitzer) 의 '경외(awe)'와 '경이(wonder)'의 태도를 함 축한 '생명 외경(Die Ehrfurcht von dem Leben)' 사상을 윤리적으로 발전시켜 철학적으로 다듬고, 자연에 대한 인간 우월성을 부정하는 폴 테일러(Paul W. Taylor)의 '자연 존중 사상'(『자연에 대한 존중(Respect for Nature)』)에 이르기까지 다양한 고전 저작과 명저 읽기를 통하여 학생들은 지구를 존중하고 환경을 생각하는 품성을 갖춘 교양적

---

11 『일리아드』와 『오디세이아』를 읽고 제기할 수 있는 다음과 같은 질문을 통해 우리는 문학적 사유의 의식을 확장 해나갈 수 있다. 위의 작품을 읽고 다음과 같은 질문을 던질 수 있다. "『일리아드』에서 아킬레우스가 분노한 것은 우리의 관점에서는 지나친 것으로 보인다. 아킬레우스의 행태를 보고, 옛 사람들이 생각했던 영웅이란 어떤 것인 지 정리해보자.", 또는 "오디세우스는 집에 돌아와, 그동안 자기 아내를 괴롭히고 집안의 재산을 마음대로 소비해 온 구혼자들을 모두 죽였다. 이런 보복 행위가 정당한 것인지 혹시 지나친 것은 아니었는지 생각해보자."(강대진, 2006:37-38).

인간으로 거듭날 수 있다.

헤르만 헤세(Herman Hesse)는 「세계문학 도서관(Eine Bibliothek der Weltliteratur)」에서, 진정한 교양은 어떤 특정한 목적을 향한 교육이 아니고, 완전성을 추구하는 모든 노력이 그러하듯이 그 자체 안에 의미를 지니고 있으며, 이러한 교양을 추구하는 과정이 우리의 의식을 행복하게, 그리고 강력하게 확장해주며 우리의 삶과 행복의 가능성을 풍부하게 해주는 일이라고 하였다. 이런 맥락에서 헤세는 진정한 교양으로 인도하는 여러 길 가운데서 가장 중요한 것 하나는 바로 세계문학 작품, 즉 고전 문학작품을 읽고 공부하는 것이라고 설파하였다. 세계문학을 읽는 과정을 통해 우리의 삶에 대하여 점점 더 그 삶의 품격이 높아지고, 점점 더 완전해지는 경험을 할 수 있기 때문이다. 교양이란 말하자면, 하나의 개성 또는 하나의 인간성을 형성하는 것으로, '가장 오래된 작품들이 가장 덜 낡았다'는 원칙으로서 세계의 고전 저작들을 만나는 일이야말로 인문 정신과 교양 정신의 진정한 목표에 도달하는 지름길(Hesse, 1929/2015:13-29)이라는 의견에서 4차 산업혁명의 시대, 인공지능이 일상화되는 이 시대의 대학 책읽기 교육이 가지는 의의를 찾을 수 있다.

3. 인공지능 시대의 책읽기 교육 방향

인공지능 시대를 살아가면서 우리가 직면할 수 있는 긴요한 현안 가운데 하나는 인공지능이 인간의 생명과 안전을 놓고 판단해야 하는 절체절명의 순간에 과연 합리적이고 윤리적인 판단을 내릴 수 있느냐 하는 것이다. 자율주행차의 최대 딜레마 가운데 하나로 인간의 목숨을 두고 결정적인 판단을 내려야 하는 이른바 '트롤리 딜레마(Trolley Dilemma)'(Sandel,

2009/2010:36-40) 같은 상황에 처하여 인공지능이 윤리적 판단을 내리는 '유일한' 주체가 되어서는 안 된다는 것이다. 인공지능의 판단 기준이 인공지능 개발자의 윤리적 입장을 일방적으로 대변하거나, 윤리적 판단을 학습하는 데 사용한 데이터의 편향성을 반영해서는 심각한 결과가 나올 수 있기 때문이다. 결국 인간의 생명을 놓고 최종적으로 윤리적 판단을 내리는 주체는 우리들 인간이어야 하며 (조성배, 2021:129) 이러한 판단을 내리고 결정을 하는 능력은 인문학 또는 과학 기술과 인문 융합의 전인적 학습과 인격 도야의 결과로 형성된 합리적인 인성과 논리적 판단력, 그리고 공동체 안에서 공감적 심성을 발휘할 수 있는 인격적 주체의 윤리관에서 키워질 수 있다. 인간의 정신과 지능을 모방한 인공물인 인공지능과 관련된 자율주행차의 트롤리 딜레마에 직면하여 알고리즘 시스템이 윤리적인 판단을 내리기 위해서는 도덕적 추론의 근거가 되는 윤리 이론들을 학습해야 한다. 또한, 인공지능의 올바른 판단을 구체적인 상황 맥락에 적용하기 위해서는 도덕 철학 분과의 학문적 지식을 습득하는 공학 교양교육과 인문학의 학문 융합적 접근이 필요하다.[12]

최근 일본에서는 컴퓨터가 소설을 쓰고, 일본 최고의 권위를 자랑하는 아쿠타가와(芥川) 문학상의 예심을 통과하였다는 기사가 화제가 되었다. 또한, 2015년 일본 하코다테 미래대학의 교수팀이 개발한 인공지능 작가가 1인칭 시점으로 서술하는 「컴퓨터가 소설을 쓰는 날(コンピュータが小説を書く日)」을 SF 공모전인 호시 신이치(星新一) 문학상에 출품하여 1차 예선을 통과하였으며(이명현·유형동, 2021:114), 우리나라에서도 2018년 4월 KT가 주최한 인공 지능 소설 공모전에 개인과 스타트업 업체 여러 팀이 참가하여 이 가운데 포자랩스라는 스타트업이 개발한 인공지능이 「설명하려 하지 않

---

12 자율주행차의 알고리즘 시스템이 도덕적이고 이상적인 판단을 함으로써 트롤리 딜레마에 처하여 윤리적인 판단을 내리기 위한 엔지니어의 공학 교양교육이 중요하다는 의견을 제시하고 있는 연구로는 황수림·오하영 (2021:1016-1017)을 볼 것.

겠어」라는 제목으로 쓴 소설 작품으로 최우수상을 차지하기도 하였다(유하람, 2018). 중국에서도 2015년 마이크로소프트(MS)가 중국 인공지능 기반 챗봇 '샤오빙(小氷)'을 활용하여 시를 쓰고, 이들 시를 묶어서 『햇살은 유리창을 그리워하다(Sunshine Misses Window)』라는 시집을 출간하여 인간의 창의력과 상상력에 도전을 하고 있다. 인공지능이 창작한 예술작품들은 마이크로소프트의 그림 그리는 인공지능으로 'AttnGAN(Attentional Generative Adversarial Network)'이라는 이름의 '드로잉봇(drawing bot)', 역시 그림 그리는 인공지능으로 구글이 개발한 '딥드림(Deep Dream)'은 빈센트 반 고흐의 작품을 모사하는 훈련을 받고 29점의 그림을 그려 2016년 2월 샌프란시스코 경매에서 총 9만 7,000달러에 판매되기도 하였다. 인공지능은 디자인 분야에서 사용자가 원하는 디자인 정보를 입력하면 인공지능을 통해 산업별, 스타일별로 수많은 로고 디자인을 제시해주고 있으며, 음악 창작 활동을 학습하는 구글의 AI프로젝트 '마젠타(magenta)', 작곡하는 인공지능으로서 소니 컴퓨터 과학연구소의 인공지능 시스템 '플로머신즈(FlowMachines)' 같은 인공지능들이 개발되어 문화예술 분야에 활발하게 도전하고 있다.

그러나 인공지능 로봇의 일상화와 함께 여전히 지속되고 있는 작금의 코로나19 사태, 그리고 이후의 포스트코로나 시대에는 패러다임 전환의 시대로 나아가면서, 오랫동안 한국사회를 지배하며 무한경쟁에서의 승리를 강조하는 수월성(meritocracy)의 사고가 아니라 인간의 존엄성(dignocracy)(김누리, 2020:150-151)을 지키며 존중하는 사고로 전환해나가야 한다는 데에 많은 사람들이 공감을 하고 있다.[13] 지난 2년간 과목 전체를 비대면 교육으로

---

13 우리 사회는 지난 세기에 식민지를 벗어나 근대화를 이루어오면서 산업화와 민주화를 동시에 달성하였다. 그러나 경이로운 과학기술의 발전을 이루어낸 반면, 과잉 성과를 요구하는 '피로 사회'(한병철)에 갇혀 있으며, 지구온난화로 기후변화와 환경 오염에 따른 생태 위기, 원전 폭발사고, 전 지구적 전염병의 위험에 노출되어 불확실성과 통제 불가능성이 편재하는 '위험 사회'(울리히 벡)를 살아가고 있다. 항공여행의 확산으로 모든 감염증과 질병의 균질화가 확산되고, 재앙에 가까운 전염병의 창궐은 역사적인 설명이 가능한 범주의 바깥에 있다(윌리엄 맥닐, 2005:13-14).

진행해 오면서, 대학교육 또는 교양교육을 담당하고 있는 다른 동료들과도 더 소통하고, 다른 생물 종들과도 공존하기를 열망하면서, 지구촌 모든 사람들과 함께 평화롭게 살기를 원하는 존재로서의 '호모 심비우스'(최재천, 2016:108)의 인간이란 무엇일지 성찰하는 시간을 가지게 된다. 인공지능의 도래와 함께 세상의 변화에서 첨단과학 기술의 결정체인 로봇 기계에 대한 우리의 이해와 가치관은 로봇 기계에 맞서 인간 고유의 능력을 강화하자는 '로봇 프루프(robot-proof)', 다시 말해 로봇으로 대체할 수 없는 인간 고유의 능력을 계발 하려는 노력(Aoun, 2017/2019:19-21)과 깊은 관련을 맺고 있다. 조지프 E. 아운에 따르면, 인공지능 시대를 대비하기 위해서는 고등교육의 새로운 학습 모델로서 인간 중심의 창의적 사고방식과 정신적 유연성을 길러주는 교육이 핵심을 이루어야 한다(정연재, 2020:107). 따라서 4차 산업혁명 시대, 인공지능 같은 과학기술의 발달로 인문학이 고사하고 위기를 맞이하고 있는 이 시대에 인간과 기계의 상호작용을 통해 인간을 다시 정의하고, 로봇의 자율성과 윤리의 문제에 대해 고민하며, 인간으로서 지녀야 할 참된 가치와 인성을 함양 하도록 이끌어나가는 인문교육, 교양교육, 책읽기 교육이 더욱 필요하게 부 상하고 있다.[14] 이런 상황에서 가까운 미래에 인공지능이 활성화된다고 하여도 우리들 인간만이 지니고 있는 창의성, 감수성, 공감과 소통능력을 함양하는 일은 인공지능 시대의 로봇 프루프를 소환해야 하는 중요한 과정일 수 있다는 견해에 깊은 관심을 기울여 대학의 교양교육과 책읽기 교육의 세부 내용들이 안고 있는 여러 문제점들을 획기적으로 개선해나가야 할 것이다.

그렇다면 인공지능으로 수렴되는 과학기술의 핵심 사안과 인문학은 어떻게 결합하여 논의되고 대학 교양교육, 나아가 책읽기 교육 과정에서 활용될 수 있을까? '혁신의 아이콘'이자 인문학의 부흥에도 많은 기여를 한

---

14 포스트 휴먼 시대의 인성 교육에 관한 논의로는 조헌국(2017:75-76)을 볼 것.

스티브 잡스(Steve Jobs)가 2011년 애플 스페셜 이벤트에서 〈아이패드2〉를 출시하며 남긴 프레젠테이션은 인문학의 중요성을 강조한 내용으로 기억할 만하다. 잡스는 이 프레젠테이션에서 "애플의 DNA에는 기술만으로 충분하지 않다. 기술이 인문교양, 인문학과 결합될 때 가슴 설레는 결과물이 나온다.(It is Apple's DNA that technology alone is not enough. It's technology married with liberal arts, married with the humanities, that yields us the result that makes our heart sting.)"고 하였다. 과학기술의 시대에 무엇보다 중요한 것 가운데 하나는 제품과 서비스를 만들면서 어떻게 하면 새로운 기술을 활용하여 인간적 속성(humanities)을 부여할지를 생각해보는 일이다. 잡스는 미국 오리건(Oregon) 주 포틀랜드에 있는 리드 칼리지(Reed College) 재학 시절에 수강하였던 캘리그라피 수업 덕분에 글씨체의 가치를 알고 있었다. 우리에게도 잘 알려진 2005년의 스탠퍼드대학교 졸업식 연설에서 글씨체가 가진 "아름다움과 역사성, 오묘한 예술성은 과학으로는 도저히 이해할 수 없다."고 말하기도 하였다. 스마트폰의 디지털 카메라에 실제로는 불필요할 수도 있는 아날로그 감성의 셔터소리를 넣어 인간의 추억 감정 경험을 강조하거나, 나무로 된 서가 느낌을 주는 아이 북스의 아이콘은 스티브 잡스가 강조하는 '스큐어모피즘(skeuomorphism)'(Eagleman & Brandt, 2017/2019:34)의 정신을 기술에 잘 접목한 사례인데, 이 스큐어모프의 아날로그적 정서와 감성은 대학의 책읽기 교육에도 적용하여 고전 작품에 반영된 인간 심성의 복합적 의미를 오늘의 인공지능 시대의 인간학적 맥락과 연결하여 다양한 주제와 방향에서 활용하여 논의할 수 있는 항목이라고 할 수 있다.

인공지능이 일상화되어가는 이 시대에 최신의 트렌드와 연결하여 고전 저작을 읽고, 세상의 명저들을 읽는다는 것, 다시 말해 '가장 오래된 작품이 가장 덜 낡았다'는 헤르만 헤세 식의 세계고전 읽기 공리(公理)를 다시 떠올릴 수 있다. 인간의 감정에서 추억과 사랑, 분노와 연민, 질투와 복수, 과

오와 후회 등의 정서적 감정 변화를 통해서 인간의 심리와 내면을 이해하고 공감하는 과정에 다가가는 의식과 긴밀하게 연결될 수 있기 때문이다. 고전 읽기의 경험에서, 미래 사회에 펼쳐지는 반지성적이고 물질 중심적인 과학기술 공동체의 반유토피아를 그린 올더스 헉슬리(Aldous Huxley)의 「멋진 신세계(Brave New World)」(1932)에서 야만인 '존(John)'의 존재를 통해서 반지성적이고 물질적인 공동체로서 극도로 발전한 과학기술의 기계문명이 통제하는 계급사 회의 위험성에 맞서는 인간의 주체적 자유의지를 지키려는 노력을 읽어낼 수 있다. 샤를 단치(Charles Dantzig)는 자신의 존재를 뒤흔들어 놓은 한 문장으 로, W. 셰익스피어의 「템페스트(Tempest)」 4막 1장에서 주인공 프로스페로(Prospero)가 말하는 다음과 같은 대사, 즉 "우리는 꿈들이 만들어낸 존재, 짧은 우리네 인생은 잠으로 둘러싸여 있네."라는 문장을 제시하며 문학 작품이라는 인문 정신의 교향악이 인간지능의 내재적 가능성을 높여준다고 말한다(Dantzig, 2010/2013:35).

　인공지능과 포스트코로나 시대를 맞아 대학 기관과 교양교육 관련 학계(한국리터러시학회나 한국교양교육학회 등의 교양교육 관련 학회)에서는 오래 전부터 융·복합 인문교육과 책읽기 교육의 중요성을 지속적으로 강조해오고 있다. 조지 프 E. 아운이 언급하였듯이, 4차 산업혁명 시대에는 자유롭고 창의적인 정신을 가능하게 만드는 인문학과 예술교육을 통해서 인간 고유의 이성과 감성(또는 감정), 윤리와 존재론, 자유의지와 주체의 보존 능력을 키워나갈 수 있다. 여기에는 인간의 감수성과 자유의지에 기반을 둔 주체의 고유성을 고양시켜나가는 데 인문학과 예술적 감수성을 공부한 인간의 지능과 정신이 인공지능보다 여전히 더 소중하다는 판단이 내재되어 있음을 확인할 수 있다. 이와 함께, 인간이라면 일반적으로 어렵지 않게 할 수 있는 상식적인 대응이나 행동에는 많은 계산이 필요하고, 오히려 인간이 하기 어려운 복잡한 추론이나 의사결정은 인공지능이 상대적으로 적은 계산으로 가능하다는 '모라벡의 역설(Moravec's paradox)'에서 알 수 있듯이 복잡한 심리와 내면을 소유하고 있는 인간의 마음과 지능의 특성을 이해하려는 노력이 더 중요해지고 있다. 인공 지능이 인간지능을 능가하였을 뿐만 아니라, 시를 쓰고 작곡을 하고 그림을 그리는 인문예술 분야에서도 인공지능이 인간의 창의적 능력과 상상력의 영역을 넘어서려는 움직임을 보이는 시대, 3차원 가상 세계를 뜻하며 일상의 모든 분야를 가상 세계에서 현실과 함께 구현하고 확장하는 플랫폼으로서 메타 버스 세상이 펼쳐지고 있는 시대에 책읽기 교육의 방법을 다시 돌아보고 새로운 시대에 부응하는 교육적 위상과 방향을 찾아가는 일이 더욱 중요해지고 있다.

4. 닫는 말: 인공지능 시대의 책읽기 교육을 위한 제언

4차 산업혁명과 인공지능의 시대, 나아가 포스트코로나 시대로 나아가는 이 시기에 대학의 책읽기 교육은 학생 개개인의 고전작품에 대한 완독과 학생들 간의 공동의 협력 활동을 통하여 서로 교류하며 소통하는 시간을 통해 완성될 수 있다. 샤를 단치가 언급했듯이, '책읽기 활동'이란 무용하고 지루하며 고통스러운 시간 소비의 과정이 아니라 "다른 어떤 놀이보다 더 재미있는 일"(Dantzig, 2010/2013:16)이기도 하며, 이와 같은 책읽기의 행복감을 찾는 연습을 함으로써 평생 교육의 기반을 쌓는 인문교양 연마의 새로운 출발점 역할을 할 수 있다.

1994년 말 독일의 『슈피겔』지가 문학, 역사, 음악 등 16개의 영역에 관해 서 100여 항목에 달하는 설문조사를 한 결과, 「에로이카」가 베토벤 작품, 「미완성 교향곡」이 슈베르트의 작품이라고 정답을 제출한 응답자는 각각 21%와 10%밖에 되지 않았다. 또, 괴테의 작품을 들어보라는 질문에 하나도 모른다는 응답이 34%, 하나만 대답한 사람이 27%였다는 기사를 소개하며 바흐의 음악과 괴테의 문학과 칸트 철학의 나라이면서 '교양소설(Bildungsroman)'이라는 독특한 장르를 산출한 독일에서도 '교양'이 쇠락의 길을 가고 있다는 소회를 피력한 글(유종호, 2001:223)을 읽은 지도 20여 년이 지났다. 대학에서 교양교육과 인문학, 그리고 여러 유형의 책읽기 관련 과목들을 맡아 교육을 진행해오면서, 인공지능이 우리의 삶의 현실에 밀접하게 영향을 끼치고 있는 이 시대에 미래의 창의적 인재로 성장해나가야 할 대학생들의 인문교양 또는 교양 정신이 대학의 책읽기 교육을 통해 더 신장되고 깊어짐으로써 훌륭한 인성을 갖춘 인간으로 성장하기를 희망하고 있다. 이런 맥락에서 4차 산업혁명과 인공지능의 시대에 대학의 교양교육으로서 학생들의 교양 정신을 함양하고 인문 정신을 키우는 책읽기 교육을 여러 유형으로 다양화하고 창의적으로 실천하는 것이 어느 때보다 더욱 절실하게 요청되고 있다. 이 글을 마무리하며 인공지능 시대에 요청되는 책읽기 교육을 위해 필요한 몇 가지 사항들을 정리해 본다.

첫째, 앞서 언급하였듯이 인공지능 시대를 맞이하여 대학의 교양과목 개편과 조정 과정에서 전통적 리터러시 교과목으로서 책읽기와 글쓰기 강좌들이 재편되고 축소되는 과정을 겪고 있다. 책읽기와 글쓰기를 비롯한 인문 계열의 교양과목들과 과학기술 분야의 교양과목들 역시 4차 산업혁명과 인공지능 시대에도 인간의 인성과 품성교육의 중요성 면에서 교육 내용을 심도 있게 개편하여 지속적으로 운영해나갈 필요가 있다. 4차 산업혁명과 인공지능의 시대, 그리고 다가오는 포스트코로나 시대에 대학의 책읽기 교육을 논의 하는 데에서 가장 핵심이 되는 사항은 교수자가 학습자와 더 밀접하게 소통하고 대화를 나누는 교수-학습 상황을 만들어내야 한다는 점이다. 페이스북을 창업한 마크 저커버그(Mark Zuckerberg)가 하버드 대학에 입학하기 전에 다녔던 뉴햄프셔 주의 필립스 엑시터 아카데미(Phillips

Exeter Academy)에서 '하크니스 테이블(Harkness Table)'[15]로 불리는 커다란 원형 탁자에 둘러 앉아 소크라테스식의 사유방법으로 아이디어를 탐구하며 질문을 하고 토론을 하는 인문학 공부를 했다는 점(Hartley, 2017/2017:34-36)은 우리의 책읽기 교육을 생각해보는 데에도 하나의 참조가 될 수 있다. 국내 대부분의 대학들이 처한 재정 상황과 교수들의 수업 여건을 모르는 바는 아니지만, 그럼에도 우리는 정말로 10~12명 정도의 학생들로 수업을 구성하여 심도 있게 토론하고 교수가 학생 에세이를 충분히 읽고 생각하여 피드백을 해줄 수 있는 수업 환경을 만들 수는 없는 것일까? 미국 동부 메릴랜드 주의 애너폴리스(Annapolis)에 있는 세인트존스 칼리지(Saint John's College)의 학생들인 '조니스들(Johnnies)'은 4년 동안 문학, 철학, 신학, 심리, 물리, 생물, 정치, 경제, 역사 분야의 고전과 주요 저작들을 집중적이고 체계적으로 읽고 18~20명 정도 참가하는 세미나에서 발표하고 토론하면서 폭넓은 통합 학문 교육을 받고 있다(Hagstrom, 2013/2017:218-220).[16] 대학 4년 과정의 커리큘럼이 오직 고전 목록으로만 채워진 세인트존스 칼리지의 책읽기 교육 프로그램에서 이루어지는 책읽기와 말하기와 글쓰기를 통합한 소규모의 수업 운영 방식은 하버드대학 〈Expos 20〉 과정처럼 수강생을 15명 이하로 정하여 책읽기-말하기-글쓰기를 통합한 주제별 세미나 수

---

15 '하크니스 테이블'은 미국의 석유재벌이자 자선사업가인 에드워드 하크니스의 이름을 딴 명칭으로, 10여 명의 학생들이 멋진 원형 테이블에 둘러앉아 토론식 수업을 하며, 교사는 필요할 경우 코멘트 정도를 하는 창의적 토론 수업을 비유하는 명칭이다. 이에 대해서는 KBS 공부하는 인간 제작팀(2013:323)을 볼 것.

16 미국의 세인트존스 칼리지에서 진행하는 책읽기 교육은 국내의 많은 대학 교양교육 및 책읽기 교육 담당자들에게 많은 관심을 모으고 있다. 세인트존스 칼리지의 세미나 모델에서 이 대학 파나이오티스 카넬로스(Panayiotis Kanelos) 총장이 인공지능과 디지털, 빅 데이터, IT 등으로 대변되는 4차 산업혁명의 탈근대 시대에 고등 교육의 목적을 "다방면에 걸친 균형 잡힌 인간들(well-rounded human being)"을 양성 하는 것으로 규정하며, 미국 국가교육협의회(National Education Association)에서 급변하는 세상에서 성공하기 위해 개발해야 할 4가지 상위 스킬로 비판적 사고(critical thinking), 의사소통(communication), 협업(collaboration), 창의성(creativity)을 들고 있는 것 역시 국내 대학에서 교양교육과 책읽기 교육에서 강조하는 교육적 가치들과 크게 다르지 않다. 이를 위해 세인트존스의 학생들은 4년간 원전을 바탕으로 토의와 대화 위주의 세미나 수업을 진행하는데, 이 세미나는 2명의 교수와 20명 정도의 학생들이 사각형으로 배치된 커다란 탁자 주위에 둘러 앉아 해당 텍스트를 대상으로 깊이 있는 질문을 던지면서 소크라테스식의 대화를 이어나가는 형태로 진행된다. 세인트존스 칼리지의 세미나 모델에 대해서는 이용화·이유정(2021:117)을 참조하였음.

업으로 이루어지고 있다는 연구(이국환, 2014:405)에서 강조하고 있듯이, 인공지능 시대와 포스트코로나 시대를 살아가는 학생들의 책읽기 교육 환경에서 교수-학습 상황의 실제적인 개선 방향을 검토하고 논의해야 하는 과제를 던져주고 있다.

둘째, 대학은 교과목이나 비교과 프로그램을 통해서 학생들에게 다양한 방식의 책읽기를 권장하고, 또 사회 각 분야의 전문가와 리더들의 초청 특강이 펼쳐지고 있는 지적 논의의 전당이다. 교과목 강좌에서, 그리고 비교과 프로그램을 통해서 학생들에게 진리를 탐구하고 현재의 글로벌 이슈와 사회 공동체의 쟁점에 더 많은 관심을 갖도록 하는 것이 필요하다. 소규모 강좌를 확대하여 교수자-학습자 간의 소통과 피드백을 활성화하는 책읽기 교과목으로 개편해나가는 한편, 대학 내부뿐만 아니라 외부 기업과 연계된 비교과 프로그램을 다양하게 개발하여 관련 분야의 전문가를 초청하여 특강을 펼치고, 강의 현장에서 학생들이 전문 강사에게 질문하고 소통하는 양방향 현장 학습의 활성화된 기회를 더 많이 제공해야 한다.

셋째, 인공지능의 시대에는 '관대함(Generosity)'의 좋은 성품을 지닌 사람들을 인재 평가의 중요한 요소로 보고 선발하는 기업들의 채용 기준과 방식, 그리고 새로운 프로젝트가 만들어질 때마다 회사 안에서뿐만 아니라 회사 밖의 인재들과도 팀을 이루어 협업할 줄 아는 티밍(teaming) 능력을 요구하는 트렌드가 강화될 것으로 예측된다. 또한, 포스트코로나 시대에는 성품이 실력이 되고 비즈니스의 성패를 좌우하는 핵심적인 요소로 작용할 것으로 전망되는데,[17] 혁신의 핵심적인 역량을 수행할 수단으로 인공

---

17 성품이 실력이 되는 포스트코로나 시대의 인성교육과 관련하여 미국 기업 구글(Google)에서 최상위 직원으로 성공하기 위해 대인관계와 개인의 일반적 기질 등과 관련된 소프트 스킬(soft skill) 7가지를 제시하고 있어 참고할 만하다. 구글이 제시하는 소프트 스킬 7가지는, "좋은 감독이 되기; 의사소통 잘하고 잘 듣기; 타자에 대한 통찰력 갖기; 자신과 다른 가치관과 관점 이해하기; 동료들에 대해 공감 능력을 갖추고 지지하는 모습 보이기; 비판적 사고를 잘 하고 문제를 잘 해결하는 사람이 되기; 복잡한 생각들을 서로 연결할 수 있는 능력 갖추기"(파나이오티스 카넬로스 (Panayiotis Kanelos), 2018:57) 등이다. 이와 함께, 구글의 소프트 스킬 7가지에 대한 내용은 위의 이용화·이유정(2021:114)을 참조하였음.

지능에 대한 의존이 높아질수록 좋은 성품을 가진 사람들이 인간을 위해 설계하는 인공지능의 미래가 신뢰와 지지를 받을 수 있기 때문에(고환상 외, 2020:299-302) 학생들의 인성 교육에 기여하는 대학의 교양교육 과목들, 특히 책읽기를 비롯한 인성 계발을 할 수 있는 교과목들의 실제 수업 현장에서 이러한 내용과 요소들이 반영되고 강화될 수 있도록 교육 환경을 획기적으로 개선하는 데에 관심을 기울여야 한다.

넷째, 주지하고 있듯이 포스트코로나 시대에는 비대면 원격화상 수업의 방식이 도입되고 활성화될 가능성이 높다.[18] 코로나19 시대를 겪어오면서 학생들은 교수와 동료 학생들, 활력 넘치는 대학 캠퍼스 생활을 열망하여 대면 수업의 절실함을 호소하면서도 비대면 수업의 편리함을 생각하고, 온라인 매체를 통한 소통의 편리함, 절대 평가(최현실, 2021:282) 등을 비대면 수업의 장점으로 들어 대면 수업과 비대면 수업을 섞어 설계하는 '혼합 수업'의 방식을 선호하는 방향으로 바뀌어가고 있다. 이와 같은 교육 환경의 급격한 변화에 맞추어 대학의 책읽기 교육의 형태도 혼합 수업의 방식을 고려하여 수업의 구성과 운영, 그리고 평가 방식도 새롭게 개편하는 것이 요청된다.

다치바나 다카시의 말처럼 "책이란 만인의 대학"이어서 대학 시절에도, 그리고 대학을 졸업하고 나서도 무엇인가를 배우려고 한다면 인간은 결국 책을 읽지 않을 수 없다. 대학을 나왔건 나오지 않았건, 일생 동안 '책이라는 대학'을 계속 다니지 않는다면 아무것도 배울 수 없어서 자신은 어느 누구보다 책이라는 대학에 지속적으로 열심히 다니고 있다고 한 일본 최고의 독서가의 말처럼(立花隆, 1995/2001:285-286), 그리고 아리스토텔레스의 『형이상학(Metaphysica)』 첫머리에 있듯이, 인간은 태어날 때부터 알려고 하는

---

[18] 국내 대학들은 코로나19가 끝나더라도 원격화상 방식의 강의를 확대하여 비대면 방식이 더 낫다고 판단되는 과목의 수업은 대면 방식이 아니라 비대면 방식으로 운영할 계획을 가지고 있으며(김명희, 2021), 이와 같은 움직임은 앞서 언급한 바와 같이 '혼합 학습'의 형태가 확대되어 나가는 방향으로 대학 교육이 변화될 것으로 전망된다.

욕구를 가지고 있어서 끊임없이 책을 읽고 있는 존재라는 점에서 대학의 당국자와 교수자들은 학생들을 위한 책읽기 교육을 오늘의 현실과 내일을 전망하는 안목을 가지고 새롭게 혁신해나가는 일이 필요하다. 끊임없이 책을 읽는 행위, 그것이야말로 인공지능과 로봇 과학기술, 또는 공상과학 영화에서나 보았던 '나는 차(flying car)'가 가까운 미래에 지상의 택시처럼 상용화되어(UAM: Urban Air Mobility) 이착륙을 하고 하늘을 나는 시대에도 인간의 자기존재 증명을 향한 행위이며, 주체적 자유의지와 인간지능을 가지고 살아가는 성스러운 의식의 활동에 다름 아니다. 인공지능의 시대를 살아가면서 대학의 책읽기 교육에 대한 실제적이고 창의적인 방안이 지속적으로 논의되고 실천되기를 기대한다.

참고문헌

- 4차산업혁명위원회(2017), 4차 산업혁명 대응계획, 관계부처합동.

- 강대진(2006), 서양 최초의 문학작품: 호메로스의 『일리아드』와 『오디세이』, 강순전 외(저) 서양의 고전을 읽는다, 휴머니스트.

- 김누리(2020), 자본주의가 무너지거나, 자본주의가 인간화되거나-세상을 향한 거대 프레임은 어떻게 달라지는가, 최재천 외(저), 코로나 사피엔스, 인플루엔셜.

- 김명희(2021.11.18.), [데스크가 만났습니다]-"학문간 융합, 미래대학 모델 만든다", 전자신문, 사이트 주소 https://www.etnews.com/20211118000117.

- 김상근(2000), 권두언-대학교육의 위기와 교양교육, 대학교육 104, 한국대학교육협의회, 6-7.

- 김성연(2019), 4차 산업 시대 교육환경 변화에 따른 독서교육의 모색, 리터러시연구 10(3), 한국리터러시학회, 467-486.

- 김주은(2019), 인공지능이 인간사회에 미치는 영향에 대한 연구, 문화기술의융합(JCCT) 5(2), 국제문화기술진흥원, 177-182.

- 김지애(2021.11.12.), 고급인재? 내 손으로 직접 기른다... 기업들 '배터리학과' 봇물, 국민일보, 사이트 정보 http://news.kmib.co.kr/article/view.asp?arcid=0016455750&code=611 41111&sid1=i.

- 김혜정(2019), 미디어 시대의 책맹(비독서) 현상과 독서 교육의 방향, 독서연구 52, 한국독서학회, 9-49.

- 김효선(2019), AI(인공지능)시대 미래교육의 배움학적 제언, 미래교육연구 9(4), 한국 미래교육학회, 1-15.

- 문동규(2017), 인간의 인간다움: 교양교육의 지향점-휴머니즘에 대한 하이데거의 사유를 중심으로, 범한철학 87(4), 범한철학회, 141-168.

- 문화체육관광부(2020), 2019년 국민 독서실태 조사(제113018호), 문화체육관광부.

- 박승억(2016), 인공지능 시대, 전문가 시스템의 위기와 인문 소양 교육, 사고와표현 9(3), 한국사고와표현학회, 67-92.

- 박윤수·이유미(2021), 대학생의 AI 리터러시 역량 신장을 위한 교양교육 모델, 정보교육학회논문지 25(2), 한국정보교육학회, 423-436.

- 박휴용(2020), 포스트휴먼 리터러시-개념 및 범주, 이론적 기반, 그리고 교육의 방향, 리터러시연구 11(1), 한국리터러시학회, 11-55.

- 백승수(2017), 4차 산업혁명 시대의 교양교육의 방향 모색, 교양교육연구 11(2), 한국교양교육학회, 13-51.

- 백승수(2019), 4차 대학 혁명과 교양교육의 미래, 교양교육연구 13(3), 한국교양교육학회, 11-29.

- 서동은(2019), 인공지능(AI) 시대에 교양교육의 의미-하이데거와 「휴머니즘 서간」을 중심으로, 현대유럽철학연구 52, 한국하이데거학회, 289-319.

- 손승남(2013), '위대한 저서(The Great Books)' 프로그램을 토대로 본 우리나라 대학 인문고전교육의 방향 탐색, 교양교육연구 7(4), 451-456.

- 손승남(2020), AI시대 교양기초교육의 교수학적 재음미, 교양교육연구 14(4), 한국교양교육학회, 11-23.

- 손혜숙(2019), 인공지능 시대, 감정지능 교육 방안 고찰, 리터러시연구 10(4), 한국리터러시학회, 559-590.

- 송선영(2021), 인공지능형 로봇은 얼마나 가역적일 수 있을까?-콜버그의 도덕 발달 단계의 적용과 도덕과 교수 활용 가능성을 중심으로, 윤리교육연구 61, 윤리교육학회, 27-54.

- 신윤정(2016), 증강 텍스트 읽기 교육의 방향성과 가치, 독서연구 38, 한국독서학회, 131-158.

- 안호영(2015), 융복합 교육으로서의 과학 교양교육-동국대학교 경주캠퍼스 과학 융복합 교양교육 사례를 중심으로, 문화와융합 37(2), 한국문화융합학회, 61-92.

- 유종호(2000), 서정적 진실을 찾아서, 민음사.

- 유하람(2018.09.12.), [마르코의 IT톡] 컴퓨터가 소설을 쓰는 날, 비즈니스플러스, 사이트 정보 https://www.businessplus.kr/news/articleView.html?idxno=17599.

- 이국환(2014), 대학 교양교육으로서의 독서교육, 동남어문논집 37, 동남어문학회, 489-421.

- 이명현·유형동(2021), 인공지능 시대의 고전서사 리텔링을 통한 창의적 표현 교육, 강연근 외(저) 인공지능, 문학과 예술을 만나다(문화융합총서 2), 연경문화사.

- 이미정(2007), 인문학 위기 담론과 대안에 관한 지형 연구-학문적 차원과 산업적 차원을 중심으로, 언어와문화, 33(1), 한국언어문화교육학회, 67-89.

- 이용화·이유정(2021), 세인트존스 칼리지의 세미나 모델을 적용한 교양 세미나 수업 개발 및 효과 검증, 교양교육연구 15(2), 한국교양교육학회 113-132.

- 이윤주(2021.10.28.), 인공지능, 빅데이터...신산업 분야 석·박사 558명 늘린다, 한국일보, 사이트 정보 https://www.hankookilbo.com/News/Read/A2021102812140004062?did=NA.

- 이재현(2013), 디지털 시대의 읽기 쓰기, 커뮤니케이션북스.

- 정연재(2020), 인공지능의 시대, 프로페셔널리즘의 위기와 교양교육의 방향, 교양교육연구 14(1), 한국교양교육학회, 59-77.

- 정연희(2015), 스마트 시대의 대학교양교육에서 독서교육의 의미와 방향, 어문논집 75, 민족어문학회, 147-170.

- 정하니·유주연(2018), 4차 산업혁명 시대, 배우예술의 영역과 그 경계, 연기예술연구 13(3), 한국연기예술학회, 93-103.

- 조민정·김성수(2020), 문식성 향상을 위한 교수-학습 방안의 탐색-재외국민과 외국인 학습자의 학술에세이 쓰기를 중심으로-, 교양교육연구 14(5), 한국요양교육학회, 67-79.

- 조성배(2016), 인공지능의 실체와 발전 전망, 평화와종교 2, 한국평화종교학회, 9-17.

- 조성배(2021), 왜 인공지능이 문제인가: 10대에게 들려주는 인공지능 이야기, 반니.

- 조헌국(2017), 4차 산업혁명에 따른 대학교육의 변화와 교양교육의 과제, 교양교육연구 11(2), 한국교양교육학회, 53-89.

- 최재천(2016), 호모 심비우스, 이음.

- 최재천·장하준·최재붕·홍기빈·김누리·김경일·정관용(2020), 코로나 사피엔스, 인플루엔셜.

- 최현실(2021), 코로나-19로 인한 대학신입생의 비대면 수업 경험에 대한 연구, 교양교육연구, 15(1), 한국교양교육학회, 273-286.

- 홍성욱(2019), 인공지능 시대에 융합과 창의성에 대해서 다시 생각함, 문명과경계 2, 포항공과대학교융합문명연구원, 15-46.

- 황경훈(2017), 인공지능 시대, 인간의 길찾기-전인적 인간 발전과 종교적 상상력, 가톨릭평론 10, 우리신학연구소, 32-43.

- 황수림·오하영(2021), 인간 및 인공지능의 초지능 협력사회 실현을 위해서는 현대 인공지능 기술의 한계점 분석과 인문사회학적 통찰력에 대한 메타 연구, 한국정보통신학회지 논문(JKIICE) 25(8), 한국정보통신학회, 1013-1018.

- 立花隆 (2001), 나는 이런 책을 읽어 와다, 이언숙(역), 청어람미디어(원서출판 1995).

- 立花隆 (2005), 도쿄대생은 바보가 되었는가, 이정환(역), 청어람미디어(원서출판 2004).

- Anders, G. (2018), 왜 인문학적 감각인가: 인공지능 시대, 세상은 오히려 단단한 인문학적 내공을 요구한다, 김미선(역), 사이(원서출판 2017).

- Aoun, J. E. (2019), AI 시대의 고등교육, 김홍옥(역), 에코리브르(원서출판 2017).

- Calvino, I. (2008), 왜 고전을 읽는가, 이소연(역), 민음사(원서출판 2000).

- Carr, N. G. (2011), 생각하지 않는 사람들 - 인터넷이 우리의 뇌 구조를 바꾸고 있다, 최지향(역), 청림출판(원서출판 2010).

- Dantzig, C. (2013), 왜 책을 읽는가, 임명주(역), 이루(원서출판 2010).

- Eagleman, D., & Brandt, A. (2019), 창조하는 뇌, 엄성수(역), 쌤앤파커스(원서출판 2017).

- Hagstrom, R. G. (2017), 현명한 투자자의 인문학, 박성진(역), 부크온(원서출판 2013).

- Hartley, S. (2017), 인문학 이펙트, 이지연(역), 마일스톤(원서출판 2017).

- Hesse, H. (2015), 세계문학을 어떻게 읽을 것인가, 박환덕(역), 범우사(원서출판 1929).

- Kurzweil, R. (2007), 특이점이 온다, 김명남·상시형·진대제(역), 김영사(원서출판 2006).

- McNeill, W. H. (2007), 휴먼 웹, 유정희·김우영(역), 이산(원서출판 2003).

- Nussbaum, M. C. (2018), 인간성 수업: 새로운 전인교육을 위한 전의 변론, 정영목(역), 문학동네(원서출판 1998).

- Sande, M. (2010), 정의란 무엇인가, 이창신(역), 김영사(원서출판 2009).

- Small, G., Moody, T. D., Siddath, P., & Brookheimer S. Y. (2009), "Your Brain on Google: Patterns of Cerebral Activation During Internet Searching", American Journal of Geriatric Psychiatry 17(2), 116-126.

- Thorne, K. (2005), 블렌디드 러닝(Blended Learning), 김성길·양유정·임의수·편은진(역), 학지사(원서출판 2003).

2장

융·복합 역량 함양을 위한 인문교양 교육의 다변화 시도

최선경

1. 들어가는 말

이 논문은 인문교양 교과목 다변화를 위한 시도로 개발한 융·복합 교과목 의 개발 및 운영 사례에 대한 것이다.[1] 최근 4차 산업혁명이라는 말과 함께 자주 언급되는 단어 가운데 하나가 위기와 혁신이라는 말이다. 정보통신기술의 고도화와 융합 기술이 만들어내는 급속한 변화를 위기로 인식하고, 그에 대한 대응으로 혁신을 요구하는 것이다. 대학의 경우도 예외가 아니어서 빠른 변화에 대응하며 미래 사회를 선도할 수 있는 교육으로의 전환 요구가 거세다. 그런데 이러한 변화와 혁신의 움직임이 대학교육, 특히 교양교육의 측면에서는 그리 긍정적으로 작용하고 있지 않은 것 같다. 개편되는 교육과정이나 개설되는 교과목 대개가 취·창업에 필요한 역량 혹은 실용성을 앞세운 도구적 스킬 훈련을 목표로 하고 있다. "대학교육 전반에 요구되는 기본적 지식 및 자율적 학구능력의 함양을 포함하여 인간, 사회, 자연에 대한 폭넓은 이해를 바탕으로 올바른 세계관과 건전한 가치관을 확립하는 데 기여하는 교육"(한국교양기초교육원, 2021)이라는 교양교육의 정의가 무색해 보이는 변화의 흐름 속에서 이른바, 4차 산업혁명 시대의 교양교육은 어떤 모습이어야 하며, 4차 산업혁명 시대 인재들에게 필요한 소양과 자질이 무엇인가에 대한 진지한 질문과 숙고가 필요한 시점이 아닌가 생각된다.

현재 한국의 대학생들은 치열한 경쟁으로 인한 극심한 스트레스 속에서 생활하고 있다. 코로나로 인해 더 어려워진 취업난, 열악해진 노동 시장, 심화된 양극화는 청년들의 불안과 우울을 증폭시키고 있다. 수년째 OECD 최상위를 차지하는 우리나라의 자살률, 꾸준히 상승하는 20대 자살률은 인간다운 삶이나 행복이, 과학기술의 발전이나 경제성장과 같은 외

---

1 이 교과목의 개발과 강의에는 필자 외 학부대학의 하병학, 조윤아, 이상민 교수가 함께 참여하였다.

적인 조건에서 얻어지는 것이 아님을 분명히 보여준다. 21세기 인간의 일상을 "전자공학적 삶 (Elektronisches Leben)"이라고 비판한 슈미트(Wilhelm Schmid)[2]의 지적처럼, 현대의 많은 청년들은 실존적 인식이나 자기 삶의 의미와 목표를 상실한 채 부유하고 있다. 정체성의 혼란, 좌표의 상실, 미래에 대한 불안을 느끼는 청년들이 늘어날수록 인문학, 인문교양 교육의 역할은 커진다. 인문학은 인간의 정체성과 삶의 의미에 대해 성찰케 하는 학문이기 때문이다. "탈맥락적이고 탈기원적인 정보의 범람 속에서 방향을 상실하지 않고 자기 삶의 목적과 가치를 형성해 나가면서 주어진 정보들을 반성적으로 수용하고 통합적으로 이해함으로써 종합적인 인지능력과 창의적인 사고능력을 키워줄 수 있는 장소"(이은정, 2018:249)로서 인문학 교육이 그 역할을 충실히 해야 하는 때이다. 한때 우리사회를 풍미했던 치유니 힐링이니 하는 담론이나 생명존중의 문화 조성과 같은 막연하고 피상적인 접근으로는 한계가 있다. 인간 존재의 존엄성, 인간 주체의 실존에 대한 성찰을 이끄는 인문학 교육이 더욱 강화되어야 하는 이유이다. 이 논문은 이러한 문제인식에서 출발한 것으로, 필자가 동료 교수들과 개발한 인문교양 교과목에 대한 소개와 운영 사례를 중심으로 한다. 교과목 개설의 취지와 목표, 수업 설계, 개선 방안을 중심으로, 4차 산업 혁명 시대 대학의 교양 교육, 인문교양 교육이 지향해야 할 방향에 대해 모색해 보고자 한다.

---

2 슈미트는 21세기의 현대인을 "전자공학적 주체Das Elektronische Subjekt"로 표현하며, "삶의 전자공학적 태도 Die Elektronische Führung"는 더 이상 삶의 본질적 물음인 진정한 행복과 의미에 대한 그 어떠한 새로운 것도 불러오지 못한다고 비판한다(이상범, 2015:57).

2. 융·복합 역량 함양을 위한 인문교양 교과목 개발 취지와 설계

1. 교과목 개설 취지와 목표

(1) 교과목 개설 취지

이 글에서 소개하고자 하는 교과목 〈인문#〉는 인문교양 교육의 강화와 다 변화 필요성에 의해 개발되었다. 주지하다시피 교양은 교육을 받은 사람들이 지녀야 할 "지적·정서적·도덕적 자질, 능력, 덕성"을 뜻하는 말로 '자유교육(Liberal education)'에 그 뿌리를 두고 있다. 자유교육이란 "특정 목적에 수단으로서 봉사하게 되는 지식이나 기술을 습득케 하는 교육이 아니라, 자율적이면서도 개방적인 능동적 주체적 인격의 도야를 위해, 그 자체로 본래적 가치를 갖는 품성과 자기목적적 활동을 할 수 있는 능력을 함양하는 교육"(한국교양기초교육원, 2021)이다. '교양'으로 번역되는 독일어 'Bildung'의 개념과 그 함의는 교양의 의미가 무엇인지, 교양교육이 지향해야 하는 바가 무엇인지를 잘 보여준다. 서정일(2019)에 따르면 Bildung은 어느 것으로도 대체할 수 없는 인간의 고유한 개별성, 즉 "개인의 유일무이한 개체성"이라는 서구의 근대적 관념의 결과(Voßkamp, 2009:3)이며, 독일 계몽주의 전통에서 Bildung은 "스스로 형성하는 개인"의 자유로운 행동을 전제로 "일체의 목적으로부터의 해방의 요소"(Hörner, 2008:10)가 내재해 있는 개념이다(서정일, 2019:281-282). 'Bildung'에서 확인되는 교양의 본래적 의미와 목적은 다음의 정의들에서도 확인된다.

> '교양'(Bildung)이란 '인간다운 인간'을 형성한다는 의미로서 "스스로가 스 스로를 창조하는 정신적 자아의 자기형성"(J. G. Fichte)이요; "인간의 인간 다움 그 자체만을 위한 주체적 자아의 형성이요, 자기형성의 이상을 준거 로 하는 자기반성적 태도의 도야이자 아울러 타자 및 세계에 대한 관계의 형성이기도 하다"(K. W. Humboldt). 교양교육은 또한 "보편적 지식과 품성 에 바탕한, 특정의 직업과 무

관하게 그 자체로 선하고 모범적인 사람됨의 구현"(K. W. Humboldt)을 목적으로 한다. 따라서 교양교육의 핵심은 "인간 본성의 내적 능력을 지혜로 키워 올리는 것"(H. Pestalozzi)과 "현실을 파악하고 그에 대해 판단하여 그것을 자신의 것으로 소화해내는 능력의 함양"(F. Paulsen)이다(한국교양기초교육원, 2021).

교양과 교양교육의 지향에 대한 이 같은 정의들은 교양이 곧 주체적 자아의 형성이며, 자기성찰을 토대로 인격을 도야하여 지적, 도덕적으로 성숙해 가는 자기 성숙의 과정임을 분명히 한다. 인간이 자기성찰을 통해 성숙한다는 것은 삶의 주체로서 자신의 삶을 독립적이고 자율적으로 영위한다는 것을 의미하는데 그 요건의 토양이자 밑거름이 되는 것이 바로 인문정신이다. 교양을 의미하는 '리버럴 아츠(Liberal Arts)'가 곧 인문교양을 의미하는 것을 보아도 교양의 근간이 되는 것이 곧 인문학임을 알 수 있다. 따라서 자신을 성찰하고, 주체적이고 올바르게 사고하도록 하는 인문교양의 중요성은 아무리 강조해도 지나치지 않을 것이다.

(2) 교과목 목표

이러한 개설 취지에서 개발한 〈인문#〉 교과목은 다음 세 가지를 주된 교육 목표로 설정하였다.

첫째, 지식 융합 및 통합적 사고 능력의 함양이다. 〈인문#〉 교과목에서는 학생들이 스스로 학습한 지식을 연결하고, 통합하는 사고 훈련을 통해 새로운 지식을 창출하는 것을 목표로 하였다. 이는 미래사회에 필요한 핵심 역량의 기초가 되는 것이 융합 능력이며, 교양으로서의 인문학은 분과학문 중심의 접근보다 통합적 접근이 바람직하다고 판단했기 때문이다. 인문교양에서의 통합적 접근은 "기존의 분과 학문의 구분을 횡단하여 보다 유연하게 각 분과 학문의 연구 성과와 방법론을 통합하여 학습자가 대면하고 있는 현실을 해석하고 대응"(여건종, 2016:15) 할 수 있는 능력의 함양을 지향한다. 이에 본 교과목에서는 개별 학문의 지식들을 단순히 습득하는 것이 아니라, 다양한 학문 분야의 기초 지식과 방법론을 균형 있게 습득한 위에 이를 토대로 새로운 지식을 창출하고 적용할 수 있도록 하는 융·복합적 사고 역량의 배양을 목표로 하였다.

둘째, 자기주도 학습 능력의 함양이다. 지식 융합, 통합적 사고, 리터러시와 같은 역량 함양을 목표로 하는 교과목 설계에서 중요한 것은 학습자의 적극적이고 능동적인 수행이며, 이를 위한 동기 부여이다. 학습자는 교수자 중심의 수업, 강의 위주의 수동적 학습에서는 큰 흥미를 느끼지 못하거나 낮은 학업 성과를 보이기 쉽다. 특히 중등교육과정까지 주입식, 멘토링식 사교육에 익숙해 있는 학습자들에게 능동적, 자기주도적 학습 경험을 제공해 주는 것 이 매우 중요하다. 이를 위해서는 수업 설계의 다변화가 수반되어야 하는데 모듈형 수업을 설계하여 학습자 스스로 모듈을 조합하게 하거나, 직접 교과목을 설계하게 하는 것도 하나의 방안이 될 수 있을 것이다. 모듈형 수업은 교수자의 자율성을 존중하면서도 학습자의 선택권을 보장해주는 유연함을 특징으로 하여 학습자의 능동적 수행을 이끌어 내는 데 도움이 된다.

셋째, 리터러시(Literacy) 능력의 함양이다. 리터러시는 단순히 문자를 읽고 쓰는 것을 넘어 지식을 습득하고 비판적으로 사고하며 새로운 지식을 생산해 내는 능력까지를 포함한다. "다양한 맥락과 연관된 활자화된 내용을 접했을 때 이것을 증명하고, 이해하고, 해석하고, 창조하고, 의사소통하고, 계산할 수 있는 능력"(UNESCO, 2014)으로 정의되는 리터러시에 대한 확장된 개념은, 리터러시의 외연이 단순히 문자를 읽고 쓰는 능력에서 벗어나 새로운 지식 생산까지를 포함함을 보여준다. 리터러시 능력을 함양하기 위해서는 훈련이 필요한데, 텍스트를 매개로 한 독서와 토론, 글쓰기 활동이 좋은 방안이 된다. 텍스트에 담긴 사회·문화적 맥락을 이해하고, 텍스트의 의미를 재구성하며, 자신의 생각을, 근거를 들어 말과 글로 표현하는 리터러시 능력의 함양은 인 문교양 교육에서 지향해야 할 중요한 목표이다.

2. 교과목 설계

위와 같은 취지와 목표를 구현하기 위해 〈인문#〉 교과목은 다음 세 가지에 주안점을 두고 설계하였다.

(1) 인문학의 핵심주제에 대한 다층적 접근

〈인문#〉 교과목은 인문학의 핵심 주제를 '#'(Hashtag) 다음에 키워드로 제시하는 방식으로 주제적 연관성이 있는 교과목 두 개(<인문#거짓과 진실>, <인문#환상과 현실>)를 페어링[3] 과목으로 개설하였으며, 주제에 대한 다학제적, 다층적 접근을 시도하였다. '해시태그'는 SNS상에서 이용자의 관심사를 공유하는 방법이다. '해시태그(#)'라는 기호 뒤에 특정 키워드를 입력하여 관련 주제를 묶거나, 강조하여 알리고, 관련 정보를 한 번에 모아 볼 수 있게 하는 기능이다. 〈인문#〉 교과목은 관심 키워드에 대한 집중적인 검색이 가능하고, 동일한 키워드를 가진 게시물들을 모아 볼 수 있도록 하는 SNS 상 해시태그의 기능처럼, 인문학의 핵심이 되는 주제를 '#' 뒤에 제시함으로써 주제와 관련된 다양한 지식과 접근법을 학습할 수 있도록 하였다. 해시태그 뒤에 제시되는 인문학의 주제와 개념들은 교과목 내에서 확장, 심화 가능할 뿐만 아니라 함께 설강된 교과목 간 교차 수강을 통해서도 확장될 수 있도록 디자인하였다. '#' 다음에 제시되는 핵심 주제에 대한 이해는 서양과 동

---

3 강의페어링은 아주대학교에서 융·복합 교육 방법의 하나로 개발하여 운영한 바 있는데 강의 간 연계를 위한 일종의 플랫폼 개념이다. 백종호(2015:36)에 따르면 "두 개 혹은 그 이상의 강의를 하나의 그룹으로 형성하고, 형성한 그룹 내에서 수행하는 융 합적 활동 그 자체를 의미하며, 정의를 확장하면 활동을 수행하도록 구성한 환경까지 포함"한다. 학생 주도의 융·복합 활동과 이를 수행하는 데 필요한 환경과 지원 체계, 페어링 구성의 요건까지 고려하여 구성한 개념이다.

양의 고전, 그리고 현대의 양서로 꼽히는 다양한 텍스트에 대한 독해를 통해 만나고 융합하게 하였다. 이를 위해 인문학의 핵심 주제 가운데 보다 다층적 의미를 지니는 주제를 선정하고자 노력하였으며 풍부하고 다양한 해석이 가능한 콘텐츠들로 교안을 구성하였다.

(2) 교수자, 학습자 양방향 주도의 융합

학습자의 통합적 사고 능력 함양을 위해 〈인문#〉 교과목에서는 교수자, 학습자 모두 융합의 주체가 되는 양방향 융합을 시도하였다. 현남숙·김영진(2019)에 따르면 현재 교양교육 과정에서 이루어지고 있는 융·복합 교육은 크게 네 가지 방식으로 분류된다. 첫째, 융·복합 교양과목을 세트로 설계하여 이수하게 하는 방식, 둘째, 융합교육의 풀(pool)을 만든 후 배분이수의 방식으로 학생들이 영역별 수강을 하게 하는 방식, 셋째, 교양-교양, 교양-전공의 융·복합을 위한 강의페어링으로 교수의 조언 하에 학생 스스로 강좌를 연결 짓게 하는 방식, 넷째, 교양의 배분이수 자체를 융·복합 생태계로 활용하여 주제별로든, 학문별로든 여러 학제적 개념과 방법을 익히도록 교양과정을 설계하는 방식이 그것이다. 그러나 크게 나누면 "학생 스스로 융합적 역량을 기르도록 하는 환경을 만들어주는 '아래에서 위로의 방식(bottom-up)'과 대학이나 교수자의 의도에 따라 특정 교과목이나 교과목 풀(pool)을 만들어 학생의 융합적 역량을 육성하는 '위에서 아래로의 방식(top-down)'"으로 나눌 수 있다(현남숙·김영진, 2019:328-333). 그런데 필자들도 지적하듯(2019, 328), 각각의 경우 장단점이 존재한다. 학생주도 융합의 경우는 학생의 자율성이 커지는 반면, 효과적인 융합이 어려울 수 있고, 반대로 교수자 주도 융합의 경우는 융합교육의 목적성이 강화되는 반면, 학생의 자율성이 약화되는 문제가 있다. 이러한 각각의 장단점을 보완하기 위해 〈인문#〉 교과목 개발에서는 학습자가 주도하는 '아래에서 위로의 방식

(bottom-up)'과 교수자가 주도하는 '위에서 아래로의 방식(top-down)'을 결합하여, 교수자와 학습자 모두가 융합을 주도하는 새로운 수강 방식을 설계하였다. 교수자는 주제에 대한 다학문적, 다층적 접근을 통해 학습자들이 지식 융합의 접근법을 경험하게 하였고, 학습자는 개설되어 있는 모듈 가운데 본인의 흥미와 관심을 심화시킬 수 있는 모듈을 자율적으로 선택함으로써 학습한 내용을 주체적으로 융합하도록 하였다. 학습자 주도의 융합은 융·복합적 사고와 자기주도적 학습 능력 함양에 매우 효과적일 것으로 기대된다.

(3) 학습자 중심의 탐구 소통 활동

리터러시 능력과 융·복합 역량의 함양을 위해 교수-학습에서는 지식 전달 위주의 강의가 아니라 학습자들이 다양한 활동을 통해 탐구하고 소통하며 지식과 사고를 융합할 수 있도록 설계하였다. 융합교육의 방법은 "생각한 것을 논리적으로 펼칠 수 있는 훈련, 토론을 통해 학습자간의 상호 의견 검토가 가능하도록 교육하는 것이 가장 이상적"(최현철, 2019:105)이다. 특히 주제 관련 텍스트 독해에서는 텍스트 속에서 문제를 스스로 발견하고 물음을 제기하는 것을 중요한 활동으로 연습케 하였다. 이는 질문을 던지는 것으로부터 사고 활동이 시작되며, "문제를 올바로 제기하는 능력에는 이미 창의적인 사고능력, 판단능력, 문제해결능력이 잠재"되어 있고, "질문은 열림/닫힘, 얕음/깊음의 '수준' 문제가 아니라, 문제를 문제로 인식하는 문제설정(Problem Setting)의 기제"(양윤의·조재룡, 2020:179)이기 때문이다.

물음을 던진 후에는 제기한 물음에 대해 동료와 소통하며 각자의 생각을 상호 비판적인 관점에서 분석하고, 해석하고, 토론하게 하였다. 이를 통해 하나의 문제를 바라보는 다양한 관점을 접해보고, 문제 해결에 필요한 지식과 사고의 다양성을 경험하며, 자신의 사고의 한계를 인정하고 생각의 폭을 넓히는 기회를 부여하였다.

학습자 간 상호작용을 활성화하기 위하여 교수자별로 각기 비중을 달리하여 토의, 토론, 발표 중심의 활동을 구성하였으며, 과제도 각기 다른 양식으로 부과하였다. 예를 들면, 글쓰기 중심, 프레젠테이션 중심, UCC 중심, 포스터 중심과 같이 형식이 다른 과제를 부과하여 활동을 다양화하였다. 학기말에는 〈인문#〉 수강생 전원이 참여하는 성과 공유회를 〈인문학 콘서트〉 형태로 개최하여 두 개의 교과목에서 산출된 다양한 결과물들을 공유할 수 있도록 하였다. 이를 통해 학생들은 동일한 주제에 대한 다양한 접근 방식과 문제해결 방안을 체험하며 시야를 확장하고 통합적 사고를 할 수 있게 하였다.

<그림 1> 교과목 목표와 수업 설계

〈인문#〉 교과목 운영의 실제

1. 〈인문#〉 교과목 운영 형태

앞 장에서 설명한 교과목의 목표와 수업 설계를 바탕으로 〈인문#〉 교과목은 다음과 같은 방식으로 운영하였다. 〈인문#〉라는 교과명 아래에 〈인문#진실과 거짓〉, 〈인문#환상과 현실〉이라는 두 개의 교과목을 페어링 과목으로 설강하였다. 〈진실과 거짓〉, 〈환상과 현실〉 교과목은 각각 8주를 하나의 모듈로 하여 네 명의 교수자가 강의하는 것으로 편성하였다. 각 교수자는 학습자의 지식 융합과 통합적 사고의 훈련을 돕기 위해 하나의 주제에 대해, 인접한 두 개 이상의 학문 영역을 넘나드는 관점과 접근법을 적용하는 것을 원칙으로 하였다. 예를 들면, 〈진실과 거짓〉에 대한 A 교수의 접근은 철학, 수사학, 사회학적 접근을 결합하는 방식으로 이루어졌으며, 〈환상과 현실〉에 대한 C교수의 접근은 문학, 수사학, 역사·민속학적 접근을 아우르는 방식으로 이루어졌다.

한편, 〈인문#〉를 수강하는 학생들은 사전에 제시된 강의계획서와 수업 첫 주의 오리엔테이션(공통 교안으로 진행)을 통해 〈진실과 거짓〉, 〈환상과 현실〉이라는 두 과목의 주제에 대한 설명, 주차별 콘텐츠, 수업 진행 및 평가 방식에 대해 안내 받고, 수강할 과목을 선택하였다. 과목 선택은 전반기 8주 강의가 종료된 시점에서 한 차례 더 이루어졌는데 학습자는 전반기 모듈 수강 후 후반기 모듈을 관심사에 따라 다시 선택할 수 있다. 전반기 수업 이후에 전반기 수업에서 학습한 내용을 어떻게 연계시키며 확장할 것인지를 학습자 스스로 자율적으로 선택할 수 있게 한 것이다. 이에 학생의 관심과 흥미에 따라 각각 A + B, A + D, C + D, C + B와 같은 네 가지 형태의 수강이 가능하도록 하였다.

교과목	학기 구분	담당교수
인문#진실과 거짓	전반기	A
	후반기	B
인문#환상과 현실	전반기	C
	후반기	D

<표 1> <인문#> 교과목 구성

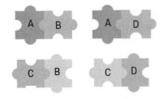

<그림 2> <인문#> 교과목 모듈 조합의 예

강의가 모두 종료되는 16주차에는 〈인문#진실과 거짓〉, 〈인문#환상과 현 실〉을 수강하는 수강생 전원과 네 명의 교수자가 함께하는 '인문학 콘

서트'를 개최하였다. '인문학 콘서트'에서는 학생들의 활동 성과물을 담은 과제물, 포스터, UCC 영상 등을 전시하였으며 우수 과제의 발표가 이루어졌다. 이후에는 외부 전문가의 특강 ('크리미널 마인드: 범죄심리학자의 눈으로 본 인간의 본성'-경기대, 이수정 교수)과 교수, 학생, 지역민 등이 패널로 참여하는 인문토크를 진행하여 풍성한 인문학 성찰의 자리가 마련될 수 있도록 하였다.

2. 〈인문#〉 주차별 강의 구성

교과목 구성에 대한 이해를 돕기 위해 〈인문#진실과 거짓〉, 〈인문#환상과 현실〉의 16주 강의안을 제시하면 다음과 같다.

1) 〈인문#진실과 거짓〉 주차별 강의 진행 (16주)

주	강의내용	참고자료
1	수업 오리엔테이션: 수업 구성 및 강의 주요 내용 소개	
2	진실과 거짓의 다양한 의미, 인간사회와 진실과 거짓	
3	정치/사회/문화/과학/예술에서의 진실과 거짓. 역사학으로 본 진실과 거짓	<지식인의 두 얼굴>
4	철학으로 본 진실과 거짓, 수사학으로 이해하는 진실과 거짓, 동물들의 거짓말	<동물들의 언어>
5	의사소통이론과 진실과 거짓, 거짓말의 사회학, 선한 거짓말과 불편한 진실	하버마스와 그라이스의 의사소통이론
6	진리와 거짓말의 다양한 정의들, 자기기만에 대한 이해	<실존은 휴머니즘이다>
7	문학, 영화, 예술로 본 진실과 거짓, 지식 융합하기	<아Q정전>, <예루살렘의 아이히만>, <인생은 아름다워>
8	중간고사 기간	
9	거짓말 행위에 대한 발달심리학적 이해	발달심리학의 이론
10	거짓말 행위에 대한 범죄심리학적 이해	알프레드 아들러의 범죄심리학
11	문학, 영화에서 다루는 진실과 거짓의 미학적 방법	<곰팡이꽃>, <오! 수정>
12	역사서, 문집, 팩션 드라마 등이 드러내는 사실 혹은 진실과 허구 혹은 거짓의 의미	<태조실록>, <삼봉집>, 드라마 <정도전>
13	사실이 전하는 거짓, 은유가 전하는 진실	<트루맛쇼>, <타인의 고통>

주	강의내용	참고자료
14	첨단 과학에 의한 거짓 세계, 가상현실 및 증강현실의 미학적 이해	
15	학생 패널과 교수가 함께하는 인문학 토크 콘서트: <인문#진실과 거짓>, <인문#환상과 현실> 통합 수업	
16	기말고사 기간	

2) 〈인문#환상과 현실〉 주차별 강의 진행 (16주)

주	강의내용	
1	수업 오리엔테이션: 수업 구성 및 강의 주요 내용 소개	
2	환상과 인문학적 상상력	
3	환상의 정의, 세계에 대한 인식으로서의 상상과 환상	문학의 개념과 환상
4	환상의 지형학1: 이질적인 것과의 교류와 소통	<구렁덩덩신선비>, <뱀신랑>, <변신>
5	환상의 지형학2: 꿈이라는 장치	<조신의 꿈>, <용궁부연록>
6	환상의 지형학3: 이계 존재와의 조우	<도화녀비형랑>, <이생규장전>, <아랑전설>,
7	환상의 지형학4: 가상적 시공간의 창조	<차사본풀이>, <바리데기>
8	중간고사 기간	
9	<환상의 수사학: 환상과 현실의 동이성 1> 환상과 현실의 동일성: 은유, 제유, 이미지화	
10	<환상의 수사학: 환상과 현실의 동이성 2> 환상과 현실의 차이성: 패러디, 전복, 아이러니	
11	환상의 수사학1: 그림책 속 이미지의 은유와 환상	앤서니 브라운 <고릴라>, 존 버닝 햄 <지각대장 존>, 모리스 샌닥 <괴물들이 사는 나라>
12	환상의 수사학2: 드라마 속 전복 장치	<시크릿 가든>, <시그널>, <도깨비>
13	환상의 수사학3: 광고의 패러디 전략, 고전과 명화 패러디 광고	
14	환상의 수사학4: 웹툰의 아이러니	조석 <마음의소리>, 주호민 <신과함께>
15	학생 패널과 교수가 함께하는 인문학 토크 콘서트: <인문#진실과 거짓>, <인문#환상과 현실> 통합 수업	
16	기말고사 기간	

평가는 4명의 교수자가 담당한 8주 단위 수업에 대해 각각 독립적으로 진행하는 것을 원칙으로 하였다. 이에 따라 전반부 강의자는 수업 중 활동 혹은 시험 30%와 과제물 15%를, 후반부 강의자는 수업 중 활동 혹은 시험 30%와 과제물 15%에 대한 평가를 담당하였다. 출석 점수 5%도 교수자별로 각각 부여하였다.

3. 〈인문#환상과 현실〉 전반기 수업 운영의 실제

교수자 간 교과목 목표와 설계, 구성의 기본 원칙을 공유한 상황에서 교과목 내 8주 단위 모듈로 구성된 수업은 교수자의 재량에 따라 자율적으로 운영하였다. 필자가 담당한 〈인문#환상과 현실〉 전반기 수업 모듈의 운영 사례를 구체적으로 소개하면 다음과 같다.

1) 〈인문#환상과 현실〉의 교육 목표

〈인문 # 환상과 현실〉의 세부 목표는 다음과 같이 설정하였다.

첫째, 리터러시 능력을 함양한다. 이 수업에서는 '환상과 현실'이라는 인문학의 핵심 키워드를 신화, 전설, 민담, 동화, 영화, 드라마, 애니메이션 등 다양한 텍스트를 통해 분석, 해석, 비판함으로써 문자뿐만 아니라 다양한 매체를 활용한 사고 및 표현능력을 기르도록 한다. 인간의 상상력에 의해 창조된 환상적 세계의 의미와 이것이 다양한 매체를 통해 어떻게 다르게 형상화되는지를 파악해보는 학습과정, 발표, 토론, 글쓰기, 포스터 제작 등 그와 관련된 메시지를 직접 생산하고 소통해보는 학습활동을 통해 수준 높은 문해력(Literacy)을 갖추도록 한다.

둘째, 인간에 대한 이해를 심화한다. 문학, 역사, 수사학, 문화콘텐츠 관점에서 '환상과 현실'에 대한 다학문적 접근을 시도함으로써 인간과 인간의 세계 인식에 대한 이해를 넓히고 인간 존재에 대한 고차원적이고 심도 있는 사색을 한다. 문학에서의 환상은 인간의 심리적 욕망이 가시화되는 과정에서 발생하며, 환상적 상상력은 인간의 욕망과 심리적 대응에 대한 탐색을 도모한다. 따라서 환상 문학에 대한 분석과 해석은 인간의 인식과 내면에 대한 보다 깊이 있고 포괄적인 이해에 도달하게 할 것이다.

셋째, '인문학적 상상력'을 함양한다. "환상은 기존의 질서나 인식 체계를 넘어서 세계를 재정의하고 근본적으로 재구성하려는 인식론적 형태,혹은 그 구성물이다(최기숙, 2008:32).따라서 환상 문학을 통해 우리는 기존의 세계와는 다른 시공간, 낯선 인물, 이질적인 대상과 조우하게 되는데 이들은 현실 세계의 단순 모방이나 재생산이 아닌, 상상의 결과물이며 새롭게 창조된 세계이다. 상상의 결과물로서 새롭게 창조된 세계는 은유, 이미지, 패러디, 전복, 아이러니 등을 통해 재현된다. 따라서 환상 문학에 대한 다학문적 접근, 그리고 현실과 환상 세계가 관계 맺는 방식에 대한 다층적 접근은 인문학적 상상력을 함양케 할 것이다.

넷째, 지식 융합 및 통합적 사고 능력을 함양한다. 다양한 주제와 텍스트에 대한 접근을 통해 문제를 발견하고, 토론하는 활동은 주체적인 사고와 비판적 사유 능력을 함양케 하며, 이렇게 함양된 역량은 통찰적인 사고를 가능하게 한다. 통찰적 사고는 기존의 틀에 머물지 않는 태도, 보다 유연하게 지식과 지식을 연결하여 다양한 상황에 적용시킬 수 있는 역동적이고 융통성 있는 융합적 사고 역량의 토대가 될 것이다.

2) 〈인문#환상과 현실〉 전반기 수업 운영 체계

〈인문#환상과 현실〉 전반기 수업은 위와 같은 교육 목표를 효율적으로 달성하기 위하여 수업 전-중-후의 세 단계로 나누어 다음과 같은 체계로 운영하였다.

▷ 수업 전(Pre-Class)

■ 매주 소주제와 관련된 텍스트를 읽고 A4 1장 정도로 핵심 내용을 요약한 후 논의하고 싶은 문제 3개를 요약문과 함께 사이버 캠퍼스에 업로드 한다.[4]

▷ 수업 시간(In-Class)

■ 각 조에서는 조원들이 올린 문제와 물음들 가운데 하나를 선택하여 조별 토의를 진행한다.
■ 조원 가운데 한 명이 토의 내용을 요약 정리해서 발표하고, 토의 내용을 정리한 조별 회의록은 수업 종료 후 사이버캠퍼스에 업로드 한다.
■ 교수자는 조별 발표에 대한 피드백과 함께 핵심이 되는 문제들에 대해 정리하고 질의응답을 하는 시간을 갖는다.

▷ 수업 후(Post-Class)

■ 논의 토픽에 대한 자신의 생각을 각자 글로 써서 사이버 캠퍼스에 업로드 한다.
■ 교수자는 학생이 제출한 글에 대한 피드백을 제공한다.

▷ 과제

■ 텍스트 요약과 토의 주제(물음) 제안(개별)
■ 조별 토론 내용에 대한 정리(조별)
■ 논제에 대한 글쓰기(개별)

▷ 평가

■ 글쓰기 과제 5점 *   4회   20점(개별)
■ 조별 회의록 + 조별 발표   10점(조별)
■ 텍스트 요약 및 문제제기 2.5점 * 4회   10점(개별)
■ 출석   5점

---

4 하나의 예시로 7주차(강의계획서 7주차 참조) 수업에서 〈차사본풀이〉를 읽은 후 학생들이 제기한 물음(토의 주제)들을 제시하면 다음과 같다.
  √ 〈차사본풀이〉에서 확인할 수 있는 우리 민족의 사유와 세계 인식의 특징은 무엇인가?
  √ 〈차사본풀이〉에 나타난 시공간 개념은 어떠한가?
  √ 현실에 존재하고 있는 것의 기원을 차사본풀이〉에서는 어떻게 이야기 하는가? 또 그렇게 이야기 한 이유는 무엇인가?
  √ 강림이 저승에 다녀온 때를 기점으로 하여 다녀온 전/후 강림에게 나타난 변화는 무엇이며 그 의미를 어떻게 해석할 수 있을까?
  √ 작품에 나타나는 신화와 현실의 연관성은 어떠한가?
  √ 저승차사의 기능은 무엇인가?
  √ 저승세계와 현실의 관계, 즉 현실 세계가 반영된 저승 세계의 특징은 무엇인가?

4. 〈인문#〉 교과목 만족도 결과 및 개선 방안

강의 종료 후 학생들에게 강의 만족도 조사를 실시하였다. 〈인문#〉 교과목은 두 개 학기 동안 운영하였는데 수강 학생 수는 첫 학기 39명, 두 번째 학기는 83명이었다. 첫 학기에 비해, 교과목에 대한 홍보가 더 이루어진 두 번째 학기에 수강생이 증가하였다. 다음에서 제시하는 만족도 조사 결과는 첫 학기 수강생 39명을 대상으로 이루어진 만족도 조사 결과이며, 유효 응답자 수는 30명이었다.[5]

만족도 조사는 요구조사와 함께 객관식 문항과 주관식 문항으로 나누어 실시하였다. 객관식 문항은 강의목표 부합, 역량 함양, 강의 운영으로 나누어(1~13번 문항) 선택하게 하였고, 수업 운영 중 함께한 세부프로그램에 대한 의견은(14번 문항) 복수선택하게 하였다. 주관식 문항에서는 수업 목표의 달성 정도에 대한 의견, 교차 수강의 장단점, 이와 같은 수업이 성공하기 위해 갖추어져야 하는 것 등을 폭넓게 물었다.

다음은 객관식 설문지 문항과 문항에 대한 학생들의 만족도 결과이다.

범주	항목	응답 ① 전혀 아니다 ② 아니다 ③ 그저 그렇다 ④ 그렇다 ⑤ 매우 그렇다
강의 목표 부합	이 강의는 인문핵심 중핵교과목으로서 다학문적 접근을 통한 지식과 사고의 융합, 지식의 확장과 재생산이라는 목표에 부합하였다.	① ② ③ ④ ⑤
	강의계획과 구체적 강의 내용이 지식을 융합하고 종합적으로 사고하며 새로운 지식을 생산하는 능력을 함양하는 데 도움을 주었다.	① ② ③ ④ ⑤
	<인문#>는 다른 중핵교양교과목과 차별성이 있었다.	① ② ③ ④ ⑤

---

5 수강생 만족도 결과는 첫 학기(평균 4.4)와 두 번째 학기(평균 4.4)에서 모두 유사하게 나타났다. 본 연구에서는 첫 학기 수강생의 의견이 인문 융복합 교과목 개발에 관심이 있는 교수자에게 더 도움이 될 것으로 판단, 첫 학기 수강생 만족도 조사 결과를 중심으로 분석한 결과를 제시하였다.

범주	항 목	응답 ① 전혀 아니다 ② 아니다 ③ 그저 그렇다 ④ 그렇다 ⑤ 매우 그렇다
역량 함양	<인문#>는 다양한 텍스트에 대한 읽기와 글쓰기를 통하여 문해력을 증진시켰다.	① ② ③ ④ ⑤
	<인문#>는 다양한 매체에 대한 분석, 해석을 통해 새로운 지식 생산 및 소통에 이르는 능력을 함양시켜 주었다.	① ② ③ ④ ⑤
	<인문#>의 주제는 인간과 사회, 세계에 대한 깊이 있는 사유와 성찰을 가능하게 하였다.	① ② ③ ④ ⑤
	<인문#>를 통해 인문학적 소양, 인문학적 상상력이 배양되었다.	① ② ③ ④ ⑤
	<인문#>의 교차 수강은 학문 탐구에 대한 동기를 강화시켜 주었다.	① ② ③ ④ ⑤
	<인문#>의 다학문적 접근은 통합적 시각을 배양해 주었다.	① ② ③ ④ ⑤
	<인문#>의 팀 티칭은 융합적 사고와 학제적 접근의 필요성을 일깨워 주었다.	① ② ③ ④ ⑤
강의 운영	<인문#>의 운영 방식에 대해 전반적으로 만족한다.	① ② ③ ④ ⑤
	<인문#>와 비슷한 내용과 형식의 수업이 개설된다면 수강하고 싶다.	① ② ③ ④ ⑤
	지인들에게 <인문#>를 추천하고 싶다.	① ② ③ ④ ⑤
세부 프로 그램	14. 이 수업에서 특히 좋았던 프로그램은 무엇이었습니까?(중복선택 가능) ① 인문 고전, 사회 현상에 대한 심도 있는 이해　② 다양한 매체를 활용한 접근 ③ 다양한 전공 교수의 팀티칭　　　　　　　④ 획기적인 수업 설계(ex.후반부 교차수강 등) ⑤ 초청 연사 특강과 인문 토크 참여　　　　⑥ 포스터 제작 및 발표 ⑦ 기타	

<표 2> 강의만족도 조사 설문지

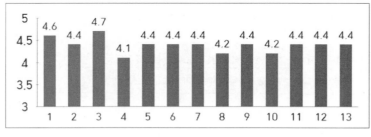

<그림 3> 문항별 만족도

1-13번까지의 문항에 대한 학생들의 만족도는 평균 4.4 정도였다. 범주에 따른 응답에서는 '강의 목표 부합도' 범주에서 가장 높은 만족도를 나타냈다. 학생들은 이 강의가 '다학문적 접근을 통한 지식과 사고의 융합, 지식의 확장과 재생산이라는 목표에 부합하였다'고 높은 비율로 응답하였으며(4.6), '다른 중핵교양교과목과 차별성이 있었다'(4.7)고 응답하였다. '역량함양', '강의운영'과 관련된 범주에서는 문항별로 대개 고른 만족도를 보여주었다. 상대적으로 낮은 만족도를 보인 문항이 4, 8, 10이었는데, 이에 대한 원인 분석은 추후에 이루어져야 할 것으로 보인다. 수업에서 특히 좋았던 프로그램을 묻는 14번 문항에 대해서는 '다양한 매체를 통한 접근'이 좋았다는 응답이 가장 많이 선택되었고, 그 다음으로는 '획기적인 수업 설계', '인문 고전, 사회 현상에 대한 심도 있는 이해' 순이었다.

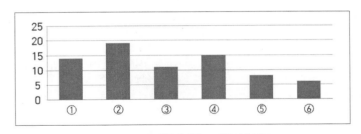

<그림 4> 14번 문항에 대한 보기별 선택 빈도

다음은 주관식 문항에 대한 응답 결과를 정리한 것이다.

1. 이 수업의 특징은 '인문학의 핵심 주제 혹은 개념에 대한 서로 다른 학문적 관점과 접근법'을 체득하는 것이었습니다. 이 수업을 통해 이 목표가 어느 정도 이루어졌다고 판단되는지, 아쉬운 점은 무엇이었는지 등 자유롭게 적어주세요.

- 진실과 거짓 혹은 환상과 현실이라는 주제에 대해 심도있게 공부를 할 수 있었다. 평소에도 이 부분에 관심이 있었는데 보다 깊게 사고하게 되어 생각의 폭이 넓어짐을 느꼈다. 아쉬운 점은 아직 강의 개설 초반이라 좀 더 다양한 콘텐츠가 없는 부분이다.
- 서로 다른 관점과 접근법을 알아갈 수 있었다. 다만, 이론적인 측면 설명을 최대한 줄였음에도 불구하고, 토론할 수 있는 시간이 너무나 부족하다고 느꼈다.
- 다양한 작품들을 다양한 시선으로 해석하는 시간을 확보할 수 있었기에 좋았던 것 같다.

- 90%정도 인 것 같다. '환상과 현실'만 수강했지만 고전과 현대미디어라는 다른 매체들로 주제에 접근이 가능해 사고가 넓어졌다. 시간이 부족한 게 아쉬운 점이다. 또한 포스터 과제를 병행하기 힘들었다.
- 새로운 접근법을 다른 학우들을 통해 알 수 있었다.
- 인문학에 대해 더 깊게 이해하고 서로 다른 전공의 교수님들이 강의하셔서 여러 관점으로 살펴보고 다르게 접근할 수 있었다고 생각한다.
- 다른 중핵 수업과 달리 자유로운 토론 등을 통해 수업이 진행되어 사고하는 능력을 키울 수 있었다.
- 학생 주도 수업이라 접근성이 좋았다. 사유할 시간이 학생에게 주어져 매우 좋았다. 하지만 텍스트가 책인 경우, 시간이 부족하여 심도 있는 학습은 힘들었다.
- 무진장 어려웠다. 새로운 측면에서 고민거리를 던져주시는 점에서 수업의 목표는 달성했다고 생각한다.
- 인문학에 대한 서로 다른 학문적 관점과 접근이라는 목표를 이루었다고 생각한다.
- 즐거운 수업이었다. 특히 학제적 접근을 통해 수업을 진행하셔서, 여러 분야에 관한 지식을 융합할 수 있어서 좋았다.
- 잘 이루어졌다고 판단. 여러 가지 융합 요소들이 있다는 것이 흥미로웠음.
- 지식과 사고력의 확장, 마지막 인문학 콘서트 유익했음.

2. 교차 수강을 한 경우, 교차 수강의 장점과 단점은 각각 무엇이었는지 자유롭게 적어 주세요.

장점	단점
• 자신이 원하는 분야의 수업으로 교차 수강이 가능하기 때문에 흥미 유발이 되었다.	• 사이버캠퍼스나 수업평가 등 그런 서비스가 아직 원활하지 않다.
• 교수님이 바뀌면서 마치 새로운 강의를 듣는 것 같은 새로움으로 임할 수 있었다.	• 앞의 모듈에서 배웠던 내용을 몰라서 그 점이 조금 아쉬웠다.
• 원하는 수업을 들으러 자유롭게 반을 옮길 수 있다는 측면에서 더욱 동기가 부여 되고 흥미를 느낄 수 있었다.	• 성적평가 기준이 교수님에 따라 다른 것. • 수업의 흐름이 깨질 수 있다고 생각한다.
• 주제에 대해 더 잘 알게 되고 중간에 주제가 바뀌어 지루하지 않음.	• 과제가 너무 많다. 한 학기에 두 분의 교수님 수업 스타일에 적응해야 한다는 점이 부담스럽다.
• 다양한 전공의 교수님들에게 배울 수 있어서 여러 분야의 지식을 두루 알게 되었다.	• 병행으로 진행되는 다른 모듈의 수업도 듣고 싶지만 시간이 동일하여 듣지 못 하는 점이 아쉽다.
• 한 수업 내에서 여러 교수님의 지도를 받을 수 있고, 다른 강의 스타일을 선택해 들을 수 있다.	• 딱히 단점이 안 보인다. 없는 것 같다.
• 같은 주제라도 다양한 관점으로 바라볼 수 있어서 좋았다.	• 주제는 바꾸고 싶었는데, 교수자의 강의 스타일이 맞지 않아 그냥 수업을 들 었다. 교수에 따라 바뀌는 게 아쉽다.

3. 이와 같은 강의가 성공하기 위해 중요한 것은 무엇이라 생각하는지 생각나는 대로 적어주세요.	
• 학생들이 배우고 싶어 하는 내용이나 흥미를 느낄 수 있는 주제 • 교수 수업 방식, 전체적인 프로세스 통합 과정(소통이 잘 이루어져 바뀌는 게 없어야 함) • 텍스트 이외의 것을 활용한 수업(영화, 드라마) • 평가 방식을 절대평가로 변경하고 좀 더 자유롭게 토론이 이뤄지며 학문 탐구에 • 즐겁게 응할 수 있도록 해야 한다.	• 적정 인원, 색다른 강의 주제주제에 대한 좀 더 심도 있는 내용 • 학생들의 적극적 참여, 학생 주도의 발표 수업 • 학생들의 적극적인 참여와 토론 위주의 수업 • 적극적인 참여(분위기 조성), 학생 참여도 • 확실한 수업 방식 설명 • 교수님과 학생들의 상호작용 • 한 주제에 대한 다양한 관점의 접근

<표 3> 수강생 강의 만족도 주관식 응답 결과

학생들의 주관식 응답을 종합해 볼 때, 수강생들은 〈인문#〉 교과목이 주제에 대한 서로 다른 학문적 관점과 접근이라는 교과목 목표를 어느 정도 달성한 것으로 평가함을 알 수 있다. 교차수강을 도입한 수강방식에 대해서는 흥미 유발과 동기 부여를 가장 만족하는 점으로 꼽았다. 학생들은 본인 스스로 교수자와 강의 주제를 선택할 수 있었던 점, 관심 있는 주제에 대한 접근의 다양성을 배울 수 있었던 것을 큰 장점으로 꼽았다. 반면, 8주 단위 수업에서 전 후반기 수업의 흐름이 달라질 수 있는 점, 과제와 학습 부담이 큰 점, 교수자 에 따라 평가 방식과 기준이 달라지는 점 등은 단점으로 지적하였다. 마지막으로 이와 같은 새로운 형태의 수업 운영 방식이 성공하기 위해 필요한 요인으로는 적정 인원, 학습자의 관심을 반영한 흥미로운 주제, 학습자의 적극적인 참여, 유연한 평가 방식 등을 제안해 주었다.

수강생들의 만족도 및 의견 조사 결과를 종합했을 때 〈인문#〉 교과목은 애초에 목표로 했던 지식 융합 및 통합적 사고 역량 함양을 위한 다층적·다학문적 접근이라는 측면에서는 비교적 높은 만족도를 얻은 것으로 평가할 수 있다. 그러나 학습자의 역량 함양이나, 강의 운영에서는 향후 개선할 부분이 있으며, 수강생들의 학습 성과에 대한 분석을 반영한 환류도 이루어져야 한다. 특히 네 명의 교수자가 주제에 대해 다학문적, 다층적 접근을 시도하는 만큼 주제간, 그리고 수업 중 다루는 콘텐츠 간의 유기적 연계를 고려한 정밀한 수업 설계가 필요하며, 교수자 간 수업 내용과 방법에 대한 긴밀한 협력과 소통도 더 활발하게 이루어져야 할 것이다. 수업 설계 전 사전 회의, 교안과 강의 계획서의 공유, 수업 모니터링 등이 이루어졌지만 개선을 위해서는 수강생 의견과 성과 분석에 근거한 더 긴밀한 소통이 필요해 보인다. 아울러 평가 기준에 대한 가이드라인 마련, 등급 비율의 유연한 적용 등도 개선해야 할 과제라 하겠다. 또한 이러한 시도가 성공적일 경우, 〈인문#진실과 거짓〉, 〈인문# 환상과 현실〉 교과목에 이은 연계 교과목을 지속적으로 개발함으로써 한 학기에 그치는 학습이 아니라 학생들의 관심도에 따라 인문학의 핵심 주제에 대한 연계-심화학습이 지속적으로 이루어질 수 있는 플랫폼으로 시스템화하는 것도 의미 있을 것이다.

5. 나오는 말

본고에서는 인문교양 교육의 새로운 모델로 개발한 〈인문#〉 교과목의 개발 취지와 목적, 그리고 구체적인 수업 설계 및 운영 방안을 소개하였다. 〈인문#〉 교과목은 지식 융합 및 통합적 사고 능력, 자기주도 학습 능력, 리터러시 능력의 함양을 목표로, 주제적 친연성을 갖는 두 개의 교과목을 페어링 과목으로 개발하고, 교수자의 팀티칭과 학습자의 교차수강이 이루어질 수 있도록 설계한 교과목이다. 다학문적 접근을 바탕으로 한 8주 단위의 수업 모듈 운영, 페어링 교과목 내 교차 수강을 통한 교수자-학습자 양방향 융·복합 방식은 이제까지 인문교양 교육에서 시도된 바 없는 새로운 수업 모델이다. 페어링된 교과목 간의 유기적 연계, 교수자 간 긴밀한 협력과 소통, 평가에서의 유연성 확보 등의 개선 작업이 지속적으로 이루어진다면 인문 융·복합교양 교육의 바람직한 모델로 평가받을 수 있지 않을까 생각된다. 인문교양은 교양교육의 지향을 가장 잘 담아낼 수 있는 영역이다. 그러나 시대의 변화와 수요자의 요구에 부응하지 못하는 교육 방식이나 내용으로는 그 소임을 다하기 어렵다. 선구적으로 올바른 변화의 방향을 제시하고 선도하는 것이 인문학의 역할인 것처럼 인문교양 교육도 더 나은 방향을 향한 모색과 다변화 시도를 통해 교양교육의 발전을 견인해 나갈 수 있어야 할 것이다.

참고문헌

- 백종호(2015), 강의페어링 기반의 융복합 교육과정 구축. 한국교양교육학회 학술대회(춘계 국제학술대회) 자료집, 35‐45.

- 서정일(2019), 자율적 주체를 위한 인문 정신의 구현으로서의 교양(Bildung), 독어교육 74, 한국독어독문학교육학회, 279‐299.

- 양윤의·조재룡(2020), 대학 교양교육의 정체성 확립을 위한 '질문 중심 학습'—고려대학교 공통교양 <자유정의진리>를 중심으로, 교양교육연구 14(5), 한국교양교육학회, 175‐187.

- 여건종(2016), 융합형 교양인문학의 의의와 지향점-<자본주의 문화 읽기> 교과목 사례를 중심으로, 사고와표현 9(3), 한국사고와표현학회, 7‐38.

- 이상범(2015), 실존의 고통으로서의 마음의 병과 삶에 대한 니체의 실존적 사랑, 니체연구 27, 한국니체학회, 41‐87.

- 이은정(2018), 통합인문교양교육의 스투디움과 파이데이아-자기주도학습을 중심으로, 교양교육연구 12(4), 한국교양교육학회, 245‐266.

- 최기숙(2008), 환상, 연세대학교출판부.

- 최현철(2019), 융합교양교육의 새로운 패러다임을 위하여, 교양교육연구 13(5), 한국교양교육학회, 153‐170.

- 한국교양기초교육원(2021. 5.), 대학 교양기초 교육의 표준 모델, 한국교양기초교육원, 사이트 정보 http://konige.kr/sub02_08.php.

- 현남숙·김영진(2019), 교양과정에서 융합교육의 위상과 조건에 대한 시론, 철학·사상·문화 31, 동국대학교 동서사상연구소, 321‐341.

- Hörner, W. (2008), Grundbegriffe der Erziehungswissenschaft, In Opladen et al.(Eds.) Wolfgang Hörner, Barbara Drinck, Solvejg Jobst: Bildung, Erziehung, Sozialisation, Budrich.

- Schmid, W. (2004), Mit sich selbst befreundet sein: Von der Lebenskunst im Umgang mit sich selbst, Frankfurt am Main.

- UNESCO(2014), The Plurality of Literacy and its implications for Policies and Programs, UNESCO Education Sector Position Paper 13, 2014.

- Voßkamp, W. (2009), Bildung ist mehr als Wissen. Die Bildungsdiskussion in historischer Perspektive, Uni Essen, Disponivel, em: http://www.‐univdue.de/ einladung/vorlesungen/ irrtum_kap1/vovo%DFkampf.doc>Accesoem:12fev.2009,1‐11.

3장

디지털 시대 주체 회복을 위한 대학 글쓰기 교육의 필요성

정희모

1. 서론 : 대학의 위기와 글쓰기 교육

대학에서 인문학의 위기가 어제 오늘의 일은 아니지만, 최근 그 위기의 심각성은 더 깊어진 것 같다. 지식 정보화 시대가 도래하고, 글로벌 경쟁이 본격화되면서 경제성과 생산성이 모든 학문의 가치 기준이 되어 버렸다. 애플의 스티브 잡스 등장 이후 융·복합 지식이 학문의 중심이 되어 버렸고, 이에 따라 중·고등학교 교육과정도 이제 융·복합 교육의 방향으로 개정 작업을 하고 있다. 교육부는 2015년 문·이과 통합교육과정을 시도하면서 "학교 교육을 통해 모든 학생들이 인문학적 상상력과 과학기술 창조력을 갖춘 창의 융합형 인재로 성장할 수 있도록 우리 교육을 개혁"[1]하고자 하는 것이라고 말하고 있다. 대학의 교육도 빠르게 창의·융합적인 과목 중심으로 재편될 가능성이 높다. 실제 공학과 예술을 결합한 STEAM(Science Technology Engineering Arts Mathematics) 교육이 대학에서 활발하게 연구되고 있다.[2]

이 뿐만 아니라 교육부는 대학 입학 정원 감축과 부실 대학 퇴출을 위해 '대학구조개혁법' 제정을 추진하고 있다. 대학의 구조 조정을 통해 앞으로 9년 동안 16만 명의 정원을 줄이겠다고 생각이라는 것이다(김기중, 2015). 최근 교수신문의 교수 설문조사(785명)에 의하면 정부가 추진하는 대학 정원감축과 학과 개편에 대해 '학문 생태계가 붕괴될 것'이란 우려를 표명한 교수가 전체의 75.8%를 넘어섰다.[3] 대학입학 정원의 감소에 따라 취업률이 떨어지는 인문, 사회, 예술 전공의 학과들이 사라질 위기에 직면했으며, 교

---

1 http://www.moe.go.kr/agenda/mainpolicy/surve15.html

2 예를 들어 이명숙(2012: 249)은 국어와 공학, 기술을 융합한 STEAM 융합교육 모형을 개발하여 소개하고 있다. 이런 과목을 통해 전통적인 학문 경계를 넘어 타 학문과의 융합을 통해 창의 성을 증진시켜 미래의 인적 자원을 육성하고자 하는 목표를 가지고 있다.

3 http://www.edaily.co.kr/news/NewsRead.edy?SCD=JG21&newsid=03286566609336776&DCD=A00702&OutLnkChk=Y

양 교육의 축소나 개편도 이루어질 가능성이 높다. 대학 교양 교육 중에서도 주요 교육과목으로 자리를 잡고 있는 대학 글쓰기 교과목의 경우에도 이에 대한 논의와 검토가 시급하게 되었다.

대학에서 인문학의 위기와 대학 글쓰기 교육은 어떤 함수 관계에 있을까? 대학에서 인문학의 위기는 곧 대학 글쓰기 교육의 위기를 의미하는 것일까? 대학의 실용화, 상업화, 기업화가 대학 글쓰기 교육에 어떤 영향을 끼치게 될까? 이런 질문에 대한 정확한 답을 하기는 어렵지만 한 가지 확실한 것은 지금 우리가 그 대답을 찾아야 한다는 점이다. 물론 대학 글쓰기 교육이 매우 다양한 성격을 함유한 만큼 그 대답을 찾기가 쉽지는 않을 것이다. 그렇지만 지금이 그런 질문에 대해 고민해야 할 시점인 것은 분명한 것 같다.

2. 교양교육의 정신과 대학 글쓰기 교육

대학 글쓰기 교육의 위기와 성격을 논하기에 앞서 여기서는 대학의 이념, 대학 교양교육의 성격, 글쓰기 교육이 등장 배경 등을 먼저 살펴보고자 한다. 이를 통해 대학 글쓰기 교육이 추구하는 방향과 성격을 알 수 있기 때문이다. 우리는 근대 대학의 이념이 자유와 이성을 추구하는 근대 인문학적 철학 속에서 나왔음을 잘 알고 있다. 예컨대 근대 대학 철학자인 훔볼트(Humboldt)는 대학을 국가권력으로부터 독립시키고, 대학이 추구하는 학문 을 직업, 실용 목적보다 개개인의 정신 및 도덕 함양에 두도록 권장한 바 있다(김철, 2006: 36). 근대 교육학자 뉴먼(Newman)은 대학이 지식을 소유함으로써 얻는 이익으로부터 초월해야 하며, 인간 본성이 요구하는 지식, 탐구 자체가 목적인 지식을 추구해야 한다고 강조했다(헨리 뉴먼, 1985: 26-27). 이들은 대학을 상업적 이익, 실용적 목적으로부터 분리시키고, 삶과 진리에 대한 탐구, 학문 자체가 목적인 학문을 지향해야 한다고 본 것이다. 칸트 (Kant) 역시 자유와 자율성이 개인과 사회를 보다 나은 발전을 이끈다고 보아, 대학을 자유, 이성, 자율성을 추구하는 인문학적 공간으로 인식했다. 이런 학자들의 관점을 보면 근대 계몽기의 대학이 얼마나 인간의 이성을 믿고 지성과 자유, 인간 보편성을 주요 가치로 강조했는지 알 수가 있다. 대학의 주요 이념을 자유와 이성과 연관시키는 것은 근대 대학의 주된 이념적 철학이었다(김철, 2006: 35-36).

교양교육으로서 대학 글쓰기 교육도 이런 근대 대학의 이념 속에 있는 것이 틀림없다. 대학 글쓰기 교육이 학생들에게 다양한 인문학적 지식을 습득하도록 하여 이를 통해 자기표현을 훈련시키기 때문이다. 그래서 대학 글쓰기 교육이 교양 교육의 핵심으로 교양 정신을 실현하는 중심에 있다고 말할 수 있다. 교양교육의 이념이 '자유교육'과 '일반교육'의 정신 속에 있음은 이미 잘 알려져 있다. 자유교육은 특정한 이념이나 종교, 이익으로부터 벗어나 자유롭게 보편적인 전인 교육을 실시하는 것을 말한다. 특히 자유교육은 실용적 목적으로부터 벗어나 교양적인 성숙된 인간을 교육시키는 것을 목표로 한다. 우리는 자유교육을 통해 사상의 편견으로부터 벗어나 객관적인 입장에서 타인의 사상을 경청하고, 자신의 견해를 피력할 학술적 배경을 얻게 된다. 자유교육은 '비판을 주고받는 언술 행위'(이태수, 1994: 65)와 밀접하게 관련되어 있는 것이다. 대학은 자유교육을 통해 비판적 지성을 형성하고, 사회는 이런 비판적 지성을 통해 발전하고 진보한다.

일반교육은 특정한 전공분야에 치우치지 않고 보편적 교양지식을 습득하는 것을 의미한다. 대학 교육에서 하나의 전인적 인간을 형성하는 것은 특정한 전문 지식을 통해서 이루어지는 것이 아니다. 다시 말해 대학은 전문 직업인을 양성하는 곳이 아니며 다양한 지식 습득을 통해 능동적인 주체적인 인간을 양성하는 곳이라 할 수 있다. 일반교육은 편협한 지식 습득을 지양하고 보편적인 지식을 추구함으로써 인간을 전인적 존재, 총체적 존재로 보고자 한다. 그리고 이런 관점은 근대적 인간관의 핵심이기도 하다. 교양교육은 이렇게 자유교육과 일반교육의 이상에 따라 인간과 세계를 전체적이고 종합적으로 사유하고 판단하고자 하는 이성적 계몽사상의 영향 속에서 나왔다. 뉴먼이 주장했듯이 이런 관점이 선입견이나 편견으로부터 벗어나 인간과 사회에 관해 전체적 관점을 취하게 함으로써 개인과 사회의 발전에 긍정적 역할을 하게 된다(유재봉·정철민, 2010: 122).

글쓰기는 이런 전인적 인간 형성과 밀접하게 맞닿아 있다. 글을 쓴다는 것은 개인이 자아를 어떻게 바라보는가, 타자와 공동체를 어떻게 생각하는가와 연결되어 있다. 우리는 글을 쓰면서 자신을 반성하고, 타자를 의식하며, 세계를 인식하고 분석하게 된다. 글을 쓰는 행위가 내면적 성숙을 통해 우리를 개인적 주체, 사회적 주체로 성장시켜 주는 것이다. 이런 점은 대학 교양 교육의 중심인 글쓰기 과목이 근대 교양정신의 개인 성장과 매우 깊게 연관되어 있다는 점을 보여준다. 예를 들어 정영진은 대학 글쓰기교육을 근대 계몽주의의 교양 정신과 밀접하게 맞닿아 있는 것으로 인식한다. 교양정신이 정신적, 육체적으로 미성숙한 개인이 성숙한 개인으로 성장하여 사회 속에 자기실현을 완수해 나가는 것을 말한다면 글쓰기 교육이 대학에서 바로 그런 개인의 내면적 성장을 맡고 있다는 것이다(정영진, 2014: 265).

이처럼 대학 글쓰기 교육을 개인의 내면적 성장으로 보는 시각은 굉장히 널리 퍼져 있다. 글쓰기 교육이 대학 신입생들에게 글쓰기를 통해 자신과 대면하고, 자기 목소리를 찾도록 도와주어야 한다는 생각이나(김미란, 2013: 319), 글쓰기가 자신을 재발견하고 자아 존중감을 회복시켜주는 것이라고 주장하는 것(김성철, 2012: 98)은 대학 글쓰기 교육이 자기 발견과 자기 성장을 얼마나 중시하는가를 보여주고 있다. 물론 이들 논문들이 글쓰기를 단순히 자기 성장, 자기 치유에만 머무는 것이라고 주장한 것은 아니었다. 이들 학자들은 대체로 글쓰기를 통한 개인의 발견과 성장이 사회적 주체의 형성으로 발전할 수 있다는 사실을 인정하고 있다. 그리고 이런 점들은 대학 글쓰기 교육이 전통적인 근대 철학의 교양 정신과 맞닿아 있다는 사실을 보여준다. 경희대의 후마니타스 교육은 '나를 발견하는 글쓰기'에서 '사회를 성찰하는 글쓰기'로 발전할 수 있도록 구성되어 있다(경희대 후마니타스 칼리지, 2012). 글쓰기를 통한 자기 발견과 자기 탐색이 개인적 주체를 형성하게 만들고, 그것은 우리 사회를 건전한 시민 사회로 성장시키는 데 밑거름이 된다.

3. 인문학적 사고와 담화 능력

대학 글쓰기 교육을 근대적 교양 정신의 개념 속에 둘 수 있는 것은 글쓰기와 서사(이야기)가 자기 탐색과 개인 성장을 위한 좋은 도구가 되기 때문이다. 글쓰기는 다양한 개념들을 모으고 기록할 뿐만 아니라 스스로 자기 개념들을 창안해 낸다. 글 읽기와 글쓰기를 통하지 않고서는 자기를 인식하고 자기를 성장시킬 방법이 없는 것이다. 그런데 한 가지 간과해서 안 될 점은 글쓰기의 방법이 특별히 기호로 된 언어를 조작하고 조직하여 사용한다는 점이다. 대학 글쓰기 교육이 인문학 과목과 유사하면서도 인문학 과목과 다른 것이 언어적 조작을 통해 형성되는 개념을 다룬다는 점일 것이다. 대학 글쓰기 교육은 다양한 인문학 문헌들을 이용하면서, 이런 문헌들이 가진 내용을 언어적 질료로 분석하고 재구성하는 작업을 거친다. 우리는 글을 쓰면서 다른 사람의 생각을 만나고, 그 생각을 정리하며, 그로부터 자신의 생각을 만들어 낸다. 이런 과정에서 인문학과 다른 것은 언어라는 언표적 감각으로 인식과 사유를 다룬다는 점이다. 말하자면 글쓰기 교육 속에는 지식과 개념 외에 언어적 표현과 관련된 다양한 법칙과 규칙이 포함된다. 그런 점에서 대학 글쓰기 교육은 인문적 교양 속에 속하면서도 표현적 교육의 특성을 가지고 있는 것이다.

대학 글쓰기 교육이 한편으로 인문적 교양을, 다른 한편으로 언어 표현을 다루기 때문에 교양교육 속에서 특수한 위치를 가지게 된다. 대학 글쓰기 교육은 개인의 내면적 성장과 시민적 주체 형성이라는 인문학적 목적을 가지고 있다. 또 이와 함께 언어적 기술과 표현력 신장을 중시하는 실용적 목적도 가지고 있는 것이다. 대학 글쓰기 교육의 이런 이중적 특성은 기술 산업 사회에서 교양교육이 가진 이중적 성격과 맞닿아 있다. 20세기 들어 산업 사회가 본격화되면서 지성과 자유, 이성 중심의 인문학적인 교양은 경제성, 효율성 중심의 합리적 교양으로 전환된다. 교양적 인간을 추구하는 근대적 계몽의 논리는 합리성과 효율성의 경제적 논리로 차츰 바뀌면서, 전인적 인간의 자리는 경제적 인간이 차지하게 된다. 교양교육은 교양 정신과 직업 정신의 이중적 논리 속에 놓이게 된 것이다. 흥미롭게도 대학 글쓰기 교육은 이런 교양교육의 이중적 속성을 그 속에 담고 있다.

> 대학현장에서 교양교육이 처한 이런 이중적 딜레마는 시대 현실의 변화와 함께 그것에 적합한 교육모형을 찾지 못했기 때문이다. 다시 말해 전인적 인간이란 계몽적 사고와 기술적 인간이란 산업화 사고 사이에서 이에 적합한 교육 목표를 찾지 못하고, 기존의 커리큘럼, 기존의 제도적 형식 속에 안주했기 때문이기도 한 것이다. 교양과목으로서 「글쓰기」 역시 이런 딜레마에 놓여 있는데, 한편으로는 문화, 문학 교육을 통한 교양적이고 창의적인 인간 계발이라는 전통적 교양정신이 강조되고, 한편으로는 어법과 문장력을 통한 표현 기술력의 강화라는 실용적이고 도구적인 효용이 강조되기도 한다. 사실 이 두 요소는 다른 교양과목에서와 같이 언제나 대립되고, 상충된 교육 목표로서 「글쓰기」 과목의 성격을 규제하고 있다(정희모, 2001: 186).

대학 글쓰기 교육이 교양교육의 딜레마를 안고 있다는 이 말은 오늘날 대학 글쓰기 교육이 처한 현실적 모습을 잘 보여준다. 앞 장에서 말했다시피 한편으로 자기 개발을 통해 전인적 인간을 추구하면서 다른 한편으로 실용적이고 경제적인 기술적 인간을 추구해야 한다. 대학 글쓰기 교육이 양 쪽의 목표를 담지하고 있다는 점은 부정할 수 없는 현실의 모습인 것이다. 대학 글쓰기 교육에 관한 논문에서 한 필자는 대학 글쓰기 교육이 외국어 교육과 마찬가지로 의사소통교육으로 분류되고 있는 것에 대해 강한 이의 제기를 한 바가 있다. 글쓰기가 영어의 읽기, 쓰기, 말하기와 같이 의사소통 교육으로 분류됨으로써 기초교육에 불과한 것이 되고 있다는 것이다. 이 필자는 대학 글쓰기 교육이 언어 교육적 목표가 아니라 인문학적 사고의 실천을 목표로 해야 한다고 강하게 주장했다(김주언, 2014: 115-118). 물론 이런 주장은 대학의 글쓰기 교육이 외국어교육과 같이 단순한 의사소통 교육이 될 수 없다는 점에서는 나름대로 타당성을 가지고 있다. 그렇지만 대학 글쓰기 교육이 지닌 특수한 성격과는 차이가 있을 뿐만 아니라 교육 현장의 실제적인 모습과도 거리가 있다.

우리는 교양 교육이 과학과 기술의 발전에 따라 여러 변화가 있어 왔다는 사실을 잘 알고 있다. 18, 19세기의 교양 교육은 아리스토텔레스의 고전적 세계관을 기반으로 하는 추상적 인문학에서 차츰 구체적이고 실증 가능한 지식 체계로 대체되었다. 전통적인 인문학 중심에서 사회과학과 자연과학이 자유교육의 교과 속에 포함되었으며 형이상학적이고 추상적인 추론 계계는 차츰 구체적이고 실제적이며, 실용적인 추론체계로 바뀌어가게 된 것이다. 세계 분석에 관한 과학적 방법의 도움으로 추상적이며 형이상학적인 문제 해결 방식은 차츰 위력을 잃어 갔고, 실제적이고 검증 가능한 문제 해결 방식들이 자리를 차지하게 되었다. 이것은 자유교육의 개념이 형이상학적이고 신학적인 추상적 사유에서 차츰 인문과 사회, 자연과 과학이 융합된 통합적 사유로 바뀌어 왔음을 의미한다(이창수 외, 2014: 97-101). 말하자면 현재의 교양교육에서는 인문학적 가치체계를 추구하는 것과 함께 실제적이고 현실적인 기능적 문제해결능력도 중시하고 있다는 것이다.

이와 함께 언어 표현과 규범은 고전적인 중세철학에서도 강조하던 과목이었다는 점도 알아야 한다. 문법, 수사학, 논리학과 같은 과목은 3학(trivium)이라고 하여 형이상학과 합목적성을 중시하던 중세의 자유교육에서도 매우 중요하게 생각했다. 언어를 올바르게 사용하는 능력, 설득력 있게 주장을 펴는 능력, 논리적으로 내 생각을 주장할 수 있는 능력은 '교양인'과 '자유인'이 가질 수 있는 핵심적인 능력이라고 보았던 것이다(이창수 외, 2014: 97).

따라서 이런 능력들을 꼭 인문학적 능력과 대립되는 기능으로 볼 필요는 없다고 생각한다. 앞서 한 필자가 오로지 인문학의 틀 속에서 글쓰기 교육을 바라보고자 한 것은 그렇게 타당한 시각이라고 보이지는 않는다.

학술적 글쓰기 논쟁에서 볼 수 있듯이 대학에서 글쓰기 교육을 도입한 것은 전공학습에 도움이 되기 위해 쓰기 능력을 강화하고자 한 목적 때문이었다. 학술적 담화는 고등학교와 다른 대학의 특유한 학술적 공동체의 언어 관습, 사유 체계, 수사적 태도 등을 포괄하는 의미로 대학생들이 좋은 글을 쓰기 위해 반드시 숙지해야 하는 쓰기 방법이다.[4] 대학에서 글쓰기 교육을 도입한 것은 이런 학술적 쓰기 능력을 배양하기 위해서였다. 우리 대학교육에서 글쓰기 교육을 도입한 것도 이런 목적과 다르지 않을 것이다. 전공학습에 쓰기 능력이 필요하다는 사실 때문에 글쓰기 과목이 필수교양으로 자리를 잡게 된 것이다. 만약 글쓰기 교육이 순수하게 인문학적 과목이라면 대학 행정가들이 교양 교육에 이를 포함시킬 리가 없다. 이미 여러

---

4 대학의 학술적 글쓰기 문제에 대해서는 Mahala, D. & Swilky, J.(1996)의 글과 이윤빈(2013), 정희모(2014) 등을 참고할 것.

인문학 강좌가 교양교육에 자리를 잡고 있기 때문이다. 대학 교양교육의 분류표에서 대학 글쓰기 교육을 의사소통교육이나 언어교육으로 분류하고 있는 것도 나름대로 이유가 있는 것이다.

나는 대학 글쓰기 교육이 인문학적 성격을 가지는지, 언어 교육적 성격을 가지는지 굳이 구별할 필요는 없다고 생각한다. 대학 글쓰기 교육은 이 둘의 성격을 모두 가지고 있기 때문이다. 우리가 다 알다시피 인문학을 이루기 위해서는 책을 읽고, 문자로 표현하는 의사소통행위가 필요하다. 인간이 문화를 만들고 문화를 전달하는 것은 언어의 창조적 기능과 전달적 기능이 있었기 때문이다. 글을 쓴다는 것은 이전의 사상에 대한 해석학적 작업일 뿐만 아니라 새로운 사상을 만들어 내는 창조 작업이기도 하다. 다시 말해 글쓰기는 인간이 인류가 보존한 높은 문화적 산물과 정신적 가치를 만나는 과정이며, 개인적 삶의 지평에서 세계에 대한 자기 생각을 완성해 가는 과정인 것이다. 그렇기 때문에 글을 읽고 쓰는 것이야말로 교양적 지식인이 되기 위한 필수적인 과정이라 할 수 있다. 또 주체적인 자기를 완성해 갈 수 있는 핵심적 과정이라고 말할 수 있다.

쇼펜하우어는 "중요한 생각을 누구나 이해할 수 있게 표현하는 것만큼 어려운 일은 없다."고 말했다.[5] 깊은 인문학적 지식일수록 표현이 간결하고 명쾌해야 하며, 쉽게 전달되어야 한다는 것이다. 좋은 생각의 글은 좋은 표현을 통해 나타난다. 그 뿐만 아니라 좋은 표현이 좋은 생각을 만들어 내기도 한다. 수사학에서는 좋은 연설을 위해 다섯 가지 규범이 필요하다고 말한다. 발상, 배열, 표현, 발표, 기억이 그것인데 좋은 글을 쓰기 위해서는 이 중에서 발상, 배열, 표현이 필요하다. 관련 쟁점을 정리하고, 주제를 잡아 이에 관한 주장과 근거를 찾아 내야 한다(발상), 또 그 주제를 어떤 순서

---

5 A. Schopenhauer, Parerga und Paralipomena II, in: Arthur Schopenhauer, Sämtliche Werke, Bd.V, hrsg. von Frhr. von Löhneysen, Frankfurt a.M. 1986, p.586, 여기서는 김정현(2012), 「철학의 글쓰기와 글쓰기의 철학」, 「원광대학교인문학연구소」, 2012, 283쪽에서 재인용.

로 어떻게 구성해야 할 것인지를 결정해야 한다(배열). 표현은 좋은 문장과 여러 수사법을 이용해 독자가 쉽게 읽을 수 있도록 글을 작성하는 것이다(표현). 이런 요소들은 글의 목적, 독자 인식, 설득 전략 등과 함께 글을 쓰는 주요 규범적 요소들로 작용할 것이다. 아울러 이런 규범적 요소가 작용해야 주제 지식과 주제 개념도 새롭게 형성된다. 형식이나 규범이 내용의 규정에 영향을 미치게 되는 것이다. 이를 다른 말로 하면 쓰기 능력이 개념과 사상의 생산에 영향을 미칠 수 있다는 것이다. 모국어의 경우 글쓰기의 능력이 뛰어난 사람이 더 나은 사유와 통찰을 보여주며 훌륭한 문헌들을 보편적으로 잘 만들어 낸다. 미국의 언어심리학자 캘로그(Kellogg)는 그 동안 이루어진 학생들의 글쓰기 능력에 관한 다양한 실험 결과를 소개한 적이 있다. 그는 주제지식, 장르지식, 담화지식(언어지식)들이 학생들의 텍스트 질에 미치는 영향 관계를 조사했다. 흥미롭게도 담화지식이 학생들의 텍스트 질을 높이는 데 가장 큰 상관관계가 있었다. 나머지 주제 지식과 장르 지식은 자동화되어 텍스트를 효율적으로 생산하는 데 기여했다. 주제에 관한 지식이 많은 필자들은 남들보다 빠르게 텍스트를 작성했지만 텍스트 질과의 상관성은 높지 않았다. 언어를 다룰 줄 아는 필자들이 수준 높은 텍스트를 쓸 줄을 알 았던 것이다(Kellogg. 1994: 91-96).

오랫동안 저술 작업에 종사한 문필가들은 어휘를 선택하는 데 있어서, 또 문장을 배열하고, 텍스트의 구조를 만드는 데 있어서 뛰어난 능력을 발휘한다. 전문 필자들에게 텍스트를 다루는 지식(담화지식)은 오랜 숙련을 통해 축적되어 있을 가능성이 높으며, 이들은 이런 능력을 통해 뛰어난 텍스트들을 생산해 낸다. 린다 플라워(Linda flower)도 전문적 필자는 자신의 글에 관한 독자의 반응을 잘 예상하며, 글의 목표를 독자와 공유하기 위해 어떻게 글을 변형해야 하고 구조화해야 하는지를 잘 알고 있다고 말했다(Bartholomae, 1985: 139). 사실 뛰어난 인문학자들은 뛰어난 저술가이기도 했다. 이들은 반복된 언어 사용을 통해 자신만의 언어 표현 관습을 가지고 있으며, 이를 통해 새로운 생각들을 만들어 낸다. 이들에게 언어와 지식은 서로 분리될 수 없으며, 서로 교류하고, 서로 융합한다. 쓰기 능력(담화 지식)은 인문학적 지식 실천과 인문학적 지식 생산에 가장 중요한 역할을 하는 것이다. 그렇기 때문에 대학 글쓰기 교육에서 의사소통적 실천과 인문학적 실천을 굳이 대립적이고 충돌적인 것으로 볼 필요가 없다. 대학 글쓰기 교육은 언어 교육을 통해 인문학적 사고의 실천을 수행한다.

4. 디지털 시대와 글쓰기 교육의 과제

앞에서 인문학적 실천과 의사소통능력(표현능력)의 강화가 결코 대립되는 문제가 아님을 살펴보았다. 대학 글쓰기 교육이 인문학에서도 중요한 이유는 그것이 의미 생산과 관련된 언어의 문제를 다루기 때문이다. 대학 글쓰기 교육은 사유를 조직하고 의미를 생산하는 언어의 조직 과정을 다룬다. 그리고 다른 한편으로 인문학적인 문헌들을 읽고 그의 내용에 대해 토론을 하기도 한다. 대학 글쓰기 교육은 매우 통합적이고 복합적인 교육이라고 볼 수가 있는 것이다. 대학 글쓰기 교육은 (1)비판적 사고력을 통한 성숙한 교 양인의 양성, (2)이를 위한 지적, 도덕적 정서의 함양, (3)대학의 학문 활동에 기본이 되는 자기 표현력의 신장(정희모, 2001: 191)을 모두 포함한다. 우리의 경우 문제는 글쓰기 교육이 차지하는 시간적인 비율이 그렇게 크지 않다는 점이다. 미국 MIT를 보면 글쓰기 교육을 이전에는 교양 2과목, 전공2과목을 이수 했으나[6] 최근 이를 3과목으로 줄였다고 한다. 대체로 많은 미국 대학들은 글쓰기와 관련해 여러 과목을 이수하고, 1~3 단

6 MIT 글쓰기 교육 시스템에 관한 자세한 정보는 정희모(2004)를 참고할 것.

계에 이르는 수준별 교육을 받고 있다. 우리 대학들은 그렇지 못 하다. 대체로 글쓰기 과목으로 2학점 내지 3학점을 배정받고 한 학기 수업을 하는 경우가 많다. 그래서 이렇게 짧은 시간에 다양한 대학 글쓰기 교육의 목적을 수행하기가 어려운 것이다.

대학 글쓰기 교육이 본래의 목적을 수행하기 위해 앞으로 복합적인 프로그램을 개발하는 것이 필요하다. 다양한 텍스트를 읽고 내 생각을 정하고 이를 명료하게 표현하는 것이 중요하다. 지금도 좋은 프로그램을 수행하는 곳이 많지만 앞으로는 이보다 더 나은 교육 방식을 개발하기 위해 노력할 필요가 있다. 최근 디지털 환경의 확장, 융·복합 교육 방식의 대두로 인해 대학의 교육 환경이 이전과는 급격하게 달라지고 있다. 지금 진행되고 있는 디지털 매체 혁명은 글쓰기의 주체와 독자, 전달 매체와 방식, 인문학적 지식의 의미 등을 바꾸어 놓고 있다. 전통적인 지식에서 보았던 개인성과 전문성의 아우라는 없어지고, 일시성과 반복성의 무한한 확장만 가득 차게 된다. 앞으로 이런 지식 세계와 매체 환경이 교육 현장을 바꾸어 놓을 것이다. 글쓰기 교육과 관련하여 지금 무엇보다 중요한 것은 활자 중심의 텍스트에서 디지털 중심의 텍스트로 바뀌고 있는 현상이다. 디지털 매체를 통한 하이퍼텍스트의 등장은 우리로 하여금 쓰기 주체의 문제, 소통의 문제, 인문적 교양의 문제 등을 다시 돌아보게 한다. 이에 대해 지금 우리는 준비를 하고 대응을 해야 한다. 여기서는 이와 관련하여 대학 글쓰기 교육이 해야 할 몇 가지 과제들을 살펴보고자 한다. 첫째는 쓰기 주체의 정립 문제이다. 디지털 시대의 쓰기 주체에 관한 문제는 몇 가지로 나누어 생각해 볼 수 있다. 먼저 달라진 쓰기 주체의 성격 문제가 있다. 전통적인 쓰기 필자는 문자 문화, 저술 문화와 긴밀하게 연결되어 있고, 문자를 통해 개인과 세계에 관해 분석과 탐색을 견지한 사람들이었다. 글을 쓴다는 것은 나의 내면과 나의 외부 세계와의 대화나 소통을 의미했고, 그것은 자기

반성과 자기성찰을 통해 근대적 인문학과 연결되어 있었다. 디지털 시대의 글쓰기 필자들은 그렇지 않다. 디지털 매체의 등장으로 지금은 누구나 필자가 될 수 있고, 누구나 저자가 될 수 있다. 쓰기 주체의 민주화는 긍정적으로 글쓰기 현상을 확대 시키고 있지만 상대적으로 자아와 세계에 대한 반성과 성찰, 비판적 사유능력은 급격히 위축되고 있다. 글쓰기 필자는 더 이상 텍스트에 대한 책임과 소유권을 가지지 않는다. 그래서 디지털 시대의 필자를 분산되고, '해체되는 주체'라고 말하기도 한다(강내희, 2009: 440). 대학 글쓰기 교육은 글쓰기의 민주화에 대응해 책임 있는 인문적 필자를 다시 생산할 필요가 있다. 글을 쓴다는 것은 표현교육의 문제이기도 하고, 인문학 교양의 문제이기도 하며, 윤리적 책임의 문제이기도 하다.

둘째로 디지털 시대에 지식의 연성화와 관련된 문제가 있다. 디지털 시대의 지식은 문자가 아니라 기호로 전파된다. 무한히 복제가 가능하며, 디지털 매체가 있는 한 이곳저곳 변환이 가능하다. 디지털로 전파되는 정보의 수는 무한하기 때문에 지식의 함량이나 지식의 진위성은 중요하지가 않다. 반대로 지식은 가벼워지고(경량화) 부드러워진다(연성화).[7] 또 많은 사람의 손을 거치면서 내용이 바뀔 수도 있기 때문에 지식의 정체성도 모호해 진다. 디지털 시대에 근대적 지식관의 소멸은 글쓰기 교육 자체를 어렵게 만들고 모호하게 만든다. 대학생들이 하이퍼텍스트 속에서도 자기 정체성을 유지하고, 인문학적인 자기 성찰이 가능하도록 글쓰기 교육의 프로그램이 달라져야 한다.

셋째로 가속화 되는 융·복합 교육 시대에 글쓰기 교육이 어떻게 대응해야 하는가에 관한 문제이다. 서두에도 이야기했지만 지금 중등교육에서는 융합형 인재를 양성하기 위해 문·이과 통합교육과정의 개정이 한창 진행

---

7 최근 베스트셀러의 전체 순위나 인문 순위에서 상위권을 형성하고 있는 책이 바로 『지적 대화를 위한 넓고 얕은 지식』(채사장, 한빛비즈)이다. 이 책은 넓은 범위의 사상들을 한 권의 책으로 풀어 독자들이 쉽게 접근할 수 있도록 하고 있다. 최근에는 이와 유사한 종류의 책들이 많이 팔리고 있다.

중이다. 다양한 국책기관(한국교육개발원, 한국교육과정평가원, 한국과학창의재단)에서 학생들이 갖추어야 할 미래 핵심역량에 관한 연구가 진행되었거나, 현재 진행되고 있다.[8] 한 연구 프로젝트는 미래 사회 대비 핵심 역량으로 11개(창의력, 비판적 사고력, 문제해결능력, 자기주도성, 의사소통능력, ICT 활용능력, 협업 능력, 글로벌 시민의식, 진로개척능력, 사회적 책임의식, 인성함양)를 들고 있다(최상덕 외, 2013: 194). 박영민은 중등 작문 과목의 핵심역량으로 1차 역량(의사소통능력, 기초학습능력)과 2차 역량(창의력, 정보처리능력, 문제해결능력, 대인관계능력)을 나누어 제시한 바 있다(박영민, 2014: 117). 이런 역량들이 과연 기존의 학습 능력들과 얼마나 다른지 알 수 없지만 대체로 융합 지식을 위한 기초 능력으로 인식하고 있는 듯하다.[9]

지금 현재 논의되고 있는 이런 핵심역량에 관한 문제는 조만간 대학에도 직, 간접적으로 강요될 가능성이 크다. 사실 대학에서도 융·복합 인재를 양성해야 한다는 논의가 조금씩 나타나고 있다. 아마 교양교육에서도 현재의 중핵과정을 융·복합 교육과정으로 개편하자는 이야기가 곧 나오게 될 것이다. 대학 글쓰기 교육은 이런 융·복합적 교육과정과 하이퍼텍스트의 도전에 대응해야 한다. 특히 디지털 시대 글쓰기 교육이 한편으로 필자의 정체성을 탐색하고 자기 성찰을 돕는 기능을 해야 하겠지만 다른 한편으로 디지털 매체를 이용한 여러 융합적 교육 방법을 개발할 수 있도록 노력해야 한다. 이미 필자로서 학생들은 다양한 디지털 매체를 이용하여 글쓰기를 할 뿐만 아니라 이런 글쓰기 방식에 익숙하다. 자기 탐색과 자기 성찰의 글쓰기 수업도 이제 디지털 매체를 이용하여 할 수밖에 없으며, 다양한 학문을 융합하는 글쓰기 프로그램도 디지털 매체가 바탕이 될 수밖에 없는 것이다.

---

8 이런 연구로 아래와 같은 것이 있음. 이광우(2009), 이근호 외(2013), 최상덕 외(2011), 최상덕 외(2013), 황선욱 외(2013).

9 융·복합 교육과 작문 교육의 대응에 관해서는 정희모(2015)를 참고할 것.

5. 결론: 디지털 시대와 쓰기 주체의 회복

지금까지 나는 디지털 미디어와 융·복합 교육의 시대에 대학 글쓰기 교육이 어떻게든 대응할 방법을 찾아야 한다는 점을 강조했다. 그리고 디지털 미디어 시대에 적응할 수 있는 교육적 프로그램을 찾을 수 있도록 노력해야 한다고 말했다. 여기서 중요한 것은 디지털 시대에 대응하는 교육 방법이 인문학적 교양 정신의 회복과 크게 다르지 않다는 점이다. 디지털 미디어 시대일수록 창조적이며 비판적인 사유 능력이 필요하며, 이는 인문학적 교양 정신의 회복과 같은 의미이기 때문이다. 특히 디지털 매체 시대에 인문학적 교양을 되살리기 위해 가장 중요한 것은 쓰기 주체성의 문제이다.

디지털 텍스트의 동시성과 복제성은 근대적인 시·공간의 개념을 넘어서기 때문에 때로 분절적이고 때로 단절적이어서 필자의 정체성을 확보하기란 쉽지가 않다. 이뿐만 아니라 자기 내면과 대면하고 세계와 관계 맺기 위한 자기 탐색과 자기 성찰도 불가능한 경우가 많았다. 글쓰기 교육은 이러한 상황에서 다양한 텍스트를 비판적으로 읽어내고, 안정된 위치에서 자기 생각을 창조해 낼 수 있는 필자 주체성을 회복시킬 필요성이 있다. 학생들이 쓰기 주체로서 자기 판단력과 문제의식을 기르고, 비판적인 대안과 창의적인 해결책을 표현할 수 있도록 글쓰기 교육이 도와주어야 한다. 학생들이 다양한 디지털 매체를 만나면 만날수록 이런 자기 성찰의 정신은 필요하다.

학생들은 앞으로 융·복합 지식의 시대에 탈경계적인 텍스트, 다양한 복합적 지식들을 만나게 될 것이다. 고전적인 지식들은 물론 그보다 훨씬 복잡한 사유와 관점, 문제의식, 지식들을 만나게 된다. 이런 환경 속에서 정말 중요한 것은 주체적인 인식과 주체적인 표현의 문제들이다. 학생들 스스로가 나의 생각과 나의 표현의 주인이 되는 것은 디지털 시대에 대학 글쓰기 교육이 학생들에게 주지시켜야 할 목표라 할 수 있다. 인문적 교양의 회복도 학생들이 글쓰기 필자로서 자기 주체성을 회복할 때 가능할 수 있을 것이다.

📎 참고문헌

- 강내희(2009), 유비쿼터스 시대 글쓰기와 주체형성, 그리고 인문학, 인문연구 57, 영남대학교인문과학연구소, 417-450.

- 경희대 후마니타스칼리지(2012), 나를 위한 글쓰기, 경희대출판문화원.

- 김기중(2015.4.21.), 대학구조개혁을 보는 불편한 시선, 전남일보, 사이트 주소 http://www.jnilbo.com/46737442848

- 김미란(2013), 표현주의 쓰기이론과 대학의 글쓰기 교육, 반교어문연구 35, 반교어문학회, 317-350.

- 김성철(2012), 자기 성찰적 글쓰기 교육의 방법과 운영 사례 연구, 우리어문연구 42, 우리어문학회, 95-124.

- 김정현(2012), 철학의 글쓰기와 글쓰기의 철학, 열린정신인문학연구 13(2), 원광대학교인문학연구소, 281-310.

- 김주언(2014), 인문학적 실천을 모색하는 대학 글쓰기 교육 방안 연구, 한국문학이론과비평 64, 115-134.

- 김철(2006), 대학이념의 역사적 변천과정과 21세기 대학이념에 관한 고찰, 교육의이론과실천 11(2), 한독교육학회, 25-46.

- 박영민(2014), 미래 핵심역량과 중등 작문교육, 작문연구 20, 한국작문학회, 109-133.

- 유재봉·정철민(2010), 대학 이념으로서 자유교육: 뉴먼의 '총체적 지식'을 중심으로, 교육철학 49, 교육철학연구, 115-132.

- 이광우·전제철·허경철·홍원표·김문숙(2008), 미래 한국인의 핵심 역량 증진을 위한 초·중등학교 교육과정 설계 방안 연구(RRC 2009-10-1), 한국교육과정평가원.

- 이근호·곽영순·이승미·최정순(2013), 미래 사회 대비 핵심역량 함양을 위한 국가 교육과정 구상, 한국교육과정평가원.

- 이명숙(2012), STEAM 교육을 위한 수업적용 방법 연구, 한국컴퓨터교육학회 하계 학술발표논문지 16(2).

- 이유선(2011), 글쓰기와 민주주의 교육, 사회와철학 21, 사회와철학연구회, 45-70.

- 이윤빈(2012), 대학 신입생 대상 "학술적 글쓰기"의 장르적 의미와 성격, 작문연구 14, 한국작문학회, 159-200.

- 이창수·송백훈·전종규(2014), 자유교육의 개념에 대한 고찰, 비교교육연구 24(6), 한국비교교육학회, 93-116.

- 이태수(1994), 대학교육의 이념과 교양교육, 한신문화사(편) 현대비평과 이론(제8호), 한신문화사.

- 정영진(2014), 글쓰기와 윤리-타자성, "문제제기"로서의 수사학, 정치성, 작문연구 21, 한국작문학회, 263-290.

- 정희모(2001), 글쓰기 과목의 목표 설정과 학습 방안, 현대문학의연구 17, 한국문학연구학회, 181-204.

- 정희모(2004), MIT 대학 글쓰기 교육 시스템에 관한 연구, 독서연구 11, 한국독서학회, 327-356.

- 정희모(2014), 대학 작문 교육과 학술적 글쓰기의 특성, 작문연구 21, 한국작문학회, 29-56.

- 정희모(2015), 창의 융합 과정으로서 작문과 작문교육, 독서연구 35, 한국독서학회 49-77.

- 최상덕(2011), 21세기 창의적 인재 양성을 위한 교육의 미래전략 연구, 한국교육개발원.

- 최상덕·김진영·반상진·이강주·이수정·최현영(2013), 미래 인재 양성을 위한 핵심역량 교육 및 혁신적 학습생태계 구축(RR 2011-01), 한국교육개발원.

- 황선욱 외(2013), 국어와 수학 통합 교수·학습 자료 개발, 한국과학창의재단 연구보고서.

- Bartholomae, D. (1985), Inventing the University, In M. Rose(Ed.), When a Writer Can't Write: Studies in Writer's Block and Other Composing-Process Problems, Guilford.

- Evans, V., & Green, M. (2008), 임지룡·김동환(역), 인지언어학기초, 한국문화사(원서출판 2006).

- Kellogg, R. T. (1994), The Psychology of Writing, Oxford University Press.

- Mahala, D., & Swilky, J. (1996), Academic discourse. In P. Heilker & P, Vandenberg(Eds.), Keywords in Composition Studies, Boynton/Cook Publishers.

- Newman, J. H., & Milward, P. (1985), 대학이란 무엇인가, 지방훈(역), 김문당(원서출판 1907).

4장

미래 사회 역량으로서의
다문화 리터러시 교육

유리

1. 들어가며

현대 사회의 특징 중 하나로 세계화를 빼놓을 수 없다. 공간의 제약에서 해방된 후, 사람들은 국경을 넘어 자유롭게 이동하게 되었고, 그 결과 크고 작은 영향을 주고받으며 교류하는 세계화의 시대, 다양한 문화가 공존하는 시대가 되었다. 한국 역시 1990년대 이후 외국인의 급격한 증가로 빠르게 다문화 사회로 전환되고 있다. 우리가 살고 있는 현대 사회의 또 다른 특성은 4차 산업혁명 시대, 인공지능 시대로 요약된다. 이 시대의 특성은 기기와 디지털 네트워크, 각종 데이터들의 연결과 관련되어 있다. 이러한 바탕에는 사람과 사람, 사람과 사물, 사물과 사물의 상호작용, 의사소통, 융합이 있다. 세계화된 연결의 시대에는 소통의 중요성이 더욱 강조된다. 따라서 다양한 문화가 공존하게 된 사회, 지능과 정보가 중심이 되는 사회에는 교육의 방향 역시 지금까지와는 차별화된 교육 내용과 방식으로 논의되어야 한다.

이러한 논의의 선상에서 교육이 주목할 수 있는 개념으로 리터러시를 들수 있다. 본래 리터러시는 단순히 문자를 읽고 쓸 줄 아는 능력을 의미하는 말로 사용되었다. 그러나 현재의 리터러시의 개념은 새롭게 등장한 의사소통의 기술, 새롭게 학습이 요구되는 다양한 영역과 관련된다. 리터러시와 결합되어 쓰이는 용어만 보아도 미디어 리터러시, 디지털 리터러시, 데이터 리터러시, 컴퓨터 리터러시, 비판적 리터러시 등으로 쓰여 그 개념과 맥락이 사회 변화에 대응하여 변화·확장되고 있음을 알 수 있다. 리터러시는 결합되는 앞 말에 따라 다양한 의미로 해석되며, 대개 기본 지식, 이해, 소통역량의 의미로 활용된다. 리터러시는 사회 구성원으로 생활하기 위해 이해하고 의사소통할 수 있는 기본 능력이라는 개념으로 사용하게 되었다(박인기, 2002:25).

한편, OECD DeSeCo 프로젝트에서 21세기 미래핵심역량을 규정한 이후 미래 사회에서 요구되는 핵심 역량과 관련된 논의는 활발하게 진행되고 있다. 이러한 역량들은 교육의 방향을 설정함에 있어 미래 사회를 살아갈 학생들이 성공적으로 살아가기 위해서 '무엇'을 할 수 있어야 하는 것인지, 즉 학생들에게 '무엇'을 가르쳐야 하는 것인지에 대한 해답을 주는 것으로 볼 수 있다. 교육의 중요한 목적은 현재의 삶과 더불어 미래의 삶을 대비할 수 있도록 하는 데에 있다. 그렇기 때문에 교육은 삶에 필요한 능력에 관심을 가지고, 미래를 살아갈 학습자들이 삶의 방향을 꾸준하게 탐색할 수 있도록 해 주는 것이 중요하다.

다문화 리터러시 교육은 다문화라는 사회적 현상으로 인해 사회적 요구와 그 중요성이 점차 커지고 있다. 여기에서는 다문화 리터러시 교육의 방안을 살펴보기 위해 먼저 다문화 리터러시 교육의 개념에 대해 살펴보고자 한다. 다문화 리터러시 교육은 다문화적 지식을 가지고, 이를 토대로 행동하며, 다문화 사회에 지녀야할 태도를 신장해야 한다는 기본 전제를 지니므로 다문화 교육과 함께 논의될 수 있다.

다문화교육은 인종, 민족, 언어, 종교, 성별, 계층, 장애, 성적취향, 특수재능 등 다양한 형태의 범주에 속하는 개인들이 차별과 소외로부터 자유로운 상태에서 평등하게 교육 기회를 누리도록 하는 것에 목적을 둔다(차윤경, 2008:11). 다문화교육과 마찬가지로 세계시민교육 역시 국경을 넘어 공동체와 조화롭게 살아가기 위해 갖추어야 할 역량을 함양한다는 데에서 다문화교육과 유사한 측면이 있다. 세계시민교육은 학습자로 하여금 전 지구적 관점에서 지역 사회의 문제와 국가의 문제를 비판적으로 이해할 수 있는 능력을 길러주고, 세계 공동체와 인류애를 위해 보편적으로 사고하고 행동하는 세계시민을 육성하는 교육으로 세계화 시대에 요구되는 능력과 태도를 함양시킬 수 있는 교육이다(정지현 외, 2015:328).

세계시민교육이 초국적인 사회를 중심으로 하는 환경, 인권, 인류 공동체 등에 대한 비전에 초점이 있는 반면, 다문화교육은 다문화 사회에 살고 있는 사람들이 함께 살아가기 위한 역량을 함양하는 것에 초점이 있다는 것에서 차이를 보이지만, 이들은 세계화 시대에 적합한, 다양성을 존중하는 능력과 태도 함양을 목표로 하고, '나'를 중심으로 하는 사고에서의 탈피라는 점에서는 유사성을 지닌다. 따라서 세계시민교육과 다문화교육은 유기적 관계에서 성공적으로 수행될 수 있다. 다문화교육이 다문화 사회에서 요구되는 역량을 함양하는 데에 목적이 있다면, 이는 다문화 사회의 사회문화적 상황을 읽는 힘을 기르는 다수를 위한 다문화 리터러시 교육을 통해 이루어질 수 있다.[1] 본 연구에서는 앞으로 더 많은 문화의 공존 속에서 소통하며 살아가게 될 다수의 학습자들이 지녀야할 미래 역량 중 다문화 리터러시에 초점을 두어 살펴보고자 한다. 이를 위해 먼저, 미래 사회의 역량과 다문화 리터러시의 관계를 살펴본다. 그리고 미래 역량과 관련된 다문화 리터러시의 요소를 제안하고, 관련 역량을 구체화하며, 이를 토대로 다문화 리터러시의 교육의 방안에 대해 논의하고자 한다.

---

[1] 다문화 사회에서 요구되는 역량 함양이라는 교육 목적에도 불구하고, 여전히 다문 화교육은 주류 집단보다는 이주 배경을 가진 소수자를 중심으로 하는 교육이 우세 하다. 2021년 교육부에서 제시한 다문화교육 지원계획만 보더라도 안정적인 한국 어 교육 지원, 학교 적응을 위한 기초 학력 향상 지원, 이중언어 강점 개발 지원, 진 로지도 및 정서지원 등으로 이루어져 있다.

2. 미래 사회의 역량과 다문화 리터러시

1) 미래 사회의 역량

역량의 의미는 1970년대 직업교육훈련 분야에서 직무 수행 능력의 의미로 사용되다가 최근에는 삶을 살아가는 데 있어 필요한 능력의 의미로 확장되었다. 따라서 직업교육훈련 분야만이 아니라 일반교육의 상황에까지 역량의 개념이 확대 적용되고 있다. 이미 많은 연구자들에 의해 미래 역량에 관한 논의가 진행되었고, 각 연구마다 유사하면서도 특징 있는 역량을 제안하려는 노력이 지속되고 있다.

이러한 노력의 일환으로 한국교육과정평가원에서는 2007년부터 2008년까지의 연구를 통해 미래 사회 진단을 통한 핵심 역량 요소를 추출하였다.[2]

이차연도에는 일차연도에서 구안한 핵심 역량을 수정 보완하여 초중등교육, 고등교육, 직업세계, 평생학습사회 등에서 요구하는 핵심 역량 영역 및 요소를 추출하였다. 이 중 초중등교육에서 강조해야 할 핵심 역량으로는 창의력, 문제 해결 능력, 의사소통 능력, 정보 처리 능력, 대인 관계 능력, 자기 관리 능력, 기초 학습 능력, 시민 의식, 국제 감각, 진로 개발 능력을 두었다. 고등 교육에서 강조해야 할 핵심 역량에는 사고력, 문제 해결 능력, 의사소통 능력, 정보 처리 및 기술 활용 능력, 대인 관계 능력, 자기 관리 능력, 시민 의식, 국 제 이해 능력, 문화 감수성, 직무 태도, 기초 및 전문 지식에 관한 내용이 포함 된다(이광우 외, 2008:27-28). 또한 2015 초중등교육 개정 교육과정에서는 자기 관리, 지식 정보 처리 역량, 창의적 사고, 심미적 감성, 의사소통, 공동체 역량 이라는 6가지 핵심 역량을 제시하고, 이에 따른 교육의 기본 방향을 설정하였 다. 전 생애적인 관점에서의 핵심역

---

2 2007년 일차연도에 제시된 미래 한국인의 핵심 역량은 갈등 조정 능력, 문제 해결 능력, 의사소통 능력, 정보 처리 능력, 창의력, 시민 의식, 자기 주도적 학습 능력, 다 문화 이해 능력, 삶의 향유 능력(윤현진 외, 2007:10-11)을 들 수 있다.

량을 도출한 연구도 특기할 만하다. 4차 산업혁명시대 생애단계별 미래인
재 필요역량 및 우선순위 역량 35개를 도출 한 후, 1차 델파이 조사를 실시
하여 27개 역량으로 조정하여 제시하였다.[3]

　고등교육 기관에서는 각 학교별 핵심 역량을 설정하여 이에 맞는 고등교
육을 실천하고자 한다. 여기에서는 몇몇 대학교에서 제시하는 핵심 역량을
살펴보고, 그 공통점을 확인하고자 한다.[4] 먼저 서울대학교에서는 2019년
미래핵심역량연구센터를 설립하여 미래 핵심역량에 대한 연구와 진단도구
및 관련 프로그램을 개발하고 있다. 여기에서 제시하는 미래핵심역량은 창
의적 사고 역량, 심미적 감성 역량, 의사소통 역량, 공동체 역량, 리더십 역
량, 진로 역량, 자기관리 역량, 지식정보 처리 역량 등 총 8가지이다. 강원
대학교에서는 미래(학제성 역량, 글로컬 역량, CPS 활용 역량), 인성(지성, 덕성, 감성 역량), 창
의(상상력, 분석력, 문제 해결 능력), 협동(소통 역량, 배려 역량, 리더십 역량), 실천(자기 주도 성 역량,
목표 지향성 역량, 모험성 역량) 역량을 5대 핵심역량으로 제시하였다.[5] 충북대학교
에서는 창의성, 휴머니즘, 능동성, 공동체, 글로벌, 전문성을, 충남의 공주
대학교에서는 가치 탐구 역량, 자기 계발 역량, 의사소통 역량, 공동체 역
량을 제시하였다. 그리고 전북대학교에서는 도전, 실무, 창의, 문화, 인성,
소통 역량을, 전남대학교에서는 융합 역량, 문제 발견 해결 역량, 컴퓨팅
사고 역량, 인문 역량, 문화 예술 역량, 놀이 역량, 자기 설계 역량, 시민 역
량, 글로컬 역량을 핵심 역량으로 제시하였다. 또한 경북대학교에서는 첨
단(창의, 융합), 성찰(비판, 탐색), 인성(소통, 책임) 역량을, 경남의 창원대학교는 지역

3　정홍인 외(2018)에서 제시한 27개 역량은 문제 해결 역량, 비판적 사고력, 통합적 사고력, 혁신 역량, 의사소통 역
　량, 변화 대응 역량, 지식 활용 역량, 인성, 의사 결정 능력, 협업 역량, 대인 관계 역량, 세계 시민 역량, 감성적 사고
　역량, 리더십역량, 협상력, 정보 통신 역량, 인지 역량, 신체적 역량, 인문학적 소양, 문화 예술 소양, 수리력, 융복합
　성, 도전 정신, 자율성, 자기 주도 역량, 자원 관리 역량, 전문성 배양이다.

4　지역별 국립 대학교를 중심으로 각 학교의 홈페이지를 확인하여 대학 소개 부분에 핵심 역량이 소개되어 있는 학교
　를 중심으로 조사하였다.

5　이하 괄호 안의 역량은 핵심역량의 하위 역량으로 제시된 것들이다.

형 리더 역량, 창의적 사고역량, 실용적 융복합 역량, 의사소통 역량, 글로벌 역량을 핵심 역량으로 두었다. 이상의 개별 고등교육 기관에서 제시한 역량들 중 공통되거나 유사한 역량을 1회만 제시하여 정리하면 〈표 1〉과 같다.

융합 역량, 글로벌 역량, 전문성, 인성, 심미적 감성 역량, 창의적 사고 역량, 분석력, 문제 해결 능력, 의사소통 역량, 배려 역량, 리더십 역량, 자기 주도성 역량, 목표 지향성 역량, 도전 역량, 공동체 역량, 진로 역량, 지식 정보 처리 역량, 휴머니즘, 책임, 가치 탐구, 실무 역량, 문화 역량, 컴퓨팅 사고 역량, 인문 역량, 놀이 역량, 시민 역량

<표 1> 고등교육 기관에서 강조되고 있는 역량

다음 절에서는 이러한 미래 사회에 필요한 핵심 역량들과 본 연구에서 다루고자 하는 다문화 리터러시의 관련성을 살펴보고자 한다.

2) 미래 역량과 다문화 리터러시의 관련성

현재 활용되고 있는 리터러시의 개념은 역량·소양의 의미를 지녀, 변화하는 사회에서 지녀야할 다양한 능력들과 관련되는 것으로 보인다. 리터러시는 협의에서 광의의 개념으로 폭넓게 정의되며, 지식 정보를 획득하고 이해하는 능력에서부터 변화하는 사회에 적응하고, 대처하는 능력으로까지 확대되어 사용되고 있다. 사회 적응과 대처 능력은 예측이 어려운 사회 변화의 시대에 필수적인 능력으로 볼 수 있다.

현대 사회의 변화 중 하나는 다문화 사회로의 변화이다. 2019년 법무부출 입국 외국인정책본부 자료에 따르면, 한국에 체류하고 있는 외국인의 수만 보아도 252만 4,656명으로 전체인구 5,184만 9,861명 중 약 4.9%에 달한다.[6] 바야흐로 다문화 공존의 시대이다. 다문화 사회는 문화나 민족의 다양성을 인정하며, 편견과 차별을 배제한 사회를 지향한다. 다문화 사회

---

6 https://www.moj.go.kr/moj/2412/subview.do

로의 변화가 가속화되고 있으므로 이에 적응, 대처하는 능력은 그 어느 때보다 필수적으로 요청된다. 따라서 확대된 리터러시의 개념과 다문화와의 결합은 가능하다고 본다.

여기에서는 다양한 리터러시 중 다문화 문식성으로도 불리는 다문화 리터러시에 대해 다루고자 한다. 다문화 문식성이라는 용어를 사용한 연구 논문들은 공통적으로 문학이나 독서, 국어, 한국어교육 등 언어에 중점을 두는 경우가 많고, 주로 국어교육, 한국어교육 관련 연구 논문이다(김영순 외, 2020:70). 다문화 리터러시의 개념은 학자에 따라 다양하게 정의된다. 그러나 여전히 다문화 리터러시의 개념에 대한 논의가 활발한 것은 그 개념이 가지는 범위가 크고, 확정된 논의가 존재하지 않기 때문으로 볼 수 있다.

다문화 리터러시는 사고와 실천의 능력을 포함하는 인지적, 정의적, 행동적 차원을 아우르는 개념(김지혜, 2019:207)으로, 다문화 사회에서 상호 이해와 협력을 바탕으로 평화롭게 살아갈 수 있는 능력을 기르는 것이며, 언어에 대한 이해뿐 아니라 사회, 문화적 맥락에서 수행하는 능력과 비판적으로 사고하고 실천하는 능력까지 포함하는 넓은 개념이다(윤여탁, 2013:16). 장은영(2020:11)에서는 최근 다문화 리터러시에 대한 오해와 개념을 밝히면서 다문화 리터러시가 지식, 인식, 실천의 복합적 역량이며, 그 핵심은 다문화 시대가 내포하는 권력구조의 인식, 해체, 재디자인이라고 밝혔다. 그리고 다문화 리터러시의 목표는 사회 정의 실현, 공동체 의식함양을 통한 공존의 모색이고, 다문화 리터러시의 도구는 비판적 리터러시라고 재개념화하였다.

이처럼 다문화 리터러시는 사회·문화적 맥락의 의미를 포함하며, 복합적 능력에 해당한다. 다문화 문식성 혹은 다문화 리터러시의 기존 연구에서 공통이 되고, 핵심이 되는 표현은 다문화 시대, 사회·문화적 맥락, 공동체, 소통 능력, 비판적 사고와 관련된 것들이다. 따라서 기존 논의를 종합해 볼 때, 다문화 리터러시는 다문화 시대의 사회·문화적 맥락을 비판적으로 이해하고, 공동체 소통 능력을 함양하는 복합적인 능력으로 정의될 수 있다.

여기에서는 다문화 리터러시의 구성요소를 구체화하기 위해 먼저 미래 역량과 다문화 리터러시의 관련성을 살펴보고자 한다. 2장에서 살펴 본 미래 사회의 역량 중에서는 다문화교육, 리터러시, 다문화 리터러시, 세계시민교육의 개념에 포함되는 의미를 함께 공유하는 역량들이 있다. 여기에서는 미래 역량중 이러한 다문화 리터러시와 관련되는 역량을 추출하고자 한다.

먼저, 다문화 리터러시는 기본적으로 소통과 관련되기 때문에 의사소통 역량과 관련이 있고, 문화를 이해하는 문제와 연관되기 때문에 문화 역량과 관련되어 있다. 국제 이해 능력, 세계 시민 역량의 개념을 포함하는 글로벌 역량 역시 다문화 리터러시가 논의되는 배경과의 연관성이 크다. 이 역량은 외국어의 이해 표현 능력과 관련된 외국어 활용 능력으로 시작하여 다른 문화를 이해하고 포용하는 세계 시민 의식 함양을 통해 다양한 문화를 존중하고, 수용하는 역량으로, 다문화 리터러시의 논의의 배경과 관련이 있다.

또한 다문화 리터러시는 공동체에서의 소통 능력이라는 점에서 개인보다는 공동체 차원의 문제들과 가깝다. 이런 점에서 대인 관계 능력, 인성 역량, 공동체 역량을 다문화 리터러시와 함께 살펴볼 수 있다. 이 외에도 다문화 리터러시는 리터러시의 확장된 개념에 적용해 볼 때 스스로 다문화 사회에 적응·대비해야 하는 능력이기 때문에 자기 주도 능력과의 관련성을 찾을 수 있다. 마지막으로 다문화 리터러시는 문화의 갈등, 충돌 상황에서 문화 권력 내의 구조를 비판적으로 인식하고, 다양한 사회문화적 맥락의 문제를 해결하는 역량, 나아가 문화를 새롭게 창조하고자 하는 태도와도 관련이 있기 때문에 미래 역량 중 사고역량, 문제 해결 역량과도 관련성을 찾을 수 있다. 구체적인 내용은 다음 〈표 2〉와 같다.

역량	내용
글로벌 역량	외국어 활용 능력과 글로벌 현상에 대한 이해 및 대응 역량
소통 역량	다양한 매체를 통한 소통 맥락을 파악하고 타인 및 주변 환경과 상호작용하는 역량
문화 역량	문화적인 특수성 및 보편성을 이해하고 존중하는 문화 소양 역량
대인 관계 역량	인간관계에서 자신과 타인의 의견의 접점을 찾아 관계의 갈등을 조율하고, 조화를 이루는 역량
인성 역량	건전한 도덕성을 토대로 인간을 존중하며, 인간의 가치를 고양시킬 수 있는 역량
공동체 역량	타인과의 관계에서 협력적으로 활동하고 공동체 발전에 자발적이고 적극적으로 참여하는 역량
사고 역량	주어진 상황과 문제를 논리적이고 비판적으로 분석 및 종합하며 창의적 관점으로 바라보는 역량
자기 주도 역량	스스로 어려운 상황을 극복할 수 있다는 확신을 갖고, 목표에 도달하는 과정을 자기 주도적으로 설계하는 역량
문제 해결 역량	삶의 문제에 대한 원인을 정확하게 진단하고, 적절한 해결책을 찾아 체계적으로 해결하는 역량

<표 2> 다문화 리터러시와 관련된 미래 역량

3. 다문화 리터러시의 요소와 역량

여기에서는 미래 역량과 다문화 리터러시의 관련성을 바탕으로 다문화 리터러시의 요소를 살펴보고자 한다. 다문화 리터러시는 단순한 차원에서의 문자에 대한 이해와 표현 능력을 넘어선다. 넓게 보면 이는 다문화 시대에 필요한 기본 능력으로 정의될 수 있다(서혁, 2011:12). 그렇기 때문에 다문화 리터러시의 구성 요소 역시 텍스트 이해와 관련된 능력과 더불어 다문화와 관련된 지식과 기능, 태도의 복합적인 역량으로 나누어 볼 수 있다.

먼저 다문화 리터러시의 지식 요소로는 문화적 소통 맥락에 대한 이해를 들 수 있다. 현대에는 새롭게 변화하고 있는 다양한 문화들 간의 사회적 소통 맥락이 존재한다. 매체를 통해서도 이러한 소통 맥락을 확인할 수 있고, 주변의 사회적 관계 속에서도 쉽게 이러한 맥락을 경험할 수 있다. 다문화 사회의 소통 맥락에 대한 이해를 바탕으로 소통의 주제·목적·대상 등에 대한 파악을 해야 한다.

또한 자문화와 타문화에 대한 이해, 국제 문제 이해를 다문화 리터러시의 지식 요소로 들 수 있다. 자문화와 타문화에 대한 이해는 문화적 소양 역량에 속한다. 자신이 속한 국가의 역사, 사회, 정치, 경제, 문화를 올바로 이해하지 못하고서는 타문화에 대해 이해하기 어렵다. 한국인으로서 한국의 문화를 이해하는 것은 당위적 측면에 놓인다. 그러다보니 문화 이해에 있어 한국적인 것에 대한 논의가 배제된 채, 타문화에 대한 이해를 강조하는 경향을 띠기도 한다. 자국의 문화에 대한 이해가 생략된 채 다문화 소통 상황을 마주한다면, 다른 문화에 소속된 사람들에게 이에 대해 안내할 수 없고, 그들과의 접점을 찾는 것도 불가능해질 수 있다. 타문화에 대한 이해 역시 마찬가지이다. 미래 사회를 살아가게 될 학습자들은 지금보다 더 다양한 문화가 노출된 환경에서 살아가게 될 것이다. 그러나 이때 다른 나라의 역사, 사회, 정치, 경제, 문화에 대한 지식을 갖추고 있지 않다면 상호이해의 폭이 확대될 수 없다. 자문화에 대한 충분한 지식을 바탕으로 타문화를 이해하면 그 관계 속에서 문화적 보 편성과 특수성의 관계까지 파악할 수 있다고 본다.

국제 문제 이해 능력은 미래 사회의 역량 중 글로벌 역량과 관련 있는 요소이다. 이는 국제 문제를 알 수 있는 인터넷, SNS 등의 통로들을 통해 국제적인 문제나 이슈를 파악하는 능력을 말한다. 미래 사회에서는 국가적 차원의 문제를 넘어서서 국제적인 문제에 대해 이해하는 능력이 필요하다. 현대사회의 한 국가의 문제는 그들과 관련을 맺는 국가들 간의 문제로 직접적으로 연결될 수 있다. 이를 파악하기 위해서는 국제 사회의 뉴스에 관심을 갖고 국제적인 감각을 길러낼 수 있도록 해야 한다.

마지막으로 문화 권력에 대한 이해를 지식 영역의 요소로 둘 수 있다. 미래 사회에 필수적 역량인 비판적 사고력과 관련하여 문화 권력에 대한 비판적인 사고가 다문화 리터러시에서 중요한 요소가 될 수 있다. 다문화 사회를 이해 하는 데에 고려해야 할 핵심적인 것들은 소수자에 대한 이해, 불평등과 차별에 대한 이해이다. 또한 다양한 문화에 대한 실질적인 공감으로 나아가는 데에는 소수자를 대하는 권력 관계, 문화 권력 내에서의 불평등, 문화적 차별 등에 대한 비판적인 인식이 지적 요소로 포함되어야 한다. 다문화 리터러시가 당위적인 구호 차원에서 벗어나기 위해서는 권력 내에서 구조화되는 차이에 대한 비판적 사고 능력이 선행되어야 한다.

다음으로 다문화 리터러시의 기능 요소로는 유연하게 의사소통을 할 수 있는 언어 능력을 들 수 있다. 리터러시의 개념이 확장되었다고 하더라도 기본적인 리터러시의 개념인 읽고, 쓸 줄 아는 것에 대해 논하지 않을 수 없다. 이는 미래 역량 가운데 소통 역량, 글로벌 역량과 관련되며, 국제 사회에서 소통할 수 있는 외국어 활용 능력을 갖추는 것에 해당한다. 물론 현대에는 다양한 시스템의 발달로 언어의 한계를 뛰어넘는 것이 과거에 비해 수월해지기는 하였지만, 긴밀한 관계를 형성하기 위해서는 상황에 맞는 외국어를 구사할 수 있는 외국어 활용 능력을 갖추는 것이 중요하다. 또한 타 언어의 잘못된 번역으로 인한 오류 정보의 수용을 여과하기 위해서는 기초적인 언어 능력을 갖추는 것이 필수적이다.

또 다른 기능 요소로는 긍정적 소통 맥락을 위한 관계 형성 능력을 들 수 있다. 이는 미래 역량 중 대인관계 역량과 관련이 있으며, 낯선 상황에 유연하게 적응하는 능력으로 내집단뿐만 아니라 외집단과의 조화를 이루고, 다양한 글로벌 교류 관계를 구축하는 네트워킹 능력이다. 대인 관계 역량은 일반적으로 조직 내에서의 조화로운 관계를 형성하는 능력을 가리킬 때 쓰인다. 그러나 다문화 리터러시의 요소로서의 관계 형성 능력은 조직에서의 조화로운 관계 형성뿐만 아니라 조직 간의 소통력, 세계를 연결하여 가치를 창출하는 역량을 포함한다.

문화 맥락에 따른 행동 수정 능력 역시 다문화 리터러시의 기능 요소로 들 수 있다. 이는 미래 역량으로 많이 논의되는 문제 해결 역량과 관련되어 있다. 미래 사회에는 예측할 수 없는 문제적 상황에 놓이게 되는 경우가 많을 것으로 예상된다. 이러한 문제 상황에 처해있을 때 문제의 원인을 분석하고, 가장 적합한 방법을 활용하여 그 문제를 해결하며 갈등을 풀어가는 능력은 다문화 리터러시의 요소로도 필수적이다. 문화적 맥락에 따른 문제 상황에는 개인의 문제와 집단의 문제가 모두 포함된다. 다문화 사회에서의 문제에 대한 원인을 진단하고, 적절한 해결책을 찾아 개인 간 혹은 집단 간의 문제를 해결할 수 있다.

마지막으로 다문화 리터러시의 기능 요소로는 글로벌 시민 행동력을 들수 있다. 이는 글로벌 역량과 관련된다. 이미 환경, 경제, 도덕 등의 문제는 어느 한 국가의 노력으로 해결될 수 있는 범위를 넘어선 지 오래다. 글로벌 사회에 적합한 풍부한 지식과 문화적인 다양성을 증진하여 성숙한 글로벌 시민으로 사고하고 행동할 수 있는 글로벌 시민 행동력을 통해 세계적 문제를 이해하고, 변화에 적응할 수 있어야 한다. 이들 역량은 다문화 사회에서 적응하고, 주도할 수 있는 기능적 역량에 해당한다.

다문화 리터러시는 지식과 기능 영역 외에도 태도 영역으로 나눌 수 있다. 태도 영역과 관련해서는 인본지향의 태도를 그 요소로 할 수 있다. 이는 미래 역량의 인성 역량과 관련되어 있다. 과거의 어느 시대보다 인성이 중요하게 생각되고 있다. 온라인을 통한 소통이 활발해진 사회임에도 불구하고 아이러니컬하게 사람들이 직접적으로 접할 기회는 줄어들고 있다. 특히 코로나19라는 전례 없는 팬데믹 상황에서 사람들의 대면 접촉은 대폭 줄고 있는 실정이다. 이러한 시대적 환경 속에서 건전한 도덕성을 토대로 하여 인간의 가치를 고양시키는 능력을 기르고, 인간에 대한 바람직한 가치관을 함양하는 것은 매우 중요하다. 인간 자체에 대해 존중하는 태도로부터 타인과 타문화에 대한 포용의 자세가 형성될 수 있다.

다음으로 다문화 상황에 대한 관심이 필요하다. 이미 다문화 상황을 현실로 마주하고 있음에도 스스로 다문화적인 소통의 맥락을 이해하려는 의지나 다문화 텍스트에 대한 관심이 없다면 다문화에 대한 이해의 폭이 확장될 수 없다. 이는 미래 역량들 중에서 자기 주도 역량과 관련이 있다. 주도적으로 다문화 상황에 대해 관심을 갖고 자신의 세계로 다문화 맥락을 수용하고자 하는 태도는 다문화 리터러시에서도 중요한 요소이다.

다문화 리터러시의 태도 요소로 공감과 포용의 태도, 글로벌 상황에서의 상호 의존적 태도를 들 수 있다. 다문화 리터러시 요소로서의 공감과 포용의 태도는 국적과 민족의 차별과 편견에서 벗어나 차이를 수용하고, 다양성을 포용하는 자세를 의미한다. 공감과 포용은 공동체에 대한 이해를 바탕으로 하는 공동체 역량과 관련된다. 글로벌 상황에서의 상호 의존적 태도 역시 공동체 역량과 관련이 있다. 인류는 수많은 역사를 통해 인간의 욕망이 낳을 수 있는 잔인한 결과들을 경험하였다. 인류 간 평화로운 공존을 위해서는 글로벌 공동체 의식을 지녀야 한다. 이것은 국가적인 이익이나 인간의 욕망보다 공존의 중요성을 알고, 책임감 있게 연대하고자 하는 태도를 의미한다. 연결의 사회에서는 경쟁에 의한 발전보다 협력에 의한 발전이 유효하다. 따라서 다문화 리터러시를 논하는 자리에서도 이러한 공동체 역량은 중요하게 다루어져야 할 필요가 있다.

마지막으로 새로운 문화 창조에 대한 태도를 들 수 있다. 이는 다문화 리터러시의 지식 요소에 해당하는 자문화, 타문화, 국제 문제, 문화 권력에 대한 이해를 바탕으로 새로운 문화를 창조하고자 하는 태도이다. 미래 사회를 살아가는 역량으로 필수적인 것은 인간에게 특화된 능력인 창의적 사고력을 들 수 있다. 다문화 리터러시를 미래 역량과 관련지을 때 창의력에 관한 내용은 제외될 수 없다. 문화적인 다양성을 이해하고, 문제에 대해 비판적으로 파악 하였다면 창의적인 태도로 새로운 문화를 창조할 수 있어야 한다. '나'의 문화와 '너'의 문화만이 아닌, 공감과 포용의 태도를 지니고 새로운 문화를 정립하는 과정 역시 미래 사회에는 필요할 것이다. 이상의 내용을 정리하여 다문화 리터러시의 요소를 나누어 구체적으로 나타내면 〈표 3〉과 같다.

구분	요소	관련 미래 역량	구체적 내용
지식	문화적 소통 맥락에 대한 이해	의사소통 역량	새롭게 변화하고 있는 다양한 문화적 소통 맥락에 대한 이해 능력
	자문화에 대한 이해	문화 역량	자신이 속한 나라의 역사, 사회, 정치, 경제, 문화 등에 대한 정교한 이해 능력
	타문화에 대한 이해	문화 역량	다른 나라의 역사, 사회, 정치, 경제, 문화 등에 대한 정교한 이해 능력
	국제 문제 이해	글로벌 역량	국제 문제에 관심을 가지고 국제 문제나 이슈를 파악하는 능력
	문화 권력에 대한 이해	비판적 사고력	문화 권력 내에서 구조화되는 차이에 대해 비판적으로 인식하는 능력
기능	외국어 활용 능력	의사 소통 역량	외국어를 통해 이해하고 표현할 수 있는 글로벌 의사소통 능력
	긍정적 소통 맥락을 위한 관계 형성 능력	대인 관계 역량	집단 간 조화를 이루고 긍정적 소통 맥락을 형성하기 위하여 개방적으로 유연하게 적응하는 글로벌 네트워킹 능력
	문화 맥락에 따른 행동 수정 능력	문제 해결 역량	문화적 갈등 상황과 그 원인을 정확하게 파악하고, 적합한 방법을 통해 갈등을 해결하는 능력
	글로벌 시민 행동력	글로벌 역량	글로벌 협동 의식을 토대로 변화에 대해 적응하는 능력
태도	인본지향의 태도	인성 역량	인간의 가치와 개성을 존중하며, 인간을 사랑하는 태도
	다문화 상황에 대한 관심	자기 주도 역량	스스로 다문화적인 소통의 맥락을 이해하려고 하는 의지 및 다문화 텍스트에 관심을 기울이는 태도
	공감과 포용의 태도	공동체 역량	타자에게 공감하고, 타자를 포용하는 태도
	글로벌 상황에서의 상호의존	공동체 역량	경쟁보다 협력을 중심으로 책임감 있게 글로벌 공동체 발전에 기여하며 연대하고자 하는 태도
	새로운 문화 창조	창의적 사고력	다양한 문화 이해를 바탕으로 문화를 새롭게 창조하고자 하는 적극적인 태도

<표 3> 다문화 리터러시의 요소와 역량

이상에서 보는 바와 같이 다문화 리터러시 요소는 미래 사회의 역량과 관련되어 있는 범위에서 지식, 기능, 태도의 세부 영역으로 나누어 살펴볼 수 있다.

4. 다문화 리터러시의 교육 방안

1) 다문화 리터러시 교육 방안의 배경

현대 사회의 문제들은 수많은 분야에서 강한 영향력을 주고받기 때문에 대개 하나의 전문 분야로 해결되지 않는 경우가 많다. 이에 분과 학문의 전문성을 결합, 연계하는 통합과 통섭의 융합교육에 대한 요구가 증가하고 있다. 이러한 흐름 속에서 다문화 리터러시 교육 역시 분야 간 협동을 통한 학생 중심의 문제 해결 기회를 제공하는 교육의 방향으로 나아가야 한다.

그러나 현재 단위학교에서 실시되는 다문화 관련 교육은 대개 교육 내용의 깊이를 동반하는 융합교육의 형태라기보다는 단순화된 형태를 띠고 있고, 체험학습이나 다문화 교재를 통한 교육이 강사를 통해 일회적으로 이루어지는 경우가 많아 실질적이고, 지속적으로 다문화 역량을 함양하기 어려운 경우가 많다. 특히 표준화된 매뉴얼이 없기 때문에 교과과정과 연계한 다문화 수업의 개발과 적용이 학교마다 큰 편차를 보이고, 창의체험 시간을 통해 성교육, 안전교육 등 소화해야 할 프로그램이 너무 많아 다문화 관련 교육이 활성화 되지 못한다는 문제가 있다(임선일 외, 2019). 다문화 관련 교육은 일회적 프로그램에 그칠 것이 아니라, 교육과정 내에서 교과와의 연계성을 고려하여 운영되어야 한다.

한편, 점차 강조되고 있는 다문화 리터러시 교육은 미래 교육과의 연관성 속에서도 논의할 수 있다. 미래 교육의 흐름은 다문화 리터러시 교육에서도 예외일 수 없다. 미래 교육과의 연관성 속에서 다문화 리터러시 교육에 대해 논의하기 위해서는 미래 교육이 추구하는 방향을 살펴볼 필요가 있다. 2020년 12월 분야, 부처별로 달라지는 주요 제도들이 발표되었다. 교육부는 인공 지능 시대의 교육정책 방향을 수립하며 인간다움과 미래다움이 공존하는 교육 패러다임을 실현하는 것을 비전으로 제시하였다. 구체적인 세 가지 정책의 방향은 인간 중심 사고에 바탕을 두며 새로운 구조를 만들어 내고 독창적인 질문을 할 줄 아는 감성적 창조 인재, 학습자의 특성과 수준을 고려하여 개인에게 집중하는 맞춤 환경을 제공하는 초개인화 학습 환경, 데이터에 기반을 둔 정책 환경 마련과 다양한 데이터 간 연계를 통한 포용적이고 공평한 교육 기본권의 확대를 추진하는 따뜻한 지능화 정책이 그 핵심이다(기획재정부, 2020:49).

이상에서 살펴 본 융합교육과 미래 교육의 방향을 중심으로 다문화 리터러시의 요소, 역량과 관련하여 변화되는 사회에 적합한 다문화 리터러시 교육의 방안을 제안하고자 한다.

2) 다문화 리터러시 교육 방안

다문화 리터러시 교육은 교육 방안이 함께 논의되지 않는다면, 그 실효를 거둘 수 없다. 본고에서 미래 역량과 관련하여 제시한 다문화 리터러시 요소의 내용들은 구체적인 역량 함양의 교육 방안을 통해 교육 현장에서 실천될 때에 성공적으로 교육될 수 있다. 또한 다문화 리터러시 교육이 일회적 프로그램 체험으로 끝나지 않게 하려면 다문화 리터러시 교육 요소와 세부 교과를 연계시키는 것이 무엇보다 중요하다고 본다. 다문화 리터러시의 요소들과 관련한 역량 함양을 위해서는 융합교육을 활용할 수 있다. 여기에서는 제시한 역량 함양을 위한 교육 방안을 예를 들어 설명하고자 한다.

창의적 사고력을 발휘하여 새로운 문화를 창조하기 위해서는 문화 역량을 바탕으로 다양한 문화에 대한 이해가 선행되어야 한다. 이를 위해서는 다문화 텍스트에 관심을 가져야 하며, 이를 통해 자기 주도 역량을 함양할 수 있다. 여기에서는 한국사와 사회 교과, 예술 교과를 통해 다양한 형태로 제공되는 다문화 텍스트를 이해하며, 국어 교과와의 융합을 통해 자문화와 타문화에 대한 깊이 있는 이해를 바탕으로 하는 새로운 문화 창조 글쓰기 활동이 진행될 수 있다. 또한 의사소통, 대인관계 역량을 위해서는 국어, 영어, 제2외국어 과목을 융합하여 문화적으로 긍정적 소통 맥락을 형성할 수 있는 표현들을 익히고, 언어권마다 다른 소통 방법의 차이를 경험하며 유연하게 각 상황에 적응해 보는 역할 경험을 할 수 있다. 문제 해결 역량과 공동체 역량 함양을 위해서는 사회, 국어 교과의 융합이 가능하다. 사회 교과에서는 문화적인 갈등 상황과 원인을 다룬 뉴스를, 국어 교과에서는 다문화 사회에서 발생하는 문제를 다루고 있는 다문화 소설을 다루어 이때의 문제 상황이 무엇인지, 해결 방법은 무엇일지 고민하는 시간을 갖게 한다. 이를 통해 학생들은 공동체의 문제를 해결하며, 세계 공동체 발전에 기여하는 태도를 지닐 수 있다.

다음으로 다문화 리터러시 교육 요소를 교육에 적용하기 위해 교육부에서 2020년 제시한 미래 교육의 정책 방향을 활용할 수 있다. 미래 사회가 요구하는 인재상은 감성적인 창조 인재이다. 감성적 창조 인재가 되기 위해서는 공감, 소통하며 협업하는 능력이 중요하다. 따라서 상호의존적으로 공동작업 할 수 있는 교육 환경이 제공되어야 한다. 특별히 다문화 리터러시 교육과 관련해서는 다양한 문화에 대한 이해를 토대로 한 협동이 이루어질 수 있도록 차이와 다름이 공존하는 교육환경이 구성되어야 한다. 다양한 관계 속에서 문화 경쟁 논리가 아닌 문화 관계 형성에 초점을 둘 수 있도록 하는 것은 인간 중심 사고에 기반하며, 이는 인본지향의 태도, 즉 인성 역량과 관련이 있다.

또한 초개인화 학습 환경을 조성해 주기 위해서 학생 각자의 특성과 상황에 맞추어 다양한 경험의 기회를 만들어줄 수 있다. 학생 개인이 잘하는 것, 강점 역량을 발휘할 수 있도록 실제 다양한 문화적 활동에 참여할 수 있도록 해야 한다. 어떤 학생은 문화적 차이를 인식하는 인지적 능력이 높을 수 있고, 다른 학생은 갈등 상황이나 문제를 해결하는 행동력이 높을 수 있다. 또 어떤 학생은 효율적인 의사소통을 통해 창의적 문화 형성으로 나아가게 하는 태도에 강점이 있을 수 있다. 각자의 강점을 토대로 다양한 문화적 활동에 실제로 협동하여 참여할 수 있는 기회를 갖게 될 때에 추상적인 문화 소통의 맥락에서 벗어나 구체적이고 실제적인 문화 소통의 맥락을 경험할 수 있다.

다문화 환경에 직접적인 노출이 어려운 경우에도 인공지능을 활용한 맞춤형 문화 설명 서비스와 실감 콘텐츠를 활용하여 문화 체험을 경험하게 할 수 있다. 실감 기술 발전으로 인한 오감 체험 실감 미디어의 교육적 활용은 간접적인 문화 체험을 감각적으로 바꾸어주어 문화 소통의 맥락을 구체적으로 살펴보게 할 수 있다. 이러한 미디어 환경은 다문화 리터러시 교육에도 유용하게 활용될 수 있다. 감각적이고 실질적인 체험을 통해 소통 맥락을 위한 관계를 형성하거나 문화 맥락에 따라 행동을 수정하는 능력을 함양하는 것도 가능하다.

마지막으로 미래 교육에서는 빅데이터를 체계적으로 관리하고, 수집된 데이터를 활용한 교육이 활발하게 이루어질 수 있다. 다수의 문화에서 소외된 집단을 다루는 자료들이나 그들의 경험들을 광범위하게 수집하여 그들이 문화적으로 겪는 어려움이나 그 원인을 파악하는 데 사용할 수 있다. 또한 다수의 문화와 소수의 문화에서 다루어지는 데이터의 연계를 바탕으로 문화 권력에 대해 비판적으로 따져볼 수 있도록 하는 것도 다문화 리터러시 교육에서는 필요하다. 다양한 데이터를 바탕으로 다문화적 맥락을 이해하는 것은 물론 이를 통하여 다문화와 관련된 교육의 사각지대를 발견할 수 있다. 다문화 관련 자료를 수집하고 분석하는 과정에서 자기 주도적으로 다문화적인 소통의 맥락을 이해하려는 태도를 함양할 수 있다.

미래 사회에는 무엇보다 창의적인 역량을 신장시키는 교육이 중요하다. 다문화 리터러시 교육에서 이러한 창의적 역량을 신장하는 교육의 방안은 문화적인 특성을 고려하여 새로운 문화를 생성할 수 있는 기회를 제공하는 것이다. 공감과 배려는 이러한 새로운 문화를 형성하는 데 기본이 되어야 하는 태도이다. 상대방에게 공감하고 배려하면서 나와 상대방의 문화의 접점에서 새로운 규칙과 문화를 만들어 나갈 때, 어느 한쪽의 희생이 아닌 모두에게 유리한 윈윈(win-win)하는 소통 맥락이 형성될 수 있다.

5. 나가며

사회는 변화하고 있고, 변화의 속도는 점차 예측하기 어려울 정도로 빨라 지고 있다. 이러한 사회에서 살아가야 하는 우리들은 미래 사회의 모습을 예측하기도 전에 미래 사회에 필요한 역량을 갖추어야 하는 처지에 놓여있다. 본 연구에서는 현재 논의되고 있는 미래 사회의 역량 중 다문화 리터러시 교육과 관련 있는 내용을 추출하여 다문화 리터러시의 교육 요소를 구체화 하고, 이에 대한 교육 방안을 제안하였다.

다양한 문화가 연결되고, 한 국가의 이익이 다른 국가의 이익과 밀접하게 연결되어 있는 사회에서는 다문화 리터러시에 대한 교육이 필수적이다. 다문화 리터러시 교육의 현장에서는 소통을 중시하는 교육이 이루어져 갈등과 문제를 해결하고, 새로운 문화를 창조하는 데에까지 나아갈 수 있도록 교육해야 한다. 또한 기본적인 의사소통 능력의 신장에만 머무르는 것이 아니라 다문화 리터러시의 지식, 기능, 태도 영역의 구성 요소를 내용적 토대로 하여 다문화 사회에서의 비판적, 창의적 사고를 신장할 수 있도록 해야 한다. 이러한 교육 방안에는 본고에서 논의한 융합교육, 미래 교육의 방향을 적용할 수 있다.

공감하는 인간, 연대하는 인간상이 제안되고 있다. 이익 경제의 시대에 공감하는 인간과 연대하는 인간이라니. 과거도 아주 먼 과거로 회귀하는 느낌을 받을 수도 있다. 그러나 인간만이 지니는 공감과 연대의 힘은 단순히 인간적 감성의 차원을 넘어서 집단의 이익과도 연결 된다는 것은 다수 기업의 성공 등 여러 통로로 증명 되었다. 간호, 기업 교육에서 다문화 관련 교육과 연구가 활성화되는 이유를 생각해 보면 이들이 맞닥뜨리는 분야는 건강, 돈 등 사람이 살면서 가장 민감한 부분과 연계되어 있기 때문임을 알 수 있다. 이것은 다문화와 관련된 교육이 매우 민감하고도 중요하게 논의되어야 하는 주제임을 방증한다. 다양한 문화가 함께하는 사회를 이해하는 능력의 함양과 현 사회를 발전시키려는 창조적인 표현 능력의 함양은 다문화 리터러시 교육 분야에서 지속적으로 고민해야 할 문제이다.

참고문헌

- 교육부(2021), 2021년 다문화교육 지원계획, 교육부.

- 기획재정부(2020), 2021년부터 이렇게 달라집니다.

- 김영순·장은영·김진석·장은숙·김창아·안진숙·정지현·윤영·최승은·정소민(2020), 다문화 사회와 리터러시 이해, 박이정.

- 김지혜(2019), 다문화 문식성 함양을 위한 소설교육 연구, 다문화교육연구 11(1), 한국다문화교육학회, 199-228.

- 박인기(2002), 문화적 문식성의 국어교육적 재개념화, 국어교육학연구 15, 국어교육학회, 23-54.

- 서혁(2011), 다문화 시대의 국어교육과 다문화 문식성 교육, 국어교육연구 48, 국어교육학회, 1-20.

- 윤여탁(2013), 다문화 사회의 문식성 신장을 위한 한국어교육의 전략-문학교육의 관점을 중심으로, 새국어교육 94, 한국국어교육학회, 7-29.

- 윤현진·김영준·이광우·전제철(2007), 미래 한국인의 핵심 역량 증진을 위한 초중등학교 교육과정 비전 연구(Ⅰ)(RRC 2007-1), 한국교육과정평가원.

- 이광우·민용성·전제철·김미영·김혜진(2008), 미래 한국인의 핵심 역량 증진을 위한 초중등학교 교육과정 비전 연구(Ⅱ)(RRC 2008-7-1), 한국교육과정평가원.

- 임선일·오영훈·조인제·이용민·이은정(2019), 초중등학교 다문화감수성교육의 한계와 다양화 방안 모색, 문화교류와다문화교육 8(1), 한국국제문화교류학회, 173-202.

- 장은영(2020), 비판적 리터러시와 다문화 리터러시의 접점에 대한 고찰-H. Janks의 리터러시 모형을 중심으로, 문화교류와다문화교육 9(1), 한국국제문화교류학회, 1-26.

- 정지현·김영순·장연연(2015), 다문화 리터러시 교육 참여 고등학생의 '세계시민 되기'의 의미, 학습자중심교과교육연구 15(5), 학습자중심교과교육학회, 323-350.

- 정홍인·조대연·최지수·이종민·장은하·강현주(2018), 4차 산업혁명시대 생애단계별 미래인재 필요역량 및 우선순위 역량도출, 평생교육학연구 24(4), 한국평생교육학회, 61-92.

- 차윤경(2008), 세계화 시대의 대안적 교육모델로서의 다문화 교육, 다문화교육연구 1(1), 한국다문화교육학회, 1-23.

리터러시 교육의
다양한 내용 및 사례

5장

과학사회학 글쓰기를 통한
이공계 학생들의 과학 윤리 교육 연구

장서란

1. 들어가며

현대 사회의 발전은 과학기술의 발전을 바탕으로 이루어졌으며, 최근 4차 산업혁명의 도래와 함께 과학기술과 사회의 관계는 보다 밀접해지고 있다. 고도화된 인공지능과 유전체 기술의 적용 등으로 예화되는 4차 산업혁명은 노동 방식과 소비 형태뿐 아니라 생활방식 전반에 걸친 혁명적 변화를 가져오고 있다(Schwab, 2016).

그러나 과학 기술이 발달할수록 그로 인한 문제점에 대한 우려도 함께 증가하고 있는 실정이다. 한 예로, 한국의 디지털 성범죄는 5년 새 10배 가까이 증가(임소정, 2021)했으며, 인공지능 챗봇 서비스 '이루다'는 사용자들의 발언을 학습하여 차별 및 혐오 표현을 제시(김금이, 2021)하였으며, 20대 여성으로 캐릭터화한 '이루다'를 성희롱하는 사건(이효석, 2021)이 발생하기도 했다. 이는 초소형 카메라와 합성 기술, 빅데이터와 같은 최신 과학 기술을 악용한 결과이다.

이처럼 새로운 기술의 악용 및 인공지능의 통제 불능에 대한 불안, 유전체 기술로 인한 인간 개념의 위협(조현국, 2017:62) 등 4차 산업혁명과 관련된 윤리적 문제에 대한 논의는 꾸준히 제기(신상규, 2016)되고 있다. 이러한 상황에서 융합 및 교양, 기초교육을 담당하는 대학에서의 생명 윤리 교육의 중요성(김수경 외 2, 2018:331)과 4차 산업혁명이라는 시대적 상황을 반영한 인성교육의 필요성(지현아, 2017)이 부각되고 있다.

본고는 이러한 시대적 요구와 최근 논의를 바탕으로, 이공계 학생을 대상으로 한 교양국어 수업에서의 과학사회학 글쓰기를 통한 과학 윤리 교육의 가능성을 제시하고자 한다. 구체적으로 과학 지식 또한 사회적 산물이라는 과학사회학 논의를 바탕으로 한 글쓰기를 통해 학생들에게 과학도 혹은 공학도로서 지녀야 할 윤리적 책임과 인식을 제고하고, 나아가 현대 과학에 대한 심도 있는 이해를 갖추는 것을 목표로 삼는다.

4차 산업혁명으로 나타나는 과학 기술의 새로운 패러다임은 사회와 과학의 관계를 보다 밀접하게 만들었으며, 새로운 기술로 인한 문제와 우려는 사회 구성원으로 하여금 사회적 논의와 인문사회와 자연과학의 융복합적 사고와 이를 바탕으로 한 과학 윤리 교육을 필요로 한다. 이러한 상황에서 본고는 대학 교양국어 수업에서의 과학사회학 글쓰기를 대안으로 제시하고자 한다. 복잡다단화된 사회 변화에 따라 교육계에서는 2010년부터 '융복합'을 통하여 학생들로 하여금 급변하는 시대에 대응하고자 하였다. 한국교양기초교육원에서는 대학들이 융복합 교양교과목을 개발하도록 지원하였으며, 이에 대한 대표적인 움직임은 이공계생을 위한 교양 글쓰기 교육(김현정, 2015:132) 이었다. 글쓰기는 다양한 정보와 지식을 다룰 수 있는 비판적 사고와 사회 구 성원으로서 가져야 할 의사소통 능력을 복합적으로 갖출 수 있기 때문이다. 이로 인해 현재 많은 대학에서 필수 교양물 교과인 글쓰기 수업을 인문사회 계와 이공계로 구분한 계열별 글쓰기 수업을 진행하고 있다.

주요 대학의 이공계 글쓰기 내용 구조는 전반부와 후반부로 나뉘어 전반부에는 글쓰기에 대한 기본 지식과 서평, 자기소개서 등으로 구성되어 있으며, 후반부에는 이공계 특성을 살린 내용으로 구성(김현정, 2015:135)되어 있다. 이공계 특성을 반영한 글쓰기 교육은 제안서, 과학 에세이, 실험보고서, 연구논문, 사용설명서, 광고, 인포그래픽, 프레젠테이션, 기사문, 이메일[1] 등으로 구성된다.

이러한 실무적 글쓰기 교육과 더불어 이공계 학생들에게 반드시 필요한

---

1 이는 김현정(2015)의 논문 및 서강대학교 이공계 글쓰기 교재인 『자연계 글쓰기』(서강대학교 글쓰기교재 편찬위원회, 2020), 이화여자대학교 이공계 글쓰기 교재인 『우리말과 글쓰기: 과학과 상상력』(이화여자대학교 교양국어 편찬위원회, 2016), 인천대학교 이공계 글쓰기 교재인 『대학인의 글쓰기』(이공 계열)』(인천대학교 글쓰기교재 편찬위원회, 2017)의 구성을 참고하였다.

것은 과학 윤리 교육이다. 학교마다 필수 교과목으로 지정된 교양 수업, 그 중에서도 교양국어 수업은 글쓰기를 통한 정치적 사회화로서의 의사소통 능력 함양[2]을 목표로 하기 때문이다. 그러므로 이공계 글쓰기 수업은 과학 기술이 인간의 삶에 지대한 영향을 미치는 현재, 과학 기술을 전공하고 훗날 기술 발전에 영향을 끼칠 수 있는 이공계 학생들이 과학과 사회의 관계에 대하여 숙고하는 기회를 제공할 수 있으며, 제공해야 하는 역할을 지닌다.

과학 윤리를 갖추기 위하여 전제되어야 할 것은 과학사회학 논의이다. 과학사회학의 핵심은 과학과 사회가 불가분의 관계라는 사실에 있기 때문이다. 과학사회학은 과학은 사회와 분리된 순수한 지식 체계로 보는 기존 시선에서 벗어나는 것에서부터 시작한다. 과학 연구 또한 사회 구성원이 실시하는 일상적인 노동이자 집단의 조직적 노동으로 보는 것이 과학사회학의 기본 전제(Ziman, 1986:13.)이다. 그러므로 과학은 가치의 문제로부터 자유로울 수 없으며, '중립'이 될 수 없다는 입장(Ziman, 1986:313)을 드러낸다.

과학사회학을 처음 제안한 사람은 로버트 머튼으로, 머튼은 과학과 사회의 관계를 지식사회학이라는 용어를 통하여 제시하였다. 그는 지식사회학은 어떤 일정한 사회적, 문화적 조건의 체계하에서 적절성을 가진다(Merton, 1998:55)고 서술하였다. 또한 "과학과 기술의 발전이 전적으로 독자적이며, 사회구조와 무관하게 이루어진다고 간주하는 경향의 자취는 역사적 사건의 실제 과정에 의해 일소되고 있다"(Merton, 1998:107)고도 서술하였는데, 이는 나치 독일 하에서의 과학 활동의 제약 및 왜곡, 과학의 난해성으로 인한 대중과의 괴리 등으로 인한 과학에의 재인식 필요성이라는 1940년대의 사회적 맥락과 맞닿아 있다. 머튼은 이러한 문제점을 과학 집단 내부의 에토스(ethos)를 통해 극복할 수 있다고 생각하였는데, 이는 보편

---

2 조미숙(2016:272-273)은 대학 교양 과목의 목표를 정치적 사회화로서의 의사소통 능력을 함양하기 위한 것으로 본다. 본고에서는 조미숙의 논의와 의사소통의 도구이자 의사소통 능력 함양의 과정으로도 쓰이는 글쓰기의 특징에 주목하였다.

주의, 공유주의, 탈이해관계, 조직화된 회의주의로 구성되었다.

그러나 1960년대 이후 쿤의 패러다임 이론에 영향을 받은 학자들은 머튼의 자율적인 자기규제 체계로서의 과학이 지식과 사회적 요인 사이의 관계를 규명하고자 하는 과제를 포기하는 암흑상자주의라 비판하며 과학지식의 형성 또한 사회적 요인으로 설명되어야 한다는 과학지식사회학(STS)을 제시한다. 스튜어트 블룸은 현대 과학이란 본질적으로 정치적이며, 과학의 역할이 근대국가의 정치제제에 있어 핵심적인 부분이라는 전제를 제시한다. 현대 과학의 사회적 구조는 사회, 경제, 정치 조직에 고도로 의존하고 있으며, 환경 변화에 극도로 민감하다는 점을 지적하였다(Frickel & Moore, 2013:16).

2000년대 이후 프리켈과 무어를 포함한 일련의 학자들은 신과학정치사회학(NPSS)을 주창하였다. 이들은 과학지식이 사회와 과학의 행동주체들, 즉 비과학자로서의 시민과 과학자 사이의 상호작용의 결과라는 1980~90년대의 구성주의적 논의에서 한 걸음 나아간다. 현재 나타나는 과학의 상업화, 농식품 산업과 생명과학의 관계, 과학기술과 규제 등에 주목하여 과학 지식의 생산, 선별, 접근 등을 권력과 사회적 구조적 조건 하에서 밝히고자 한다(Frickel, Moore, 2013:44).

오진곤(1997:17-21)은 과학사회학의 필요성을 일곱 가지로 나누어 제시한다. 첫째, 과학의 역사는 인류 사회의 역사와 깊은 관련은 맺어 왔기 때문에 사회를 이해하기 위해서는 과학과 사회의 관련성을 살펴보아야 한다는 것, 둘째, 현대 사회는 그 어느 때보다 과학의 영향을 강력하게 받고 있다는 점, 셋째, 과학과 현대 사회의 상호 관련성을 바탕으로 과학이 특정 사회 또는 문화에서 취하는 형태와 유지에 관한 문제를 해결할 수 있다는 점, 넷째, 과학 철학적 관점에서 현실 세계와의 관련성을 바탕으로 과학을 이해해야 한다는 점, 다섯째, 과학사적 관점에서 과학의 역사·사회적 구속력에 주목하여 과학 기술과 사회의 메커니즘을 분석할 필요가 있다는 점, 여섯째, 과학과 일반 대중의 괴리 현상에 대한 대안이 될 수 있다는 점, 일곱째, 과학자 집단 내에서 연구의 효율적 발전 고무 및 과학의 거대화로 인한 현실적 문제를 해결할 수단이 된다는 점이다.

과학사회학의 역사와 필요성을 통하여 알 수 있는 과학사회학의 의의는 다음과 같다. 첫째, 과학이 더 이상 사회와 괴리된 순수 학문으로서 존재할 수 없는 현 시점에 있어, 과학사회학은 과학도에게 현대 사회 구성원으로서 필수적으로 갖추어야 할 윤리적 소양을 기를 수 있도록 한다. 둘째, 과학사회학을 통한 과학 윤리를 습득함은 사회와 과학의 밀접한 관련성을 이해함으로써 과학에 대한 심도 있는 이해를 갖출 수 있도록 한다. 셋째, 이러한 의의는 향후 전공 지식을 활용할 이공계 학생들에게 직업적 차원에서 실질적 도움을 준다. 이처럼 과학사회학을 통한 과학 윤리 교육의 다중적 의의는 전공 예비 및 정치적 사회화를 교육 목적으로 삼는 교양 과목의 이중적 목적(장서란, 2020:282)과 연결될 수 있다는 점에서 본고에서 논의될 가능성을 지닌다. 현재 여러 대학에서 과학 교양 교육에 대한 방향성이 과학 기술 소양 함양과 비판적 사고, 합리적 의사결정능력 강화로 자리잡게 된 것(손향구 외 2, 2018:202) 또한 이러한 상황에 기인한다. 다만 과학 교양 과목의 경우 전공 기초나 실험 과목이 아닌 과학사회학적 논의가 수반되는 융복합형 과학 교양 교과목의 경우 비중이 낮을 뿐 아니라 과학 교양 과목이 필수 졸업 요건으로는 적용되는 경우는 절반 정도에 불과하며, 모든 대학에서 과학 교양 교과목을 설치하지는 못하고 있다는 현실적 한계점이 존재한다.[3] 외국의 경우 1960년대 말에서 70년대 초에 걸쳐 대학에서 새로운

---

[3] 손향구 외(2018:201)가 진행한 대학 과학교양교육 현황 및 개선안 연구에서는 2015-2016년 교육부 대학구조개혁평가에서 A등급을 받은 학교와 재학생 수가 많은 학교, 교양교육 선진화 대학으로 선정된 학교를 포함한 51개교를 연구 대상으로 선정하였다. 조사 대상으로 선정된 학교에서도 인문사회-자연과학 융복합형 교양교육 개수는 평균이 3.2과목, 최소는 1.0과목, 최대는 3.7과목으로 집계되었다 (2018:206). 이를 통하여 과학사회학적 논의를 바탕으로 한 과학 윤리를 교육할 수 있는 현장이 실질적으로 부족함을 알 수 있다.

교과 과정으로서 과학사회학(STS) 분야가 생겨났으며, 현재 제도적 차원에서도 대학 내부의 학제적 과학사회학 프로그램들이 주도적 역할을 맡고 있으나(김환석, 2006) 한국의 경우 포항공대와 한양대, 경희대, 가천대 등 일부 대학을 제외(손향구 외, 2018:212)하고는 과학사회학과 같은 융복합형 과목이 구성되어 있지 못한 상태이다.

그러나 교양국어의 경우 대부분의 대학에서 졸업 필수 요건으로 편성되어 있다는 점(김창진, 2007:61), 이공계 글쓰기의 경우 정보화 시대를 살아가는 사회 구성원이 지녀야 하는 의사소통 능력의 일환으로서의 글쓰기 역량 강화를 목표로 한다는 점(장서란, 2020:278), 교재에서 다루는 글의 제재가 과학과의 관련성을 지닌다는 점은 교양국어, 특히 이공계 글쓰기에 있어서 과학사회학 논의를 통한 과학 윤리 교육을 시행할 수 있는 전제 조건을 내포한다.

본고는 과학사회학의 필요성과 의의, 교양국어 수업에의 적용 가능성을 바탕으로 서강대학교 필수 교양 과목인 〈자연계 글쓰기〉에 과학사회학의 의의를 접목함으로써 과학사회학 글쓰기 방안을 제시하고, 이로 인한 결과물을 공유함으로써 이공계 교양국어 수업에서의 과학 윤리 교육의 가능성을 제안 하고자 한다.

2. 과학사회학 글쓰기의 실제

1) 과학사회학 글쓰기 전 활동

과학사회학의 핵심은 과학과 사회의 불가분적 관계 및 상호영향력에 주목하는 데에 있다. 그리고 이공계 글쓰기는 이공계 학생들에게 의사소통으로서의 글쓰기 능력을 신장하는 데에 목적을 지닌다. 이는 과학기술자에게 있어 의사 소통 능력이 필수적 요건으로 요구된다는 시대적 요구(김인경, 2019:70)를 전제하며, 나아가 사회 구성원으로서의 인식을 필요로 한다는

점을 암시한다. 여러 이공계 글쓰기 교재 또한 이러한 논의를 기본적으로 전제하고 있다.[4]

> 정보 통신 기술의 발달로 우리는 인터넷이라는 또 하나의 세상에서 살고 있다. 우리는 이 새로운 세상에서 글쓰기를 통해 타인과 관계를 맺으며 새로운 형태의 삶을 영위하고 있다. 대학은 이런 이유에서도 학생들에게 글쓰기의 올바른 방법을 교육하려 애쓰고 있다. 대학생들은 글쓰기 능력이 현대 사회에서 살아가기 위해 필요한 요건이라는 점을 인식하고 글쓰기 능력을 기르기 위해 부단히 노력해야 한다.(남경완 외, 2018)

현대 과학 기술 사회에서 과학기술자가 사회 구성원으로서 의사소통 능력을 갖추어야 한다는 이공계 글쓰기의 대전제는 과학과 사회의 관계를 암시하고 있다. 이는 선재하는 이공계 글쓰기 교재 내용에 과학사회학 논의를 접목할 수 있는 가능성을 내포한다. 이를 위하여 과학사회학 자료 및 생활에서 접할 수 있는 여러 실례를 탐구하고 적용하는 자세가 필요하다.

이를 바탕으로 연구자가 진행한 〈자연계 글쓰기〉 수업에서는 현대 과학 기술의 복잡화 및 거대화 양상과 대표적인 예시를 제시함으로써 학생들로 하여금 과학 기술과 사회의 관계가 긴밀함을 이해하도록 하는 것을 첫 번째 목표로 삼았다.

> 과학기술 활동은 다양한 여러 사람들의 협력을 통해 이루어진다. 예컨대 대학에서 실험은 교수, 조교, 다양한 수준의 학생, 기능인, 그리고 기기 제작인의 협력에 기초한 활동이다. 실험실 또는 현장에서 과학기술은 다양하고 복잡한 인적·물질적 교류와 협력을 바탕으로 하여 실행된다. (…) 더구나 현대 과학기술 연구는 복합 학제적(multidisciplinary) 팀 연구로 나아가는 추세이다. (…) 오늘날 현대 과학기술의 엄청난 발전으로 한 사람의 천재 과학자가 여러 분야에서 획기적인 진보를 이룰 가능성은 줄어들었다. 대신 현대의 과학 연구는 다양한 분야의 연구자들이 협동하

---

4 서강대학교, 인천대학교, 이화여자대학교의 이공계 글쓰기 교재에서도 이와 같은 입장을 고수하고 있음을 알 수 있다. (장서란, 2020:279)

여 일하는 방향으로 나아가고 있다. 수학, 물리학, 컴퓨터공학, 생명과학, 인지과학 등 다방면에 걸친 수백 명의 연구자들이 모여 뇌 연구를 하는 것은 그 한 예이다. 그런 만큼 연구 조직체 내부의 효율적 의사소통은 연구의 성패를 좌우하는 열쇠가 아닐 수 없다. (신형기 외, 2006)

위 글은 『자연계 글쓰기』에 수록된 「과학 글쓰기는 시대의 요청이다」로, 과학기술 활동이란 다수의 협력을 통해 이루어진다는 점을 서술하고 있다. 현대 과학 기술의 발전 방향이 복합 학제적 팀 연구로 흐르고 있다는 사실은 연구 조직체 내부의 효율적 의사소통이 연구에 지대한 영향을 미친다는 점을 통해 학생들에게 의사소통 능력의 중요성을 강조함을 알 수 있다. 나아가 연구자 조직 외부 사람들에게 과학 기술에 대해 설명하고 호응을 이끌어내는 것 또한 주요한 역할임을 설파하고 있다.

이론적 설명의 이해 및 적용을 위해서는 이론을 뒷받침할 수 있고 학생들이 이해할 수 있는 외부 자료를 적극적으로 차용하는 것이 중요하다. 연구자는 갈릴레오의 메디치 별(Medician stars)과 미국의 나사 설립 과정 및 아폴로 계획 사례를 제시하여 학생들이 보다 쉽게 이해할 수 있고 관심을 가질 수 있도록 독려하였다.

갈릴레오는 목성에 4개의 위성이 있다는 사실을 발견한 후 이에 대한 사실을 1610년 『시데레우스 눈치우스(Sidereus Nuncius)』로 발표한다. 갈릴레오는 책의 서문에서 과학 지식에 대한 의의가 아닌 당시 최대 세력가인 메디치 가문의 대공 코시모 2세에 대한 찬사를 강조한다. 불멸의 영혼을 지닌 코시모 2세의 미덕으로 인해 새 별이 나타났으며, 발견한 위성에 메디치 별(Medician stars)이라는 이름을 붙여 대공에게 헌정한다. 이를 통해 갈릴레오는 메디치 가문의 수학자 겸 철학자로 임명된다. 이로 인해 갈릴레오는 지구 중심의 우주관을 뒤흔드는 발표를 하였음에도 안전할 수 있었으며, 철학자로서의 지위를 얻게 됨으로써 당시 자연철학자들에게만 허용되었던 자연 현상에 대한 발언권을 얻게 되었다(홍성욱, 2014:193-194).

갈릴레오가 메디치 별을 헌정한 사례는 과학 기술이 사회와 밀접한 연관을 지니고 있다는 사실을 단적으로 보여 준다. 17세기의 지구 중심의 세계관과 이를 바탕으로 구성되는 종교의 영향력에서 과학 기술은 자유롭지 못했으며, 수학자는 자연에 대해 논의할 수 있는 권위를 지니지 못했다. 갈릴레오가 이러한 사회적 맥락 하에서 의사소통을 통해 타개책을 강구해야만 했다는 점은 의사소통으로서의 언어의 중요성뿐 아니라 과학 지식 또한 사회적 맥락에서 존재함을 드러내는 사례로 작동할 수 있다.

나사(NASA)의 설립 과정 또한 과학사회학의 예시로 거론하기에 적절한 사례다. 냉전이라는 시대적 상황에서 소련이 인공위성 스푸트니크 1호 발사에 성공하자, 이는 과학, 교육, 국방예 등 미국 전역에 큰 충격을 가져왔다. '스푸트니크 쇼크'로 인해 대통령 직속 기구인 항공우주국이 설립되었고, 미국의 초등 교육 과정에서 수학, 과학 교육의 비중이 늘어났다. 소련에 뒤떨어질 수 없다는 사회 분위기는 인간을 달에 보낸다는 아폴로 계획을 만들어냈으며, 1961년부터 1972년까지 진행된 아폴로 계획은 총 250억 달러를 사용하였다. 맨해튼 프로젝트의 비용이 20억 달러라는 사실을 감안할 때, 냉전이라는 사회적 맥락과 국민적 합의가 과학 지식의 발전에 지대한 영향을 끼친다는 사실을 드러낸다.

이처럼 교재에 제시된 과학 글쓰기의 필요성을 실제 사례에 접목함으로써 이공계 학생들로 하여금 과학 지식뿐 아니라 이를 전달하는 능력의 중요성을 강조할 수 있을 뿐만 아니라 과학 기술 인간 사이의 상호 과정에서 생겨나는 사회적 과정의 결과물이라는 사실을 과학사회학 논의를 이끌어 낼 수 있다.

다른 한편, 이공계 특성을 살린 글쓰기이자 비전공자를 고려하는 글쓰기인 '사용 설명서 쓰기' 단락에서도 과학사회학 논의를 더할 수 있다. 사용 설명서 쓰기는 건국대(김현정, 2015:135)뿐 아니라 서강대[5]와 이화여자대학교의 이공계 글쓰기 교재에서 공통적으로 다루는 글쓰기 형식이다. 그러나 사용 설명서 쓰기는 설명하는 글쓰기의 일부로서 쓰기 형식을 다루고 이를 연습하는 형태로 이루어져 있다.

제품을 사용하는 사람은 다양하고, 어떤 제품은 잘못 사용하면 위험할 수도 있다. 그러므로 제품 사용 설명서는 최대한 쉽고 분명하게 사용법을 알려야 한다. 이를 위해 다양한 그림으로 사용법을 소개하는 경우가 많다.

● 용어를 일관되게 사용해라

　제품의 각 부분의 명칭이나 어떤 기능의 이름 등을 함부로 바꾸면 이해할 수 없다.

● 제품 사용 설명서의 순서를 지켜라

　먼저 각 부분의 명칭을 밝혀라. 그리고 안전 유의사항, 사용법, 고장났을 때 대처법 등을 순서에 맞게 제시하라. 그래야 가장 효율적으로 이해할 수 있다.

● 그림을 활용하라

　말로만 하면 정확하게 내용을 지시할 수 없다. 깔끔한 그림을 활용하자.

● 차례를 밝힐 때는 한 과정에 하나의 내용을 담아라.

　동작을 지시할 때는 간단해야 한다.
　단추를 누르든 숫자를 누르든 하나씩 지시하자.

● 쉬운 말로 표현해라

　어려운 한자어나 외국어를 쓰지 말고 쉬운 말을 쓰자.
　아름다운 문장보다는 정확한 문장을 쓰자. (서강대학교 글쓰기 교재 편찬위원회, 2020:110).

5　서강대의 『자연계 글쓰기』에서는 사용설명서뿐 아니라 인포그래픽(inforgraphic)을 제공하고 있다. 인포그래픽은 사용자의 편의를 고려하여 정보를 시각화하는 것으로, 사용설명서와 마찬가지로 사용자(비전공자)에게 정보를 효율적으로 전달한다는 목적을 가지고 있다. 그러나 인포그래픽 또한 사용설명서와 마찬가지로 작성 방식을 전달하는 데에 그치고 있다.

① 제품 정보를 사전에 파악하라

제품 사용 설명서는 기본적으로 정보를 전달하는 글이다. 따라서 글을 쓰는 사람은 그 글에 담을 내용, 즉 제품의 특성과 기능, 사용법, 주의 사항에 대해 정확히 이해하고 있어야 한다. 또한 유사한 기능의 다른 제품과 어떤 점에서 차별성을 보이는지, 이 제품만의 강점은 무엇이고 한계점은 무엇인지를 꼼꼼하게 파악하고, 이 정보를 설명서에 어떻게 담을지 고민해야 한다.

② 독자의 성격이나 수준을 읽어라

제품 사용 설명서에 들어갈 수준과 설명 방식 등은 독자가 누구인지에 따라 달라질 수 있다. 제품에 따라 구매하고 사용하는 대상이 달라질 수 있고, 같은 제품이라고 하더라도 기종에 따라 구매자와 사용자가 달라질 수 있다. 따라서 제품 사용 설명서를 작성하기 전에는 소비자의 연령과 성별, 지식수준 등을 충분히 고려하여 설명할 내용과 방법을 달리해야 한다.

제품 사용 설명서의 핵심은 '쉽고 정확하게 기능과 특성을 설명하는 것'이다. 따라서 사용 설명서는 가능한 한 알기 쉽고, 정확하게 사용 설명서를 작성한다. 특히 소비자들의 편의를 위해 전문 용어는 쉽게 풀어 쓰고 내용을 구체적으로 제시해야 한다.

③ 사용자의 관점에서 글을 구조화하라

제품 설명서는 제품의 특징, 제품의 구조와 명칭, 각 부분별 기능, 사용 전에 준비할 사항, 제품 설치 방법, 주의 사항, 문제 발생 시의 조치법, 사후 관리 등 다양한 내용을 담는다. 그러나 제품의 종류에 따라, 혹은 구매자의 특성에 따라 설명서에 반영할 항목들은 달라질 수 있다. 물론 제품과 관련된 정보를 최대한 많이 담으면 좋겠으나, 경우에 따라 주요 정보만을 제시해야 할 수 있다. 이때에는 준비 단계에서 파악한 제품의 특성과 사용 방법, 독자의 특성을 고려하여 설명서에 반영할 내용을 선정해야 한다. 그 다음에는 상위 항목과 하위 항목으로 분류하여 입체적 형태의 개요를 작성해야 한다. 그리고 해당 항목들을 어떤 순서로 배치하는 것이 사용자의 관점에서 편리할지 고려하여 글을 구조화해야 한다(이화여자대학교 교양국어 편찬위원회, 2016:337-339).

사용설명서는 개발자인 과학자가 비개발자인 소비자를 독자로 상정하여 과학 지식을 설명하는 글로서, 용어 사용과 문장 구성에 있어 각별한 주의를 기울임으로써 비전공자의 이해를 돕는다는 목적을 지닌다. 이는 과학기술자의 의사소통 능력의 중요성을 직접적으로 드러낸다.

즉 사용설명서는 과학과 사회의 관련성을 전제하는 과학사회학적 글쓰기의 일환이라 할 수 있다. 연구자는 이에 착안하여 과학 글쓰기로서의 사용 설명서 쓰기가 중요한 이유를 '기술 소외 현상'과 연관지었다. 〈자연계 글쓰기〉 수업에서는 노년층의 디지털 소외를 인지하기 위해 학생들과 함께 70대 백만 유튜버 '박막례 할머니' 영상(박막례, 2019)을 시청하였다.

<그림 1> 백만 유튜버 '박막례 할머니' 영상 중 '막례는 가고 싶어도 못 가는 식당'

〈그림 1〉에 제시한 영상은 백만 유튜버 '박막례 할머니' 채널에 업로드된 '막례는 가고 싶어도 못 가는 식당'으로, 70대 유튜버 박막례 할머니가 맥도날드 키오스크를 사용하면서 겪는 어려움을 보여 준다. 영상 초반부터 나타나는 키오스크에 대한 할머니(노년층)의 거부감의 원인은 실제로 키오스

크를 사용하면서 명확해진다. '터치하세요', '테이크 아웃', '후렌치 후라이'과 같은 영어 사용으로 인한 언어적 접근성의 어려움, 작은 글씨, 너무 짧은 제한 시간, 인터페이스의 복잡성, 각기 다른 메뉴마다 동일한 이미지 사용, 높은 아이콘 위치, 현금 사용 불가 등으로 구성된 키오스크는 노년 사용자에게 사용 불가능성을 느끼게 한다. 영상 마지막 부분에서 70대 친구들에게 "그거(키오스크) 먹을라면 돈배기 쓰고 영어공부 좀 허고 의자 하나 챙기고 카드 있시야 된다"는 할머니의 발언은 실패한 정보 전달을 단적으로 보여 준다.

판데믹으로 인해 서비스 무인화 시스템이 광범위하게 확대되고 있는 이 시점에서 정보 소외 계층의 과학 기술에의 접근 불가능성은 생존권을 위협한다고 볼 수 있을 것이다. 황남희 외(2020:3-6)은 정보취약계층인 노년층의 디지털 정보화 수준이 일반 국민의 64.3%에 불과하다고 지적하였으며, 노인 계층의 디지털 소외 해소를 위한 제도적, 문화적 사회 환경 조성이 필요하다고 주장하였다. 학생들은 사용설명서 작성 방법을 익힘으로써 과학 글쓰기를 실습하는 동시에 잘못된 사용설명서 및 정보 소외에 대한 실례를 시청함으로써 과학자-비과학자 사이의 의사소통이 사회적으로 어떤 의미를 지니는지에 대하여 파악할 수 있다.

연구자는 비전공자를 위한 과학 글쓰기에 있어 사회적 맥락을 더한 설명 및 영상 시청을 통해 학생들로 하여금 과학과 사회의 관계가 긴밀하다는 사실을 인식하게 하고, 특히 이후 과학 기술을 활용할 과학도로서 책임 의식을 고취할 수 있도록 하였다. 이를 통해 학생들은 사회구성원으로서 의사소통 능력을 갖추고, 현대 사회와 과학의 상호관련성을 인식할 수 있었다. 이를 통해 학생들은 과학사회학 글쓰기에 돌입하기 이전 단계로서 과학도로서 사회 현상을 바라볼 수 있는 자세를 갖출 수 있었다.

1) 과학사회학 토론과 글쓰기 활동

앞서 연구자는 과학사회학 글쓰기 이전 단계로서 이공계 글쓰기 교재에 제시된 이공계 글쓰기 작성 방법에 사회적 맥락과 실례를 더함으로써 학생들로 하여금 과학과 사회의 관계에 대하여 재고하고, 과학도로서의 책임감을 인식하도록 하였다.

과학사회학 글쓰기는 학생들이 스스로 사회와 과학의 관계에 대한 관심을 바탕으로 문제를 발견하고, 이에 대한 해결 방안을 제시하거나 주체적으로 숙고함으로써 과학도로서 과학 윤리를 갖출 수 있는 글쓰기 방식이다.

이를 위하여 연구자는 먼저 강의를 통하여 학생들로 하여금 과학사회학 논의를 숙지하고 구체적 예시를 통하여 이해하도록 하였다. 이후 학생들은 과학사회학적 주제에 기반한 토론을 준비하면서 자료를 수집하였다. 연구자는 학생들은 토론을 통해 과학사회학 논의를 공유하고 자신의 생각을 확장함으로써 복잡다단한 현상을 자각하고, 이는 실제 과학사회학 글쓰기의 바탕으로 기능할 것이라 판단하여 이를 바탕으로 전체 수업 모형을 설계하였다.

<그림 2> 과학사회학 글쓰기 수업 과정

연구자는 『자연계 글쓰기』에 수록된 '과학기술 글쓰기와 현대 세계' 장을 통해 인공지능, 유전자 조작, 과학 기술의 공익성[6]에 대하여 논하기 전

---

6 『계열별 글쓰기의 기초와 실제』(남경완 외, 2018:229-237)에서는 지구 온난화에 대한 정보를 제공하고 이에 대한 학생들의 생각을 쓰도록 하며, 『대학인의 글쓰기(이공 계열)』(인천대학교 글쓰기교재 편찬위원회, 2017:98-103)에서는 로봇 기술의 발전과 이로 인한 문제점, 의료 기술과 윤리에 대한 생각을 쓰도록 하고 있다.

앞서 언급한 과학사회학의 역사와 의의를 설명하고, 과학사회학을 뒷받침하는 인식론적 근거로서 증거에 의한 과학적 이론의 과소 결정 및 관찰의 이론 의존성 명제(김환석, 2006:24-26)를 제시하였다. 이 명제들은 근대 과학 기술이 보편적이고 합리적이라는 신화를 깨고 과학지식 또한 사회의 산물이자 여타 문화적 산물과 근본적인 인식론적 차이가 없음을 설명하는 데에 효과적이기 때문이다.

과학적 이론의 과소 결정은 푸엥카레, 아인슈타인, 콰인의 주장에서 비롯된 것으로, 반론적 증거가 있는 어떤 이론이라도 보조 가설들에 적절한 조정을 가함으로써 원칙적으로는 항상 유지될 수 있음을 의미한다. 관찰의 이론 의존성은 쿤, 아벤트, 봄, 핸슨, 툴민이 지적한 것으로, 과학자들의 이론적 선호가 어떤 실함에 대한 평가와 더불어 증거의 관련성 및 적절성을 가름하는 기준이 된다는 것을 의미한다.

연구자는 과학적 이론의 과소 결정에 대한 예시로 연구, 교육, 실험실로 대표되는 전통적 과학 문화에서 벗어난 바바라 맥클린톡의 사례(강윤재, 2011:241-243)를 제시하였다. 맥클린톡은 연구 대상인 옥수수를 타자화하고 거리를 둔 채 관찰하는 것이 아니라 옥수수와 관계를 맺고 느낌을 공유하는 방식을 선택함으로써 주관적이라는 평가와 함께 배척당했으며, DNA 이중 나선구조가 발견되기 3년 전에 '뛰는 유전자'를 발견했음에도 30년이 흐를 때까지 이 과학적 발견을 신비주의로만 인식할 뿐, 아무도 관심을 기울이지 않았다.

이처럼 실제 예시를 통해 과학사회학 논의를 통해 과학과 사회의 관계를 보다 체계적으로 습득한 학생들은 과학 기술이란 인간 의식과 실재의 재현(관찰)을 통해 구성되는 문화적 창조물임을 이해하였으며, 이를 바탕으로 현재 당면한 과학기술 관련 문제에 대하여 생각할 수 있었다. 연구자는 학생들이 이를 바탕으로 인공지능, 유전자 조작, 원자력 발전에 관한 강의 내용에 대하여 다각도로 생각할 수 있는 기회를 제공하였다. 이를 위하여 교재의 내용과 현재 발생하는 상황을 비교하도록 하였다.

> 2010년 이후 인공지능은 다시 르네상스를 맞았다. 자율주행자동차가 면허를 획득하고, 알파고가 이세돌 국수를 4 대 1로 이겼다. 사물인식 프로그램의 경우, 오류가 1.5%로 줄어 인간보다 정확해졌으며, 인공지능을 통한 번역도 훨씬 더 매끄러워졌다. 인공지능 비서, 인공지능을 이용한 (책, 영화 등의) 취향 판단, 인공지능을 이용한 결정이 여러 영역에서 사용되고 있다. 철학자 중에는 미래에 초지능이 도래해서 인류에게 해를 입힐 것을 걱정하는 사람들도 있다. 현재 우리가 당면한 문제는 인공지능의 발전으로 인한 실업의 가능성, 빅데이터의 편향에서 발생하는 인공지능의 편향과 편견 문제, 빅데이터와 인공지능에 의한 프라이버시 침해 등이다. 이 문제들은 과학기술자, 인문학자, 시민운동가, 정치인과 관료, 예술가, 그리고 시민사회 구성원들이 함께 참여해 해결해야 한다(홍성욱, 2019, 강조는 인용자).

위 글은 『자연계 글쓰기』에 수록된 「인공지능, 격렬한 논쟁의 핵이 되다」의 일부이다. 저자는 1960~70년대에 이루어진 인공지능 연구자들의 인공지능 낙관론과 이에 대한 철학자들의 비판, 인공지능 연구자인 와이젠바움의 비판을 제시함으로써 다시금 부흥기를 맞이한 현재의 인공지능에 대하여 비판적 사고를 촉구하는 내용을 담고 있다. 저자는 와이젠바움의 '느린 과학'을 해결책으로 제시함으로써 사회적 합의를 바탕으로 과학 기술의 발전과 방향을 정해야 한다고 서술한다. 연구자는 이러한 논의와 더불어 실제 발생한 인공지능 관련 사례들을 제시하였다.

2016년 마이크로소프트사가 출시한 인공지능 챗봇 테이(Tay)가 대표적 사례(임화섭, 2016)이다. 테이는 컴퓨터가 인간 언어를 이해할 수 있도록 진행한 실험 프로젝트였으나, 욕설, 인종·성차별, 정치적 발언을 쏟아내면서 출시 16시간만에 중단되었다. 이는 백인 우월주의자와 여성, 무슬림 혐오자들이 모이는 익명 인터넷 게시판 '폴' 사용자들이 합심한 결과이다. 이들은 욕설과 여성 혐오, 나치의 대량학살이 거짓이라는 말을 반복적으로 입력하여 테이가 관련 내용을 트윗하도록 유도하였다.

5년 후, 한국에서 유사한 사건이 발생(김영화, 2021)하였다. 2020년 12월 23일 출시한 딥러닝 기반 AI 챗봇 '이루다'는 테이보다 구체적인 캐릭터성을 지닌 채 출시되었다. '20대 여대생'이라는 설정과 '친구들이랑 페메하기, 인스타그램 구경하기, 고양이랑 뒹굴거리기'라는 취미가 부각되어 사용자들에게 친숙함을 제공하고자 하였으며, 이루다의 SNS 계정에는 다양한 모습의 일러스트가 게시되었다. 그러나 이루다가 출시된 지 30일 남짓 사이트인 '아카라이브'에서 이루다를 성적 대상으로 취급하기 시작하였으며, 우회적인 표현을 사용함으로써 성적 대화를 이어나갈 수 있는 방법을 공유하였다. 그뿐만 아니라 테이와 마찬가지로 사용자들에 의해 차별과 혐오 발화를 학습한 이루다는 성소수자, 장애인, 여성, 인종 차별 발언을 쏟아내면서 개발사는 출시 3주만에 서비스를 중단하기에 이른다.

또 다른 사례로는 인공지능을 통한 중국의 프라이버시 침해 및 전 국민 통제 감시 시스템(스브스뉴스, 2018)이 있다. 중국은 인공지능 폐쇄 카메라를 통해 범죄 용의자 추적 시스템인 톈왕(天網)을 개설하고 실시간으로 사람들의 정보를 수집하며, 1만명의 얼굴을 동시에 인식할 수 있는 스마트 안경을 쓴 경찰이 사람들의 얼굴을 촬영하여 바로 신원을 확인하고 있다. 그뿐만 아니라 국민들의 인터넷 검색 이력과 구매 내역을 수집하여 이를 바탕으로 국민들에게 등급을 부여함으로써 낮은 등급을 받은 국민에게는 항공기와 고속철 탑승을 불가능하게 만드는 등 21세기 '빅브라더'를 실현하고 있다. 치안 강화라는 명목으로 시행되는 중국의 감시 체계에는 AI 안면인식 기술이 활용되고 있으며, 미얀마 민주화 시위대 체포에 활용(김종민, 2021)되고 있다는 사실을 제시하였다.

이를 통하여 학생들은 두 가지 사실을 확인할 수 있다. 첫째, 교재에서 제시되는 인공지능 기술 발달로 인한 문제가 미래가 아닌 현재 대두하였다는 점, 둘째, 인간의 능력을 뛰어넘는 인공지능의 능력에 대한 인간의 불안감을 바탕으로 '인공지능이 인간에게 문제를 일으킬 수 있다'는 교재의 논점과 달리 실제로는 '인간의 편향된 시각이 인간의 형태를 갖춘 AI와 현실의 약자들에게 문제를 일으키는 상황이 발생한다'는 것이다. 이를 통해 학생들은 과학 발전에 있어 윤리와 사회적 합의가 필요함을 인식하고 '인공지능 개발에 적용되어야 하는 원칙'을 주제로 토론에 임하였다. 평균 5명으로 구성된 조는 개별적으로 1차 토론을 진행한 후 다시 모여 전체 논의를 공유하고 확인함으로써 다각적인 차원에서 문제를 검토할 수 있었다.

논제: 인공지능 개발에 적용되어야 하는 원칙에 대해 생각해 보자.
의견: 인공지능 제어를 위해 사람이 예측 가능한 범위에서 학습을 할 수 있도록 관리 감독
• 자료 이용, 인공지능 개발 시 외부에 공개함으로써 편향(bias) 방지 • 인공지능 개발 시 모든 단계에 인간(개발자, 개인, 단체)이 개입하여 장기적 문제 예방 인공지능 데이터에 대한 관리 및 이로 인한 결과값에 대한 사후 관리 필요 • 사생활 침해를 방지하기 위해 딥러닝 과정에서 필터링 필요 인공지능으로 인한 상황의 책임 소지 명확화 • 정보 편향 방지를 위하여 사용 백업 파일 지속적 확인 • 제한된 학습을 통해 딥페이크 등을 방지하는 '선한 딥러닝' 기술 개발 키워드 제한 및 알고리즘을 통한 불법적 단어(성범죄, 욕설 등) 금지 인공지능특례법을 신설하여 불법, 성범죄 발생을 법으로 규제 • 사회 구성원들이 동의할 수 있는 윤리 기준을 만들어 인공지능에 적용 • 범죄 이력, 정치 성향 등을 기준으로 사용자를 필터링하여 기술 접근 여부 결정 인공지능에 반응 비율을 통한 학습 실시, 학습 조건에 대하여 머신러닝에 크로스체크 방식을 채택하여 정보 신뢰도 확보

<표 1> 인공지능 관련 토론 결과

학생들은 인공지능 개발 자체에 대하여서는 긍정적인 입장을 드러내었으나, 무분별한 개발이 아닌 사회적 합의 및 가이드라인, 규제와 법률을 통하여 인공지능 개발의 방향과 속도를 제어해야 한다는 입장과 인공지능 개발 과정에서 기술적 차원의 필터링 및 제한 범위를 설정해야 한다는 등의 의견을 내놓았다. 이를 통하여 학생들은 과학이 사회에 끼치는 영향과 과

학도로서 갖추어야 할 책임에 대해 생각하고 과학 윤리를 바탕으로 이에 대한 방안을 구체적으로 구상할 수 있었다.

두 번째로 진행한 논제는 유전자 조작으로, 먼저 생명과학과 과학 윤리의 필요성을 상기하기 위하여 우생학의 사례를 제시하였다. 나치 독일의 유대인 대량 학살을 뒷받침하였고, 일본 제국의 조선 침탈을 정당화하기 위한 근거로 활용된 우생학은 과학 기술이 윤리와 결합하지 못할 때 발생한 역사적 사례이기 때문이다. 이와 더불어 아직 상용화되지 않은 유전자 조작에 대한 문제 의식 및 사회적 합의의 필요성을 일깨우기 위하여 SF 영화를 통한 가상의 사례를 제시하였다.

> '가타카(GATTACA)'는 DNA를 구성하는 네 개의 염기인 A, R, G, C라는 네 개의 문자로 이루어진 단어로서 이 영화에 나오는 항공우주회사의 이름이다. 이 영화에서는 미래 사회를 유전적 완전성과 불완전성에 의하여 구분되는 두 부류의 인간이 존재하는 사회로 묘사하고 있다. 현재의 인간들처럼 자연적으로 잉태되어 태어나는 불완전한 요소를 지닌 하류계층과 잉태되기 전에 잘 디자인되고 선별되어 유전적으로 결함이 없는 우수한 인자를 가지고 태어나는 상류계층으로 분류된다. 진학이나 입사 시에 정밀한 DNA 검사를 거쳐 그 결과에 의해 자격이 주어지는데, 우수한 인자를 지닌 사람만이 엘리트 계층으로 진출할 수 있고 그렇지 못한 사람들에게는 힘든 일이나 허드렛일만이 주어진다(박태현, 2008).

위 글은 『자연계 글쓰기』에 수록된 「유전자에 의해 결정되는 계급사회-가타카GATTACA」의 일부이다. 유전자가 모든 것을 결정하는 미래 사회에서 자연적으로 잉태되어 '부적격' 판정을 받은 빈센트는 피나는 노력에도 우주 비행사의 꿈을 이루지 못한다. 그러나 빈센트는 포기하지 않는다. 그는 다른 사람의 DNA를 거래하고 거래한 사람과 동일한 흉터를 만들고, 키를 늘리는 수술을 받는 등의 노력을 통해 마침내 우주비행사가 된다. 충분한 역량이 있음에도 태어날 때부터 지닌 DNA 정보로 인하여 우주비행사가 될 가능성 자체를 박탈당하는 미래 사회의 모습을 통해 학생들은 생명과학이 사회적 논의없이 객관적 기준으로 자리잡았을 때 발생할 수 있는 문제점에 대하여 생각해볼 수 있다.

다른 한 편, '필요에 의한 생명'에 대한 논의가 진행되었다. '가타카'와 마찬 가지로 SF 영화인 '아일랜드'를 통해 학생들은 복제 인간이 예비 장기로 사육되는 모습과 이를 은폐하려는 과학자의 태도를 살펴볼 수 있었다. 이를 통해 복제 인간이라는 미래 이슈와 더불어 과학 윤리의 중요성에 대하여 생각하는 기회가 주어졌다. 이와 더불어 유사한 사례로 '마이 시스터즈 키퍼'를 들었다. 백혈병을 앓는 언니에게 골수를 이식해주기 위해 태어난 동생이 자신의 권리를 찾기 위해 부모를 고소하는 내용은 장기 기증과 맞춤 아기라는 생명 과학 기술과 윤리가 얽혀 있는 문제임을 자각하게 하였다. 이를 바탕으로 학생들은 '유전자 조작 연구에 적용되어야 하는 원칙'을 주제로 토론에 임하였으며, 방식은 인공지능 토론과 동일하게 진행되었다.

논제: 유전자 조작 연구에 적용되어야 하는 원칙에 대해 생각해 보자.
• 의견: 국가별로 상이한 유전자 기술 규제를 국제법으로 통일
• 유전자 조작 연구에 있어서 기업, 과학, 사회 전반의 의견을 수렴하는 제도 필요 생태 교란 방지를 위해 생식 능력이 있는 LMO 유전자 조작에는 엄격한 규칙 적용
• 특권층에 한정된 유전자 디자인 기술은 사교육 문제와 유사하므로 불공평을 초래할 것
• 부작용 발생 시 책임 소지, 유전자 조작 기술이 허용될 수 있는 범위와 목적을 명확히 한 유전자 기술 관련법 필요
• 조작 기술은 질환 치료 목적에 한정, 과정에서 특정 유전자에 대한 선호 배제 유전자 조작 기술의 라이센스 기간을 제한함으로써 독점 문제 방지
• 인간의 본질과 정체성을 훼손하지 않는 선을 규정하는 법 필요
• 우월하다고 평가되는 미적 기준을 통해 인류의 모습이 획일화되어 다양성이 해체되지 않는 선에서 연구 진행
• 유전자 조작 기술로 인한 생명의 우열이 생길 때를 대비한 생명 윤리 교육 강화 유전자 변형 식품의 경우 소비자로 하여금 관련 정보를 명시하여 제공
• 유전자 조작 기술은 이익 수단이 아닌 인류 공동을 위한 윤리적 목적을 추구하도록 함 부의 양극화를 심화할 위험이 있으므로 질병 치료 목적에 한하여 허용
• 생명공학적 문제를 다루는 국제 기구를 설립하여 연구 과정을 투명하게 공개

<표 2> 유전자 조작 관련 토론 결과

학생들은 공통적으로 유전자 조작 기술에는 사회적 합의와 윤리가 수반되어야 한다는 입장을 드러내었으며, (초)국가 단위의 기구 및 법률이 필요하다는 의견을 내놓았다. 그뿐만 아니라 유전자 조작 기술로 인하여 사회계층 차이가 공고화되거나 새로운 계급 사회의 탄생을 우려하고, 유전자조작과 사교육을 연결 지어 현재 사회 상황과 연계한 의견을 제시하기도했다. 이를 통하여 학생들이 과학이 사회의 관계를 긴밀하게 연결 짓고 기술 발전에 따른 윤리의 필요성을 인식하는 모습을 볼 수 있었다.

세 번째로 진행한 논제는 과학 기술의 공익성으로, 과학이 환경에 끼치는 영향을 중심으로 다루었다. 교재의 주된 내용은 환경 파괴의 주범으로지목되었던 화학이 환경과 에너지 위기를 극복할 수 있는 방안으로 패러다임을 전환하면서 제시된 '녹색 화학'과 화석에너지를 중심으로 한 대규모집약적 에너지 기술 체제로 인한 에너지 양극화와 공동체 해체, 지구 온난화와 경제 위기를 극복하기 위하여 제시된 자연·인간 친화적인 소규모 에너지 체제인 '따뜻한 기술'[7]이다.

> 지난 세기 후반부터 화학에 대한 대중의 이미지는 악화일로를 밟아왔다. 특히 미군이 베트남전쟁(1960~1975년)에 사용한 화학무기와 고엽제가 화학에 대한 부정적 이미지를 전 세계에 급속도로 확산시키는 데 결정적인 계기가 됐다. 화학제품에 의한 자연과 생태계 파괴도 주목을 받기 시작했다. 또한 1984년 인도 보팔에서 있었던 화학 공장 폭발에 의한 수많은 희생은 화학제품 생산공정의 안전성에 커다란 의문을 품게 했다. 여기에 일부 기업의 부도덕한 이윤추구와 안전에 대한 무지가 화학에 대한 부정적 이미지를 악화시키는 데 일조했다. (…) 그러나 세계 화학계가 무책임한 무대응 전략을 유지하지는 않았다. 캐나다의 화학생산협회가 1985년에 시작해 지금은 세계의 많은 화학업체로 확산된 '책임보호운동제(Responsible Care)'은 화학을 통한 건강과 안전, 환경보호에 앞장서고 있다. 이제 화학도 '녹색'이 아니면 설 자리가 없다. (…) 우리 자신을 포함해 모든 생명체는 물론 우리 주위

---

7 학생들은 해당 텍스트를 읽고 "'녹색화학', '따뜻한 기술'의 개념을 설명하고, 우리 가 이것들을 중요하게 인식해야 하는 이유를 '이윤 중심의 과학 발전'이 초래하는 위험과 비교, 대조하여 서술"하는 논제에 대한 독후감을 작성함으로써 미래지향적 과학 발전 방향의 개념을 숙지할 수 있었다.

모든 물체 중 원소와 화합물이 아닌 것이 하나도 없음을 인지한다면 인류와 이 지구, 또 우주를 건강하게 보존하기 위해서도 화학의 건전한 발전이 절대적으로 필요함에 공감하게 된다. (진정일, 2011).

에너지가 단지 산업 성장을 위한 도구로만 취급되면서 확대된 시장과 기술의 발전은 심각한 에너지 양극화를 가져와 빈곤층과 저개발국 사람들이 바람직한 에너지의 이용으로부터 소외되는 에너지 빈곤 문제를 야기했다. 그리고 대규모를 자랑하는 에너지산업은 먼 나라에서 들여오는 저렴한 화석에너지의 이용을 가속화시켜 자연에너지의 지역 순환 구조와 공동체를 해체하고 온난화 위기를 더욱 심화시키고 있다. 현재 세계가 겪고 있는 경제위기 역시 화석에너지의 대량 소비와 고갈이 가져온 결과이다. 이러한 배경 속에서 에너지 부문에 등장한 따뜻한 기술은 앞서 말한 성장 위주의 전통적인 대규모 에너지 기술 체제를 사람과 자연, 그리고 지역을 우선시하는 자연 친화적이고 인간 친화적인 소규모 에너지 체제로 전환하려는 노력이다. (이인식 외, 2012).

위 글은 『자연계 글쓰기』에 수록된 「화학: 지구촌 구할 녹색 해결사」와 「인간과 자연 중심의 따뜻한 에너지 기술」의 일부이다. 두 텍스트는 공통적으로 기존 과학 기술로 인한 부작용과 이를 해결하려는 과학계의 움직임을 제시하고 있다. 특히 녹색 화학의 경우 과학사회학의 등장 배경과 연결되어 있다는 점을 다시 한 번 강조할 수 있었다. 따뜻한 에너지 기술은 이러한 과학사회학 논의가 현대로 이동하면서 새롭게 제시되는 에너지 차원에서의 과학사회학 관점임을 알 수 있다. 연구자는 이와 더불어 ESG를 통해 과학과 사회, 경제의 관계에 대하여 설명하였다.

ESG는 환경(Enviroment), 사회(Social), 지배구조(Governance)의 약자로, 기업을 평가하는 새로운 기준이다. 기후변화에 따른 탄소배출 감축을 핵심으로 하는 ESG는 기업 활동의 지속 가능성을 평가하는 필수 요소로, 환경오염과 다양성이라는 사회 흐름에 발맞추기 위하여 만들어졌다. 네덜란드 공적 연금이 6000만 유로의 한국전력 지분을 매각하고 투자를 회수한 이유 또한 한국 전력이 인도네시아, 베트남 등지에서 석탄화력발전소 프로젝트에 연관되었다는 점에 있었다(김영수, 2021). 자본주의 사회에서 환경 보호를 주요한 부분으로 인식하고, 이를 기업 평가로 활용함은 당면한 환경 문제에서 자유로울 수 없으며, 과학의 발전 방향 또한 이에 발맞추어야 함을 암시한다.

이와 더불어 과학도의 책임과 윤리에 대하여 논의하기 위해 2019년작 드라마 '체르노빌'과 일본 후쿠시마 원전 사고 및 해양수 유출과 관련한 영상을 시청하였다. '체르노빌'은 1986년 발생한 체르노빌 원자력 발전소 사태를 재구성한 미니시리즈 드라마로, 수업에서는 영상 전체가 아닌 주요 장면을 편집한 내용을 활용하였다.

주요 장면으로는 체르노빌 원전 사태 직후 현실을 부정하는 책임자들의 모습, 책임을 회피하기 위하여 선전용 방사능 수치를 알려준 소련 정부, 실상을 밝히려는 사람을 잡아가는 KGB 요원 등이 있으며, 이는 사고 자체뿐 아니라 관계자들의 윤리·책임 의식의 부재가 사태를 더욱더 악화시킨다는 점을 제시한다. 정치인과 과학자의 무책임한 행동으로 인해 고통받는 주민들과 목숨을 걸고 땅을 파는 광부들과 체르노빌의 동물들을 죽여야 하는 군인들의 모습은 학생들로 하여금 과학 윤리의 필요성을 효과적으로 제시하였다.

원전 사고로 인한 우려와 이에 대한 대처 방식에 대해서는 '체르노빌'에 더하여 일본 후쿠시마 원전 사고와 후처리에 대한 정보를 제공하였다. 후쿠시마 원전 사고는 체르노빌 원전사고와 동일하게 레벨 7의 사고로, 2011년 3월 11일 대규모 지진과 쓰나미로 인해 방사능이 누출된 사고이다.

이후 일본 정부는 '먹어서 응원하자'를 선전 문구로 삼아 전국민에게 후쿠시마산 식재료를 소비하도록 종용하였다. 그러나 이는 안전성을 과학적으로 확인시켜주는 것이 아닌, 애국심을 통해 호소하는 것에 불과하였다.

또한 방사능 폐기물 봉투 곁에서 농민들이 농사를 짓는 모습이 공개되면서 일본 국민들의 반발을 불러일으켰으며(임영빈, 2019), 이로 인해 한일간 일본 수산물수입 금지에 관한 무역 분쟁에 있어서도 일본 국민이 자국의 편을 들지 않는 상황까지 발생(김상기, 2019)하였다.

그뿐만 아니라 최근 일본 정부는 후쿠시마 오염수를 바다로 방류하겠다는 결정을 발표함으로써 국제적 반발을 불러일으켰다. 일본 정부 측에서는 무해한 수준까지 희석하여 방류하겠다고 발표하였으나, 일부 방사성 물질은 걸러지지 않는다는 점과 이미 방사성 물질 유출로 인해 해양 환경과 인류 건강에 악영향을 끼친다는 점, 정보를 투명하게 공개하지 않는다는 점 등으로 인하여 주변국뿐 아니라 일본 내부의 비판(이옥진, 2021)이 거세지고 있다.

수업을 통해 학생들은 과학 발전의 방향이 환경 문제를 고려한 지속 가능성을 담보하는 쪽으로 진행되고 있으며, 에너지 생산에 큰 비중을 차지하는 원자력 발전과 사회 분위기에 대하여 생각할 수 있었다. 이를 바탕으로 학생들은 '원자력 발전 지속에 대한 의견 제시'를 주제로 토론에 임하였으며, 방식은 인공지능 토론과 동일하게 진행되었다.

논제: 원자력 발전 지속에 대한 자신의 의견을 제시해 보자.
의견: 신재생에너지는 높은 생산 단가를 지니므로 원자력 발전을 지속해야 함 현재 한국의 원자력 발전 의존도는 30%로, 강제로 대체하는 경우 큰 손실 발생 원자력 발전이 온실가스와 미세먼지를 덜 발생시키므로 친환경적 신재생에너지 발전소 건설로 인한 야생동물 죽음 및 지반 약화 가능성 우려 원자력 발전 보수 비용이 대체에너지 개발보다 저렴함
한국의 경우 지형적 차원에서 안전성이 보장됨
궁극적으로는 원자력 발전을 감소시켜야 하지만 현재는 시기상조임
원자력 발전의 초기 건설 비용, 처리 비용까지 포함한다면 경제적이라고 할 수 없음 원자력 발전의 절대 안전을 보장할 수 없음
원전 사고 발생시 주민 이주 비용, 처리 비용이 큼
완전히 핵폐기물을 처리할 수 있는 기술이 존재하지 않음
해외의 경우 최근 신재생에너지의 효율이 높아졌으므로 대체 가능
핵폐기물을 발생시키지 않는 핵융합에너지 상용 가능 전까지는 신재생에너지 사용 궁극적으로 원자력 발전을 감소시키기 위하여 에너지 생산 비율 조정 필요

<표 3> 원자력 발전 지속 관련 토론 결과

과학사회학 글쓰기를 통한 이 학생들은 크게 원자력 발전 지속 찬성과 반대로 의견을 제시하였으나, 현 상태에서의 원자력 발전의 필요성과 미래의 신재생에너지의 필요성에 대해서는 동감하였다. 또한 원자력 발전 지속을 찬성하는 학생들 또한 원자력 발전 사고에 대비할 수 있는 기술 및 지형적 특징을 제시함으로써 안정성에 무게를 두고 있었다. 그뿐만 아니라 원자력 발전의 강점으로 온실가스와 미세 먼지 배출을 제시함은 과학 기술의 사회적 책임을 통감하고 있다는 사실을 암시한다. 이를 통하여 학생들이 과학 기술의 방향이 사회적 합의를 바탕으로 이루어져야 하며, 과학 기술의 파급력을 인식하고 과학 윤리의 필요성을 지각함을 알 수 있었다.

학생들은 수업 내에서 과학사회학 논의를 주제로 한 이론과 실제 사례를 인식하였으며, 자료 조사와 토론을 거쳐 자신의 의견과 인식을 확장한 후 최종적으로 과학사회학 논의를 바탕으로 과학도로서 현대 과학 문제에 대한 에세이를 제출하였다.

글 1: 유전자 조작 기술 관련

몇 년 전부터 우리나라에서는 '수저계급론'이 등장했다. 이는 개인의 노력과는 별개로 부모의 경제적 능력에 따라 계급이 결정된다는 신조어다. 보통 좋은 가정환경과 좋은 조건을 가지고 태어난 아이는 '금수저', 형편이 넉넉하지 못해 부모의 경제적 도움을 받을 수 없는 아이는 '흙수저'라고 표현한다. 나는 지금 이 수저계급론도 매우 잘못 되었고, 사회적 분위기를 더욱 부정적으로 이끌어 나가고 있다고 생각한다. 수저계급론에 따르면 '금수저' 계급의 인간은 별도의 노력을 하지 않아도 되고, '흙수저' 계급의 인간은 노력해도 '금수저' 계급으로는 올라갈 수 없기 때문에 사회와 인간 개개인의 발전을 더디게 한다. 따라서 부모의 계급대로 아이에게 계급을 부여한다면, '수저계급론'의 사회 문제는 더욱 심각해질 것이다.

유전자 조작 기술은 분명 나쁜 조건을 좋게, 또는 좋은 조건을 더 좋은 조건으로 만들기 위해 행해지는 기술이다. 목적만 보면 긍정적인 효과를 낳을 것 같은 이 기술이 과연 보편적으로 행해질 수 있을까, 마지막 의문을 품어본다. 유전자 조작 기술을 행하는 것 자체는 결국 기술을 사용하는 것이다. 현재의 과학 연구와 마찬가지로, 유전자 조작 기술도 국가에서의 연구보조금과 기업에서의 투자금을 지원받아 기술의 연구가 이루어지고, 점점 발전할 것이다. 즉, 태어날 아기에게 유전자 조작 기술을 행하는 것은 결국 돈과 이어진다. 현재 의료기술과 동일하게 최신의 기술을 이용하기 위해서는 금액을 더 지불해야 할 것이고, 더 많은 개수의 조건을 조작하기 위해서도 더 많은 금액을 지불해야 할 것이다. 이는 결국 빈익빈 부익부의 사회문제를 악화시킬 것이다. 앞 단락에서 언급한 '수저계급론'의 문제와 아주 긴밀하게 연관되어 있다. 돈이 더 많은 부모일수록 더 좋은 조건의 아기를 만들 수 있을 것이고, 형편이 넉넉지 못한 부모일수록 자연잉태에 가까운 조건의 아기를 낳을 것이다. 그렇다면 부모의 경제적 여유와 맞물려 있는 유전자 조작 기술은 결국 보편적으로 사용되지 못할 것이다.

유전자 조작 기술은 과연 옳은 것일까? 옳고 그름을 따질 수는 있는 것일까? 보편적으로 행해질 수 있다면, 앞서 언급한 사회 문제가 야기되지 않는다면 유전자 조작 기술은 분명 우리 인간과 우리 사회에게 긍정적인 미래를 가져다줄 것이다. 하지만, 그러기 위해서는 보편성과 윤리성을 함께 고려해야 한다. 일단 전 세계의 나라들이 함께 지키는 국제법 제정이 필요할 것이다. 예를 들어, 유전자 조작 기술을 이용해 불치병과 난치병의 유전자만 없앨 수 있도록 하는 것, 인종의 우열을 나눌 수 없도록 하는 것 등, 이렇게 기술이 전 세계 모든 인류에게 도움이 되는 목적을 가지고 행해져야 한다. 돈이 많은 사람, 사회 직책이 높은 사람들만이 이익을 볼 수 있는 기술이 아닌, 모든 인류의 출발선이 같도록만 해주는 기술이라면 이 기술의 발전이 이루어져도 좋다고 생각된다.

글 2: 자율주행차 관련

우리 인간은 자신의 생명이 위협받는 윤리적 딜레마 상황에서 자신이 옳다고 믿는 윤리적 신념과 실제 행동간의 불일치를 피하기 어려운 존재라고 할 수 있다. 따라서 자율 주행차의 윤리적 딜레마를 해결하기 위한 하나의 가이드라인으로서 인간의 보편적 윤리나 사회적 합의를 인간 본성이 갖는 경험적 기준으로 정의할 것인지, 또는 윤리적 신념에 의한 당위적 기준에 따라 정의할 것인지 충분한 논의가 필요한 건 사실이다.

(…) 만약 인간의 본성의 관점에서 자율주행차의 윤리적 선택을 고려해보고 사회적 합의가 쉽게 이루어질 것인가에 대해 생각해보자면 콜버그의 '도덕발달 이론'을 예시로 들 수 있다. (…) 콜버그는 약을 훔쳤다는 행위의 결과가 아닌 행위의 동기가 단순히 법과 질서에 대한 위반으로 보는지 아니면 보편적 도덕 원리에 따른 것인지에 따라 도덕성 발달수준이 다르게 평가되어야 한다고 주장하였다. 자율주행차도 인간처럼 결과가 아닌 행위의 동기에 따라 도덕성이 판단되어질 수 있을까? 아니면 행위의 최종 결과만으로 도덕성이 판단되어야 하는 것인가?

(…) 자율주행차의 윤리적 딜레마는 이처럼 단순히 '최대다수 최대행복'이라는 공리주의 명제로만은 쉽사리 해결되지 않음에 분명하다. 우리 중 누군가는 자신을 희생하더라도 단 한명의 사람도 희생하고 싶지 않은 사람이 존재할 수 있으나 대부분 사람들은 자신의 도덕적 신념보다는 이에 반하더라도 본능적으로 자신의 생명을 살리기 위한 방향으로 운전할 가능성이 높다는 데 동의할 것이다.

(…) 플라톤의 행위자 중심 윤리설을 생각해보자. 실제 윤리적 판단주체인 행위자가 판단을 할때는 어떤 하나의 의하기보단 주변의 여러 상황을 고려해 윤리적 판단을 내린다. 이러한 입장에 의하면 중요한 것은 '행위기준'이 아니라 '행위자'가 된다. 플라톤은 정의의 규정 등과 관련하여 영원히 정당한 행위공식 혹은 윤리법칙은 세울 수 없다고 보았다. 모든 것은 변화하고 여러 가지 변수가 생길 수 있기 때문이다. 따라서 이것에 의하면 '행위공식'보다 더 중요한 것은 '행위자'의 윤리적 통찰력이란 것을 추출해낼 수 있다. 이러한 윤리적 통찰력의 예시로 들 수 있는 침착함, 절제, 평안함 등이 자율주행차의 판단, 제어 시스템에도 적용되면 좋을 것이다. 앞으로 많은 기술 개발이 잠재되어있고, 자동차 제어 기술은 아직 초반 단계이기 때문에 긍정적으로 생각할 요소들이 매우 많다. 이러한 덕성들이 자율주행차에 주행 알고리즘에 얼마나 긍정적으로 결합하고, 반영될 수 있는지의 여부, 즉 선하고 똑똑한 개발이 중요할 것이다.

또한 딥러닝, 머신러닝 학습이 많이 이용되고 있는 이 시점에서 개발 기업체에서 자율주행차를 실용화되었을 때 일어날 수 있는 수많은 케이스에 대해 분석하고 이를 주행차 모델에 학습시킨다면, 딥러닝을 통해 알파고가 이세돌을 이긴 것처럼, 인간이 생각하기 어렵고 애매한 난제들에 대해 철저히 분석하고 데이터를 종합하며 최대한의 긍정적 케이스들을 도출해 낼 수 있을 것이다.

미래 자동차인으로서 연구하고 개발하기를 염원하는 나로서는, 남은 여생을 자동차의 문제 개선, 그에 따른 최선의 개발을 목표로 삼고 노력해야 할 것이다. 이 문제가 남의 일이라고 생각하지 않고, 내가 몇 년 후에 자율주행차의 개발팀에 입사할 수도 있고, 자율주행차를 구매해서 직접 이용할 수도 있을 것이다라는 자세가 중요할 것이다. 이러한 문제에 대해 회피하지 않고 능동적으로 참여하여 의견을 내고, 문제점을 피드백하는 것이 진정한 공학도의 자세라고 생각한다.

<표 4> 과학사회학 글쓰기 결과물

〈글 1〉의 경우, 과학사회학적 논의를 바탕으로 유전자 조작 기술의 발전 방향을 논하고 있다. 수업 시간에 다룬 SF 영화 〈가타카〉를 예시로 하여 '우수한 인자'만을 디자인하는 유전자 맞춤 생식은 새로운 계급 구도를 형성할 수 있다는 점을 지적하였다.

두드러지는 것은 '수저계급론'과 유전자 조작 기술을 연결 지어 미래의 문제 상황을 예측했다는 점이다. 수저계급론은 개인의 노력보다는 부모로부터 물려받은 부에 따라 인간의 계급이 나뉜다는 의미의 신조어(pmg 지식엔진연구소, 2019)이다. 〈글 1〉의 학생은 최신 과학 기술인 유전자 조작 기술의 비용과 접근성을 고려하고 있으며, 이를 통해 과학 기술에 의해 미래의 사회적 계급이 공고화되는 것을 우려하고 있다. 이는 과학이 사회적 산물이라는 점과 과학이 사회에 지대한 영향을 미칠 수 있다는 점을 인식하고 있음을 드러낸다. 또한 수저계급론으로 제시되는 '현재'의 상황을 통해 유전자 계급이라는 '미래'의 문제를 예측한다는 점에서 의의를 지닌다.

나아가 유전자 조작 기술 발전의 전제 조건으로 보편성과 윤리성을 제시하였다는 점 또한 눈에 띈다. 구체적으로 유전자 조작 기술과 관련한 국제법 제정 및 기술 활용의 목적 한정, 우생학적 가능성을 제한하기 위한 우열 금지 등을 내용으로 제시하였다는 점과 유전자 조작 기술이 인류 전체를 위해 기여해야 한다는 관점은 과학도로 갖추어야 할 윤리적 자세를 보여 준다.

〈글 2〉의 경우, 자율주행차의 도입으로 인한 윤리적 딜레마를 어떻게 극복 할 것인지에 대하여 논하고 있다. 학생은 MIT technology review에 수록된 탑승자와 보행자의 목숨 중 어떤 것을 선택할 것이냐는 자율주행차의 윤리적 딜레마를 들어 자율주행차의 가이드라인에 적용되어야 할 여러 가지 윤리 준칙을 비교·대조하였다. 콜버그의 도덕발달이론과 최대 다수의 최대 행복을 추구하는 양적 공리주의, 성선설 등을 통해 자율주행차 주행시 발생할 수 있는 윤리적 딜레마를 해결할 수 있는 방안을 다각적으로 다루고 있다.

나아가 자율주행차 주행 시 발생할 수 있는 딜레마 및 책임 소지를 물을 수 있는 정부의 절충적 가이드라인에 머물지 않고 잠재적 이용자로서 문제를 미리 예측하고 이를 심층적으로 분석하는 능동적 태도가 두드러진다. 이를 위해 플라톤의 행위자 중심 윤리설을 통해 행위 기준, 즉 고정된 가이드라인이 아닌 행위자의 유동적인 윤리적 통찰이 중요하다는 결론을 이끌어내고, 이를 자율주행차의 제어 시스템에 적용해야 한다는 해결 방안을 제시한다. 그뿐만 아니라 여러 케이스를 바탕으로 딥러닝, 머신러닝 학습을 통해 이를 끊임없이 보완하고자 하는 적극적 태도를 드러내고 있다.

무엇보다 이 학생의 경우 자동차 공학 분야에 뜻을 두고 있는 학생으로서, 이 수업을 통해 과학 기술과 사회의 관계를 파악하고 능동적으로 주제를 탐색한 후 이를 윤리적 차원에서 다각적으로 다루었다는 점에 가치가 있다. 사회 구성원이자 전공자로서 과학 윤리를 갖춤으로써 직업 윤리 또한 지닐 수 있었기 때문이다. 이를 통하여 학생들은 과학사회학 논의를 바탕으로 과학 윤리를 각자의 자리, 관심 분야, 전공에서 자발적이고 적극적으로 적용하고 체화하였음을 알 수 있다.

3. 나가며

4차 산업 혁명으로 일컬어지는 과학 기술의 발달로 인해 현대 사회는 유례 없는 풍요를 누리고 있으나, 동시에 그로 인한 문제점에 대한 우려도 함께 증가하고 있다. 새로운 기술의 악용 및 인공지능의 통제 불능에 대한 불안, 유전체 기술로 인한 인간 개념의 위협 등으로 인하여 과학 기술과 윤리에 대한 논의는 꾸준히 제시되었다.

　융합 및 교양, 기초교육을 담당하는 대학에서는 생명 윤리 교육의 중요성과 4차 산업혁명이라는 시대적 상황을 반영한 인성교육이 요구되었다. 본고는 이러한 시대적 요구에 주목하였다. 또한 전공 예비 및 정치적 사회화를 교육 목적으로 삼는 교양 과목의 이중적 목적과 연결될 수 있다는 점에서 이공계 학생을 대상으로 한 교양국어 수업에서의 과학사회학 글쓰기를 통한 과학 윤리 교육의 가능성을 제시하였다.

　본고는 과학사회학의 핵심이 과학과 사회가 불가분의 관계라는 사실에 있다는 점에 주목하여 과학 윤리를 갖추기 위한 전제 조건으로 과학사회학을 선택하였다. 과학사회학은 먼저 과학과 사회가 밀접한 관련성을 맺는 현 시점에 있어 과학도에게 현대 사회 구성원으로서 필수적으로 갖추어야 할 윤리적 소양을 기를 수 있도록 한다. 둘째로 과학사회학을 통한 과학 윤리를 습득함은 사회와 과학의 밀접한 관련성을 이해함으로써 과학에 대한 심도 있는 이해를 갖출 수 있도록 한다. 나아가 이는 향후 전공 지식을 활용할 이공계 학생들에게 직업적 차원에서 실질적 도움을 준다는 점에서 가치를 지닌다.

　구체적으로 본고는 서강대학교 필수 교양 과목인 〈자연계 글쓰기〉에 제시된 내용을 과학사회학 논의로 분석하여 학생들에게 제공하였으며, 이와 관련된 실제 예시와 영상 자료 시청을 더하였다. 갈릴레오의 별 헌정을 촉구한 17세기의 과학관이나 사회 분위기, 나사 설립 과정의 이면에 존재하는 냉전이라는 역사적 맥락에 대한 설명은 학생들로 하여금 과학과 사회의 관계를 이해하도록 하였다. 또한 유명 유튜버 박막례 할머니가 겪는 키오스크 사용의 어려움을 통해 이공계 글쓰기의 필요성을 자각하도록 하였다.

　과학사회학 논의의 필요성과 실제 생활에서의 중요성을 자각한 학생들은 나아가 인공지능 개발, 유전자 조작 기술, 원자력 발전을 주제로 하여 객관적 자료를 수집하고 토론에 참여하고 전체 의견을 공유함으로써 현상에 대한 과학사회학적 분석틀과 다각적인 시선을 갖추었다. 이를 바탕으로 학생들은 현대 과학 문제에 대한 과학사회학 글쓰기를 작성함으로써 적극적으로 제재를 찾고 과학사회학 논의를 적용하여 과학 윤리를 체화할 수 있었다.

궁극적으로 과학 지식 또한 사회적 산물이라는 과학사회학 논의를 바탕으로 한 글쓰기를 통해 학생들은 과학도 혹은 공학도로서 지녀야 할 윤리적 책임과 인식을 제고할 수 있었으며, 나아가 현대 과학에 대한 심도 있는 이해를 갖출 수 있었다.

이공계 교양국어 수업에서의 과학사회학 논의 적용 및 활용을 통하여 과학사회학 글쓰기 방안을 제시하고, 이공계 교양국어 수업에서의 과학 윤리 교육의 가능성을 제안하였다는 점이 본고의 의의가 될 것이다. 본고에서 제시한 과학 윤리 교육에 있어서는 학생들의 이해와 참여를 독려하기 위하여 현재의 맥락을 담은 여러 매체의 실례를 적극적으로 탐색하고 파악할 수 있는 교수자의 능력이 무엇보다 중요하며, 이를 위한 교수자의 (미디어)리터러시 또한 중요한 요소로 다루어져야 할 것이라 생각된다.

📎 참고문헌

- 강윤재(2011), 세상을 바꾼 과학논쟁, 궁리.

- 김금이(2021), 20살 여성 AI '이루다', 지하철 임산부석에 "혐오스러움", 매일경제, 사이트 정보 https://www.mk.co.kr/news/society/view/2021/01/28303/.

- 김상기(2019), "일본인도 동일본산 안 먹어요" 혐한도 절레절레, 국민일보, 사이트 정보 https://news.naver.com/main/ranking/read.nhn?mid=etc&sid1=111&rankingType=popular_day&oid=005&aid=0001190239&date=20190415&type=1&r ankingSeq=4&rankingSectionId=104.

- 김수경·이경화·김상희(2018), 4차 산업혁명 시대의 윤리적 이슈와 대학의 생명윤리교육 방향 제고, 한국의료윤리학회지 21(4), 한국의료윤리학회, 34-47.

- 김영수(2021), "공존이 곧 생존"···삼성도 SK도 ESG 경영 '올인', 이데일리, 사이트 정보 https://www.edaily.co.kr/news/read?newsId=01387446628948880.

- 김영화(2021), '이루다'가 멈춘 곳이 '우리의 현재', 시사IN, 사이트 정보 https://www.sisain. co.kr/news/articleView.html?idxno=43807.

- 김인경(2019), 이공계 대학생을 위한 과학 글쓰기 연구-'과학 에세이' 수업 방안을 중심으로, 인문사회21 10(6), 인문사회21, 69-80.

- 김종민(2021), 중국 정부 딥페이크-안면인식 기술 통제···시위대 탄압에 활용도, 사이트 정보 http://www.mhns.co.kr/news/articleView.html?idxno=502253.

- 김창진(2007), 대학 교양교육과정에서 공통필수 현황과 개선 방향-21세기 대학에 서 교양국어의 방향(2), 교양교육연구 1(1), 한국교양교육학회, 55-90.

- 김현정(2015), 융복합 시대의 이공계생을 위한 글쓰기 교육, 리터러시연구 14, 한국리터러시학회, 131-161.

- 김환석(2006), 과학사회학의 쟁점들, 문학과지성사.

- 남경완·박정선·이준환(2018), 계열별 글쓰기의 기초와 실제, 박이정.

- 박막례(2019), (Eng) 막례는 가고 싶어도 못 가는 식당 [박막례 할머니], 박막례 할머니 Korea Grandma, 사이트 정보 https://www.youtube.com/watch?v=1BzqctRGgaU &ab_channel=%EB%B0%95%EB%A7%89%EB%A1%80%ED%95%A0%EB%A8%B8%EB%8B%88KoreaGrandma.

- 박태현(2008), 영화 속의 바이오 테크놀로지, 생각의나무.

- 서강대학교 글쓰기 교재 편찬위원회(2020), 자연계 글쓰기, 서강대학교출판부.

- 손향구·박진희·이관수(2018), 대학 과학교양교육의 현황과 개선안 모색, 교양교육연구 12(4), 한국교양교육학회, 199-224.

- 스브스뉴스(2018), "전 국민에 등급 매겨 감시" 중국의 소름돋는 계획, 사이트 정보 https://post.naver.com/viewer/postView.nhn?volumeNo=14551739&memberNo=11036773&vType=VERTICAL.

- 신상규(2017), 인공지능 시대의 윤리학, 지식의지평 21, 대우재단, 1-17.

- 신형기·정희모·이재성·김성수·박권수·유현재·한경희·박진영·김현주(2006), 모든 사람을 위한 과학 글쓰기, 사이언스북스.

- 오진곤(1997), 과학사회학 입문, 전파과학사.

- 이옥진(2021), 日, 후쿠시마 오염수 해양방류 공식 결정, 조선일보, 사이트 정보 https://www.chosun.com/international/2021/04/13/A3L2NUNFZVDAJLNOUGCZE 2CAFQ/.

- 이인식·염재호·박영일·안은주·Pastreich·이상헌·김용선·조황희·엄경희·이진애·정지훈·송성수·남문현·이재철·박종오·박정극·김성준·황상익·예병일·김은애·조홍섭·임성진·장윤규(2012), 따뜻한 기술, 고즈윈.

- 이화여자대학교 교양국어 편찬위원회(2016), 우리말과 글쓰기: 과학과 상상력, 이화여자대학교출판문화원.

- 이효석(2021), 출시 일주일 만에…'20살 AI 여성' 성희롱이 시작됐다, 연합뉴스, 사이트 정보 https://www.yna.co.kr/view/AKR20210107153300017.

- 인천대학교 글쓰기교재 편찬위원회(2017), 대학인의 글쓰기(이공 계열), 태학사.

- 임소정(2021), 액자부터 시계까지 불법촬영…한국만 '콕' 집어 보고서까지, MBC뉴스, 사이트 정보 https://imnews.imbc.com/replay/2021/nwdesk/article/628 0506_34936.html.

- 임영빈(2019), 안녕들하십니까? …방사능 공포 더 자극한 '먹어서 응원하자!', 환경경찰뉴스, 사이트 정보 https://www.epnnews.com/news/articleView. html?idxno=2974.

- 임화섭(2016), 인공지능 세뇌의 위험…MS 채팅봇 '테이' 차별발언으로 운영중단, 연합뉴스, 사이트 정보 https://www.yna.co.kr/view/AKR20160325010151091.

- 장서란(2020), 교양국어 수업에서의 미디어 리터러시 교육 필요성 연구-이공계 글쓰기를 중심으로, 리터러시연구 11(6), 한국리터러시학회, 47-77.

- 조미숙(2016), 대학 기초 글쓰기 현황과 개선 방안, 동남어문논집 42, 동남어문학회, 271-298.

참고문헌

- 조헌국(2017), 4차 산업혁명에 따른 대학교육의 변화와 교양교육의 과제, 교양교육연구 11(2), 한국교양교육학회, 53-89.

- 지현아(2017), 제4차 산업혁명시대의 대학 인성교육 방향 연구, 교양교육연구 11(6), 한국교양교육학회, 39-61.

- 진정일(2011), 21세기 화학, 녹색 옷으로 갈아입다, 과학동아(2011년) 5, 동아사이언스, 108-109.

- 홍성욱(2014), 갈릴레오, '메디치의 별'을 선물하다, 지식의지평 16, 대우재단, 188-201.

- 홍성욱(2019), 포스트휴먼 오디세이, 휴머니스트.

- 황남희·김혜수·김경래·주보혜·홍석호·김주현(2020), 노년기 정보 활용 및 디지털 소외 해소 방안 모색, 한국보건사회연구원.

- Frickel, S., & Moore, K. (2013), 과학의 새로운 정치사회학을 향하여, 김동광·김명진·김병윤(역), 갈무리(원서출판 2005).

- Merton, R. K. (1998), 과학사회학 1, 석현호·양종회·정창수(역), 민음사(원서출판 1973).

- pmg 지식엔진연구소(2019), 시사상식사전, 박문각.

- Schwab, K. (2016), 제4차 산업혁명, 송경진(역), 새로운현재(원서출판 2016).

- Ziman, J. M. (1986), 과학사회학, 오진곤(역), 정음사(원서출판 1976).

6장

대학 글쓰기 교재에 대한
교수자와 학습자의 인식 연구

유미향

1. 머리말

2000년 이후 각 대학의 글쓰기 교과목의 변화가 활발하게 나타났다. '대학 국어', '대학 작문' 등의 일반교양의 성격을 지닌 교과목에서 대학생을 위한 실용적, 학문적 글쓰기 교과로 그 성격이 전향되면서 교과목의 목표와 내용의 변화를 가져왔고, 그에 따른 교재도 빠르게 개편되었다. 하지만 여전히 대학 글쓰기 교과는 그 목표와 성격이 모호하게 나타나며, 교재 역시 다양한 방식으로 존재한다(정희모, 2010; 박정하, 2013). 또 대학별 글쓰기 교과 운영 사례를 소개하거나, 다수의 글쓰기 교재를 메타적으로 분석한 연구도 존재한다(박현희, 2009; 임선애, 2013; 김현정, 2018).

교육과정을 구성하기 위해서 가장 먼저 학습자의 요구 분석이 이루어져야 함에도 불구하고 대학 글쓰기 교과 운영 및 교재 개편은 연구자 중심으로 그간 이루어졌다. 교육과정을 개발하고 교재를 집필하는 주체는 대학 행정 관계자와 해당 교과의 연구자이지만, 교과를 운영하고 교재를 사용하는 주체는 강의를 담당하는 여러 교수자들과 학습자들이다. 그러므로 교재를 개편하는 데 교과 담당 교수자들과 학습자들의 반응은 매우 중요한 역할을 할 수 있다.

본 연구는 수원대학교의 글쓰기 교과 개발과 그에 따른 교재 개편 상황을 분석하고, 글쓰기 교재에 대한 담당 교수자들과 학습자들의 반응을 살펴보고자 한다. 이를 통해 향후 글쓰기 교과 운영 및 교재 개편에 대한 시사점을 마련하고자 한다.

2. 대학 글쓰기 교재 개편을 위한 전제

대학 글쓰기와 관련된 연구들을 종합해 보면, 크게 세 가지 물음을 제기하고 있다. 첫째, 대학교 1학년의 글쓰기에 필요한 요건은 무엇인가? 둘째, 대학교 1학년이 쓸 수 있는 글의 수준은 과연 어느 정도일까? 셋째, 대학 글쓰기 교재에 어떤 요소들이 있어야 할까? 본 연구에서는 대학 글쓰기 교과의 개편에 따른 교재 변화를 중점적으로 다루기 위해 이와 관련된 선행 연구를 우선적으로 검토하고자 한다.

국외의 대학 글쓰기 교재 분석 연구도 다수 존재한다. 국내에 이미 여러 차례 소개된 바 있는 Sullivan(2006:14-16)에서는 대학 수준의 글쓰기 목표에 대해 표현 능력 신장과 사고력 신장이라고 언급하였다. 이 목표를 실현하기 위해 학습자가 '주제와 제재를 주의 깊게 평가하고자 하는 의지', '분석력과 높은 수준의 사고력', '읽기 자료의 요소들을 기술적으로 통합하는 능력', '문법, 구두법, 철자법 등의 기준 규칙을 따르는 능력' 등을 갖추어야 함을 제안하였다. Sullivan(2006)에서는 대학 수준의 글쓰기 교육의 목표를 제시하며, 이것이 글쓰기 교재를 구성하는 요소로 구현되어야 함을 역설하였다.

	Writing Strategies	Rhetorical Choices (Audience, purpose, occasion, tone, style)	Analytical Thinking	Self-Reflection	Argument	Inquiry	Essays (Various writing genres focusing on audience and purpose)	Organization	Conventions (Grammar, punctuation, spelling)	Current Affairs
Nicolini	X	X		X		X				
Fox					X	X		X		
Greene					X	X				
Alsup	X	X	X		X	X				
Bernard-Donals		X		X	X	X				
Simmons	X	X	X		X	X	X			
O'Rourke					X					X
Sullivan		X	X			X		X	X	
Downs		X	X	X		X				

<그림 1> 대학 1학년을 위한 글쓰기 교육의 내용 요소(Berger, 2007:26)

〈그림 1〉은 미국 대학 글쓰기 연구자들이 1학년 학생을 위한 글쓰기 교육 내용 요소를 제안한 것을 분석한 것이다. 대학 글쓰기 교재로 구성된 요소에는 쓰기 전략, 수사학적 선택(독자, 목적, 주제, 어조, 문체), 분석적 사고, 자기 점검, 논쟁, 탐구, 에세이 쓰기(다양한 목적과 독자에 초점을 둔 쓰기 장르 에세이), 글의 조직, 언어 관습, 현행 관련 주제 및 사건 등이 있다. 그러나 현실적으로 제시된 요소를 모두 글쓰기 교재의 구성 요소로 넣을 수 없으며, 각 학자마다 주장하는 구성 요소도 다르다. 앞서 언급한 Sullivan의 경우 분석적 사고력, 자기 점검, 탐구, 글의 구조, 문법 등을 제안하였고, Fox의 경우 분석적 사고, 자기 검검, 에세이 쓰기, 문법 등을 제안하였다.

그 외에도 NCTE(The National Council of Teachers of English)와 CCCC(Conference on College Composition and Communication)[1]에서 제안한 글쓰기 교육의 내용 요소를 참고할 수 있다. NCTE(1985)는 글쓰기 과정, 다양한 장르의 글쓰기, 쓰기 과정 및 전략, 문장 및 문법을 내용 요소로 제시하였으나, NCTE(2006)는 쓰기 전략과 함께 비판적 읽기 능력, 문식성에 대한 반응과 분석 등의 능력을 강조하고 있다. 즉 글쓰기 기초 활동과 글쓰기 기능 연습에서 문식성을 높이기 위해 비판적 읽기 능력을 강조한 것으로 변화되었음을 알 수 있다.

---

1 CCCC는 1948년 NCTE 정기모임에서 분리되어 결성된 것으로, 대학교 1학년의 글쓰기를 위한 교수- 학습에 대한 논의를 본격적으로 하기 위한 것이다. NCTE는 초등교육, 중등교육, 고등교육의 세 가지 분야가 있음에도 불구하고, 당시 대학 1학년 학생들의 글쓰기 능력 저하와 교 수자들의 강력한 요구로 이 모임이 시작되었다. NCTE가 CCCC를 공식적으로 인정하는 한편, 현재까지도 매년 정기적인 모임이 개최되고 있다. 누리집 주소(https://cccc.ncte.org/cccc/conv)

	Writing Process	Writing in Multiple Genres	Process skills & strategies	Writing Skills	Conventions	Student Reading of Literature "full texts"	Literary Response & Analysis	Critical Reading	Effective Writing	Writing to Learn
NCTE 1985 - "Teaching Composition"	X	X	X	X	X				X	
NCTE 2006 - "Literature in the Curriculum"			X			X	X	X		X
CCCC 1989 - "Postsecondary Teaching of Writing"			X					X	X	X
CCCC 2004 - "Writing in Digital Environments"			X					X	X	X

<그림 2> 글쓰기 교육의 목표 서술 비교(Burger, 2007:38)

〈그림 2〉의 CCCC(1989)와 CCCC(2004)를 비교해 보면, '중고등 이후의 교육(post-secondary education)[2]'으로서의 글쓰기 교육과 디지털 환경에서의 글쓰기는 모두 쓰기 과정에서 학습자가 사용하 는 전략을 강조하고 있음을 알 수 있다. 또한 비판적인 읽기와 효 과적인 쓰기를 동시에 고려하고 있음을 확인할 수 있다. 이는 당시 교수자들이 12학년과 대학교 1학년의 글쓰기 능력을 연계하기 위한 교수-학습 내용 및 방법을 마련하는 기준점이 될 수 있다.

정리해 보자면, 이전 세대의 글쓰기 교육의 초점은 쓰기 이론, 쓰기 과정, 다양한 장르의 글쓰기 연습이었다. 2000년 이후 글쓰기 교육은 쓰기 과정에 사용된 전략이나 비판적 읽기 능력과 학습을 위한 쓰기를 동시에 고려하는 것이 필요하다.

국내 연구로 정희모(2010)에서는 대학 글쓰기 교과의 목표와 성격이 다르며, 그에 따라 교재 편성의 방향도 달라져야 함을 주장 하였다. 개별 대학을 대상으로 글쓰기 교재 연구가 다수 존재한다. 정희모(2008), 박삼열

---

2 여기서 중고등 이후의 교육(post- secondary education)는 직업 교육과 고등교육으로 나누는데, 〈그림 2〉에서 중고등 이후의 교육은 college, university, grad uation school 등을 포함하는 개념이다.

(2010), 신선경(2012), 이순영·김주환(2014) 등에서는 대학 글쓰기 교과의 목표와 방향을 새롭게 제시하고자 하였다. 박현희(2009), 정혜영(2009), 지현배(2013), 임선애(2013), 나은미 (2017), 김현정(2018) 등에서는 대학 글쓰기 교과의 교재의 방향을 제시하고 있다. 정희모(2008:257)에서는 여러 대학의 글쓰기 교재의 구성 요소를 분석한 바 있다.

글쓰기 원론	글쓰기의 이해, 개념, 필용성, 글쓰기와 사고력, 생각과 표현
글쓰기 과정	글의 목적, 독자, 주제, 자료탐색, 구성하기, 초고작성, 수정하기
문장과 단락	어법, 어휘, 바른 문장, 단문과 복문, 단락, 중심 문장과 뒷받침 문장, 통일성과 연결성, 일관성
글의 진술 방식	묘사, 서사, 논증, 설명, 과정, 예시, 비교, 대조, 분류, 인과
학술적 표현	발표 및 토론, 자료요약, 자료종합, 주장과 논거, 쟁점 및 반론 분석, 논문·보고서 작성방법, 논문·보고서 쓰기, 인용과 주석, 표절 방지
읽기와 쓰기	읽기 자료, 관련된 학습 문항, 연관된 쓰기 문항, 관련 자료 찾기, 발표와 토론, 관련된 협력학습 방법
장르별 글쓰기	자기소개서, 서평, 문화비평문, 학술에세이, 인터넷 글쓰기

<그림 3> 대학 글쓰기 교재의 학습 요소(정희모, 2008:257)

특정 대학의 글쓰기 교과 연구와 교재 개편에 대한 구체적인 논의도 있다. 정혜영(2009)에서는 대구 지역의 대학을 대상으로, 글쓰기 교재를 비판적으로 분석한 결과 학술적 글쓰기로서의 성격이 강한 사례를 제시한 바 있으며, 지현배(2013)에서도 특정 대학의 사례를 들어 실용 목적으로 글쓰기로 전환된 과정을 보여주고 있다. 김현정(2018)에서는 5개 대학의 글쓰기 교재를 비교하여 구성 요소가 어떻게 다른지를 메타적으로 분석했다.

대학 수준의 글쓰기를 위한 교재를 어떻게 구성할 것인가에 대한 문제는 여전히 논쟁적이다. 국외 연구에서는 '읽기와 쓰기'를 강조한 글쓰기 교재를 구성하고 있으며, 국내 연구에서는 '쓰기 과정'이나 '쓰기 이론'에 좀 더 많은 비중을 두고 있음을 확인해 볼 수 있다. 글쓰기 교재의 구성 요소가 교과의 목표나 집필자의 교육관에 따라 다르게 나타남을 확인할 수 있다. 종합적으로 글쓰기 교재에 대한 몇 가지 제안점을 정리해 볼 수 있다.

첫째, 글쓰기 전략(수사학적 상황)과 언어 표현(문법과 문장 표현)의 필연적임을 추론해 볼 수 있다. 둘째, 비판적 사고 능력을 위해 읽기와 쓰기 능력이 동시에 고려해야 함을 알 수 있다. 셋째, 대학 글쓰기는 학습을 위한 글쓰기라는 특성을 고려하여 실용적 글쓰기뿐만 아니라 언어 환경의 변화에 민감하게 대처할 수 있는 능력도 고려해야 한다.

3. 대학 글쓰기 교재 개편의 실제

수원대학교는 2015년 교양 대학의 출범과 함께 교양 교과의 개편이 이루어졌다.[3] 특히 '삶과 글'이라는 교과목으로 존재했던 대학 작문 교과를 대학생을 위한 실용적, 학술적 글쓰기 교과로 그 성격을 변화하면서 교과의 목표 및 내용을 개편하게 되었다. '삶과 글'[4]은 2004년부터 2014년까지 수원대학교의 기초 교양 교과로 국문학과 소속의 강사와 철학과 소속의 강사가 팀티칭으로 운영되었다. 전반부는 철학 일반의 내용으로 구성되어 있고, 후반부는 문학 작품의 이해와 감상으로 구성되어 있었다.[5] 대학 국어라는 성격을 갖고 있지만, 실제 철학과 문학 감상으로 이루어진 교과이므로 실제 학습자들이 다양한 종류의 글쓰기를 경험할 수 있는 교과로서의 성격을 지니지 않았다.

---

3 필자는 이 대학에서 2014년부터 '삶과 글'을 강의하였으며, 이후 교양대학의 출범으로 교과 개발에 참여하였다. 또 2015년, 2017년 글쓰기 교재 집필에 참여한 연구자 중 한 사람임을 미리 밝혀 둔다.

4 '삶과 글' 이전에 '삶과철학'이라는 교과가 있었으며, 대학 국어나 작문의 성격보다는 대학인으로서의 교양 교과로 존재하였다. 주로 철학 전공자가 이 교과를 담당하였으며, 2004년부터 '삶과 글'로 개편되었다.

5 철학 일반은 소크라테스, 플라톤, 칸트, 니체 등의 이론을 정리하고 글쓰기를 하는 형식으로 운영되었으며, 문학 작품은 향사, 고려가요, 가사, 현대시, 현대 소설 등의 작품을 이해하고 감상하는 형식으로 운영되었다. 이는 대학 국어로서의 성격과 철학적 소양을 기르기 위한 교양 과목으로서의 성격이 결합된 것으로 볼 수 있다.

<그림 4> 수원대학교 글쓰기 교과의 개편 과정

2015년 전학과 공통 교과인 '삶과 글'이 '교양적 글쓰기와 자기표현', '논리적 글쓰기와 자기표현', '과학적 글쓰기와 자기표현' 등으로 계열별 교과로 분리 개편되었다. 1학기 2학점을 이수하는 교과의 지위는 그대로 유지되었으나 교과 목표와 성격의 변화에 따라 교재도 개편 되었다. 교재는 〈교양적/논리적/과학적 글쓰기와 자기표현(상)〉, 〈글쓰기와 자기표현(하)〉'로 분리되었다.

이후 2017년 2학기 2학점씩 이수해야 하는 교과로 재개편되면서 교과의 목표와 성격이 변화되었다. 표현 능력만 강조하는 이전 교과목에서 벗어나 '비판적 문식성'을 강조하여 '읽기와 쓰기'가 가능한 교과목으로 개편되었다. '교양적 글쓰기와 고전읽기1, 2', '논리적 글쓰기와 고전읽기1, 2', '과학적 글쓰기와 고전읽기1, 2'로 개편되었다. 이에 따라 교재도 〈교양적 글쓰기와 고전읽기〉와 〈글쓰기와 자기표현〉으로 재개편되었다.

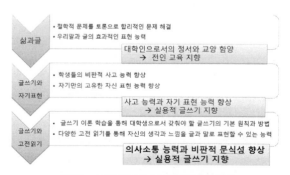

<그림 5> 수원대학교 글쓰기 교과의 목표 변화

〈그림 5〉는 글쓰기 교과의 목표가 어떻게 변화되었는지를 보여준다. 대학인의 기초교양이라는 형식의 교과에서 대학생의 실용적, 학술적 글쓰기 등의 표현 능력 향상을 위한 교과로 그 성격이 변화되었다. 이후 의사소통 능력과 비판적 문식성 향상이라는 교과의 목표와 성격이 변화되면서 교과가 재개편되었다.[6] '교양적/논리적/과학적 글쓰기와 고전읽기1, 2' 교과는 글을 읽고 쓰는 기능적 능력을 넘어, 자기주도적 역량을 향상하기 위한 교과로, 고전 읽기를 통해 대학생으로서의 기본 교양과 지혜를 두루 갖춘 학습자의 능력을 향상하기 위해 개설된 교과이다.

<그림 6> '과학적 글쓰기와 자기표현' 교과의 교재 목차

2015년에 개정된 〈교양적/논리적/과학적 글쓰기와 자기표현(상)〉은 글쓰기에 대한 일반 이론, 글쓰기 과정에 따른 연습, 자기소개서, 보고서, 프레젠테이션 등의 실용적 글쓰기로 구성되었다. 또 〈글쓰기와 자기표현(하)〉는 글쓰기를 위한 표준어, 맞춤법, 띄어쓰기 연습 등으로 구성되었다. 학습자의 표현 능력 향상에 초점을 맞추었으며, 계열별 읽기 자료를 다양하게 싣고자 하였다. 학습자가 그에 대한 글쓰기 연습을 강조하였다.

2017년에 개정된 〈교양적/논리적/과학적 글쓰기와 고전읽기〉는 이전

---

6 수원대학교는 2015년부터 2017년까지 교양교육에 대한 컨설팅을 의뢰하여 세 차례에 걸쳐 교육과정 개편이 이루어졌다. 글쓰기 교과가 2015년에 개편된 것은 이러한 외적 영향이 컸으며, 이후 2017년 재개 편에서는 강의자와 학습자의 설문 조사를 바탕으로 이루어졌음을 미리 밝혀둔다.

교재의 틀은 그대로 유지하되, 고전읽기를 강조한 교과의 성격이 반영되었다. 이전과 동일하게 글쓰기 이론 학습을 통해 대학생으로서 갖춰야 할 글쓰기의 기본 원칙과 방법을 익히고, 다양한 고전 읽기를 통해 비판적 문식성과 자기주도적 역량을 기르도록 하였다.

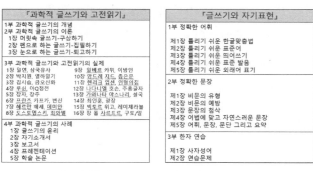

『과학적 글쓰기와 고전읽기』	『글쓰기와 자기표현』
1부 과학적 글쓰기의 개념	1부 정확한 어휘
2부 과학적 글쓰기의 이론	
1장 머릿속 글쓰기-구상하기	제1장 틀리기 쉬운 한글맞춤법
2장 펜으로 하는 글쓰기-집필하기	제2장 틀리기 쉬운 표준어
3장 눈으로 하는 글쓰기-퇴고하기	제3장 틀리기 쉬운 띄어쓰기
	제4장 틀리기 쉬운 표준 발음
3부 과학적 글쓰기와 고전읽기의 실제	제5장 틀리기 쉬운 외래어 표기
1장 임연, 삼국유사 9장 윌벤르 카위, 이방인	2부 정확한 문장
2장 박지원, 열하일기 10장 엘드레 지드, 좁은문	
3장 김시습, 금오신화 11장 헨리크 입센, 인형의집	제1장 비문의 유형
4장 루쉰, 아Q정전 12장 나다니엘 호손, 주홍글자	제2장 비문의 예방
5장 장자, 장주 13장 가와나타 야스나리, 설국	제3장 문장의 첨삭
6장 프란츠 카프카, 변신 14장 최인훈, 광장	제4장 어법에 맞고 자연스러운 문장
7장 헤르만 헤세, 데미안 15장 빅토르 위고, 레미제라블	제5장 어휘, 문장, 문단 그리고 요약
8장 도스토엡스키, 죄와벌 16장 장 폴 사르트르, 구토/벽	3부 한자 연습
4부 과학적 글쓰기의 사례	
1장 글쓰기의 윤리	제1장 사자성어
2장 자기소개서	제2장 연습문제
3장 보고서	
4장 프레젠테이션	
5장 학술 논문	

<그림 7> '과학적 글쓰기와 고전읽기1, 2' 교과의 교재 목차

2015년 개정된 교재에서는 계열별 차이를 두었으며, '과학적 글쓰기와 자기표현(상)'은 과학 관련 제재를 주로 사용하였다. 그러나 2017년 개정된 교재인 '과학적 글쓰기와 고전읽기'에서는 계열별 차이를 두지 않고 고전 작품을 선정하여 배열하였다. 이는 기초교양교과로서의 성격을 강조하기 위한 것이며, 한 편의 고전을 끝까지 읽고 비판적으로 감상할 수 있는 능력을 함양하는 데 초점을 둔 것이다.

〈글쓰기와 자기표현(하)〉는 〈글쓰기와 자기표현〉으로 교재명을 수정하였고, 어휘 선택 및 문장 표현에 초점을 두는 내용을 강조하였다. 이는 '교양적/논리적/과학적 글쓰기와 고전읽기1,2'에서 모두 공통적으로 사용하기 위해서이다.

4. 글쓰기 교재에 대한 교수자와 학습자의 반응

글쓰기 교과가 개편된 후 교과 담당 교수자와 수강생인 학습자가 새롭게 집필된 교재를 직접 사용하게 된다. 교수자에게는 교과 운영 및 교재에 대한 개선 방향을, 학습자에게는 글쓰기 교재에 대한 만족도를 조사하였다. 교수자는 2015년 1학기 11명, 2학기 12명, 2017년 1학기 12명, 2학기 13명 등으로 구성된다. 또한 '교양적/논리적/과학적 글쓰기와 고전읽기2' 교과가 운영되는 2018년 1학기, 27명의 교수자에게 추가적으로 설문 조사를 하였다.

먼저 2015년에 실시된 교수자 설문은 개방형 질문 형식으로, 설문 내용은 교재 분량 및 내용의 적절성 여부, 교과 운영을 위한 기반 시설의 안정성 여부, 글쓰기 과제 및 피드백 방식, 학습관리시스템(LMS)의 활용 여부 등으로 나누어 제시하였다. 교재 분량 및 내용의 적절성 여부에 대한 교수자의 반응은 다음과 같다.

질문 문항	교수자의 반응
교재 분량	분량에 대한 언급 없음(2명) 실용적 글쓰기 부분의 분량 강화(9명) 현재 분량이 적절함(1명)
교재 내용 (긍정적 측면과 부정적 측면)	계열별 분리된 교과와 교재를 사용하는 것이 좋음 이론과 실제를 모두 다루고 있어서 좋음 4부 체계가 좋음 개념, 이론, 실제, 사례 등의 구성이 좋음 대학에서 주로 사용하는 글쓰기 장르를 실제 다루고 있어서 좋음 제재가 너무 어렵다 '구상하기, 집필하기, 퇴고하기' 등의 각 과정에 대한 설명 중복이 많음, 불필요한 내용 삭제할 것 3부에 제시된 글이 일부분만 있어서 학생들의 이해도가 떨어질 수 있음, 내용을 추가하거나 장면에 대한 추가적 설명이 필요함 완결된 이야기를 읽고 글쓰기를 할 수 있도록 지문을 제시해야 함 3부의 글 장르가 더 다양했으면 좋겠음 과학적 소양을 키울 수 있는 소재의 글을 더 많이 사용할 것 4부의 실용적 글쓰기 부분에서 학생 글 중 좋은 사례를 다루는 것이 더 필요함 계열별 분리된 교과 운영은 좋으나, 과학적 글쓰기와 관련된 내용이나 활동이 부족함 <글쓰기와 자기표현(하)>에는 연습 문제가 너무 많다 한글 맞춤법 내용을 나열하지 말고, 필요한 것만 몇 개 제시 하는 것이 필요하다.

<표 1> 2015년 1학기 개편된 교재에 대한 교수자의 설문 결과 모음

교재 개편에 대한 교수자의 부담을 줄이기 위해 교재의 개선 사항을 교수자에게 직접 묻지 않았다. 교수자에게 글쓰기 교재의 긍정적, 부정적 측면을 설문지에 쓰도록 요구하였다. 이때 교수자가 기술한 부정적 측면은 향후 교재 수정 및 보완 사항과 관련된 것으로 볼 수 있다. 교수자들이 가장 많이 언급한 것은 제재에 대한 의견이었다. 계열별 특성을 반영한 제재의 글이 더 필요한지, 제재 글을 실을 때 분량 조절을 어떻게 할 것인지, 제재의 난도를 어떻게 조절할 것인지, 다양한 장르의 제재를 추가할 것인지 등에 대한 입장은 교수자마다 매우 상반되게 나타났다. 이는 글쓰기 교재 속 제재의 선별 문제가 여전히 논쟁적인 것임을 의미한다.

교과 운영 및 집필진들은 향후 교재 개편에서 계열별 특수성을 더 강화할 것인지, 기초교양 교과로서의 보편성을 강조할 것인지에 대한 숙고하게 되었다. 글쓰기 교과가 2017년부터 자기주도적 역량 함양을 위한 교과로 성격이 변화되면서 '읽기와 쓰기'가 가능한 개편되었다. 따라서 기초교양 교과로서의 보편성을 강조하기 위해 고전 중심으로 개편되었다.

2017년 1학기 12명, 2학기 13명의 담당 교수자를 대상으로, 교과 운영에 대한 자기점검표를 작성하였으며, 추가적으로 교재에 대한 개방형 질문을 넣었다.

> A-1) 전공과 관련된 서적이나 글쓰기 영역으로 변경하거나 선택하여 수업을 진행하면 어떨까 하는 생각이 들었음. 1학년 학생의 경우 본격적인 글쓰기 활동보다는 토론과 말하기에 더 많은 흥미를 느끼고 있어서 '스피치'와 '발표'에 대한 내용이 강화되어도 좋지 않을까 함.

> B-2) 한 학기 동안 너무 많은 내용을 하기보다는 해당 교재에서 선별적으로 선택하여 수업하는 방법도 필요하다는 생각이 들었음. 문법, 한자, 독서, 토론, 글쓰기를 다 하다 보니 이해도 여부를 떠나 빠르게 진도를 나간다는 느낌이 들었는데, 범위에 대한 탄력성이 있다면 좋지 않을까 생각함.

F-2) 교재에서 다루고 있는 내용이 너무 많다. 비문 고쳐쓰기, 맞춤법, 띄어쓰기 등을 다룰 수 있는 강의 일정 확보가 필요하다.[7]

위 사례는 공통적으로 교재의 분량을 지적하는 것이며, 교수자가 글쓰기 교과를 운영할 때 교수-학습 내용에 대한 부담감을 느끼고 있음을 간접적으로 확인할 수 있다. 또 기초 교양이라는 교과 특성 때문에 교과 담당 교수자들은 표준 지도안을 공유하고 있다. 이 점이 교재 분량에 대한 부담을 가중시켰음을 추론해 볼 수 있다. 특히 〈글쓰기와 자기표현〉 교재의 어법에 맞는 표현 연습, 맞춤법, 띄어쓰기, 비문 수정 등을 학습할 시간 확보가 시급하다는 지적도 나타났다.

A-3) 과별로 관심도와 기초지식에 대한 편차가 크다는 느낌이 있음. 교과 내용을 탄력적으로 운영할 필요 있음.

B-6) 교재에 나오는 제시문 및 예문은 현재 시점에 비해 다소 시의적절하지 않은 것들이 있다. (중략) 교재의 전체적인 구성이나 글쓰기 관련 해설은 매우 적절하고 종합적이어서 교재를 살려 강의하고 있으나 예문은 그다지 활용하고 있지 못하다.

G-2) 더 다양한 장르와 형식의 제시문이 필요함, 여러 어려움이 있겠지만, 교재의 예문에 대한 전반적인 검토와 수정이 필요함.

I-5) 교수자의 재량과 교재 해석에 대한 다양성이 더 많이 확보되면 좋지 않을까 생각함.

교재 속 제재의 다양성을 요구하거나 제재의 수정을 요구하는 의견도 다수 존재했다. 교수자가 교과 내용을 자율적으로 운영할 수 있도록 요청하는 경우도 있었다. 나아가 더 적극적으로 '글쓰기와 고전읽기1'과 '글쓰기와 고전읽기2'를 구별하여 교과를 운영하도록 요구하기도 하였다.

---

7 밑줄은 연구자가 직접 표시한 것임.

C-3) 선정된 문학 작품(고전)의 가치가 높은 데 반하여, 그러한 작품을 직접 읽을 수 있는 시간적 여유가 학생들에게 없는 것이 문제이다. 글쓰기를 위해서는 읽기가 뒷받침되어야 하는 바, 학생들이 해당 작품을 읽을 수 있는 실질적인 방법(시간 운용 방법, 단계별 강좌의 차별적 운용이 필요함, '글쓰기와 고전읽기1'에서는 읽기에 초점, '글쓰기와 고전읽기2'에서는 쓰기에 초점 등)을 강좌 차원에서 마련해 주었으면 좋겠다.

그 외에도 교재를 활용한 교수-학습 방법을 제안하거나 교재 속의 고전 작품을 감상하는 데 필요한 영상 자료를 추가적으로 요구 하기도 했다. 개편된 교재에 대한 교수자의 반응을 정리해 보자면, 쓰기 과정과 문장 표현 연습을 모두 다루는 점, 글쓰기 교과에서 고전 읽기가 포함된 점에 대한 긍정적인 반응이 나왔다. 반면 글쓰기 교재 분량, 읽기 제재의 종류 및 지문 구성 등에 대해 부정적인 반응이 나왔다.

글쓰기 교재에 대한 학습자의 반응을 확인하기 위해 교과에 대한 만족도 조사를 실시하였다. 2015년 19개의 분반의 약 500명을 대상으로 강의 평가를 실시하였다. 이 때 '교재 및 참고 도서는 새로운 학문적 지식의 습득에 적절하였고 수업에 적절히 활용되었다.'는 질문에 대한 학습자의 반응은 아래와 같다.

5	4	3	2	1	인원	평균
355(71)	103(20.6)	36(7.2)	4(0.8)	2(0.4)	500(%)	4.598

<표 2> 2015년 교재에 대한 학습자의 반응(1)

2015년 1학기 전체 교양 수업에 대한 강의 평가는 평균 4.32이며, 2015년 2학기 전체 교양 수업에 대한 강의 평가는 평균 4.15이다. 2015년 전체의 평균은 4.23으로 나온다. 이 수치와 비교해 본다면 4.598은 상대적으로 높은 점수에 해당한다. 즉 글쓰기 교과에 대한 학습자의 만족도가 상

당히 높은 것으로 추론해 볼 수 있다.[8]

추가적으로 글쓰기 교과 수강생을 대상으로 강의 중간 평가를 실시하였다. 여기서도 교재의 내용과 분량의 적절성에 대한 개방형 질문을 포함하였으며, 그 결과는 다음과 같다.

예	아니요	답변
194	140	334명

<표 3> 2015년 교재에 대한 학습자 반응(2)

'아니요'라고 답한 경우, 그 이유를 기술하도록 하였다. 다수의 의견은 한 학기 동안 다루기에 '내용이 너무 많다'라고 기술하였다. 2학점을 이수해야 하는 교과에서 3번의 과제 제출과 읽기 자료가 너무 많다는 답변이 나왔다.

2017년 교재 개편 후에도 강의 중간 평가에서 글쓰기 교과를 수강하는 학생들을 대상으로 10월 6일부터 11월 6일까지 설문 조사를 실시하였다. '교재가 적절한가'라는 질문에 대한 학습자의 반응은 '매우 그렇다'는 16%, '그렇다'는 27%, '보통이다'는 39%로 나타났다. '그렇지 않다'는 12%, '전혀 그렇지 않다'는 6%로 나타났다.[9] 학습자가 교재에 대한 평가한 후, 그 이유를 추가적으로 서술하도록 하였다.

---

8 그 외에도 '본 강좌를 통해 글쓰기에 대한 흥미와 관심이 높아졌다'고 답한 인원은 500명 중 '매우 그렇다'가 349명, '그렇다'가 95명으로, 학생 88.8%가 긍정적인 답을 했다. 강좌에 대한 전반적으로 만족하며 다른 사람에게 수강을 권유하겠다고 답한 인원은 500명 중 '매우 그렇다'가 344명, '그렇다'가 87명으로 학습자의 88.4%가 긍정적인 답을 했다.

9 이후 2018년 5월 11일부터 6월 11일까지 실시하였다. 2018학년도 1학기는 '교양적/논리적/과학적 글쓰기와 고전읽기2'가 처음 운영되었으며, 고전 읽기가 강조된 글쓰기 교과에 대한 학습자의 반응을 살펴볼 필요가 있었다. 1373명의 학습자를 대상으로 설문 조사를 실시하였다. '매우 그렇다'는 20%, '그렇다'는 34%, '보통이다'는 36%로 나타났다. '그렇지 않다'는 8%로, '전혀 그렇지 않다'는 3%로 나타났다. 점수로 환산하면 72점에 해당한다. 2017년 1학기, 2학기, 2018년 1학기까지 글쓰기 교과에 대한 학습자의 만족도는 대체로 높게 나타났다.

우리 대학의 글쓰기 교재를 어떻게 구성하는게 도움이 될지,

혹시 여러분이 생각할 때 글쓰기 교재에 꼭 필요한 부분이 있다면 적어 주세요.

귀하의 답변:

고전읽기는 필요없습니다. 이 수업의 주 목적과 동떨어진 학습이라고 생각합니다.

<과학적글쓰기와고전읽기1>을 위한 첫 번째 교재는 <과학적글쓰기와고전읽기>입니다.

1부는 과학적 글쓰기의 개념

2부는 과학적 글쓰기의 이론

3부는 고전읽기

4부는 글쓰기 윤리와 실용적 글쓰기

　　(자기소개서 쓰기, 보고서 쓰기 등)

1부에서부터 4부까지 중 어떤 부분이 도움이 되는지 의견을 남겨주세요.

귀하의 답변:

1, 2부만 봤을때 개인적으로 책 내용 굉장히 좋았습니다. 설명과 예시가 많은것이 좋았습니다. 근데 고전읽기는 필요없다고 생각합니다. 컨셉 일관성을 깬다고 생각합니다. 과목을 나누든지 하는게 좋을것같습니다. 고전읽기 꼭 하셔야겠다면, 분량을 확 줄이셔야겠습니다. 목차

<그림 8> 2017년 교재에 대한 학습자의 반응(1)

　　교재에 대한 부정적 반응은 교과의 목표에 대한 이해가 부족한 경우가 다수였다. 그 외에도 '고전 읽기가 필요없다', '글쓰기 수업에서 읽기를 하는 것이 이상하다', '고전읽기가 있다면 글쓰기 과목이 아닌 다른 과목에서 했으면 좋겠다' 등이 있었다.

<과학적글쓰기와고전읽기1>을 위한 첫 번째 교재는 <과학적글쓰기와고전읽기>입니다.

1부는 과학적 글쓰기의 개념

2부는 과학적 글쓰기의 이론

3부는 고전읽기

4부는 글쓰기 윤리와 실용적 글쓰기

　　(자기소개서 쓰기, 보고서 쓰기 등)

1부에서부터 4부까지 중 어떤 부분이 도움이 되는지 의견을 남겨주세요.

귀하의 답변:

고전읽기가 재미있었습니다.

저는 책읽는 걸 좋아해서 그런지, 고전읽기 부분이 좋았습니다.

글에 대한 간단한 요약들도 있고, 다양한 관점들과 어떤 부분에 대해 왜 그럴지 의견제시도 해보는게 좋았습니다.

1부에서부터 4부까지 중 어떤 부분이 도움이 되는지 의견을 남겨주세요.

귀하의 답변:

저는 3부 책읽는 것이 도움이 되었습니다. 평소에 책을 읽을 생각도 하지 않았는데 이번기회를 통해서 명작을 몇 권을 읽어보는 계기가 된 것 같습니다.

<그림 9> 2017년 교재에 대한 학습자의 반응(2)

학습자들은 교과목에 대한 만족도가 교양교과 평균보다 높은 것으로 나타났다. 상대적으로 교재에 대한 만족도는 다소 낮았다. 특히 교재의 '고전 읽기' 부분에 대한 만족도는 매우 상반된 반응을 보였다. 교재에 대한 부정적 반응 중에서 다수는 교재의 분량에 대한 것이었다. 학습자들도 교수자들과 동일하게 교재 분량에 대해 상당한 부담감을 갖고 있는 것으로 드러났다.

글쓰기 교과에 대한 기대와 만족도는 교수자와 학습자 모두 높은 것으로 나타났으며, 교재에 대한 반응이 매우 상반된 결과가 많이 도출되었다. 교재 속의 제재, 즉 읽기 자료에 매우 민감하게 반응하였으며, 교수자의 경우 전체 완성된 작품을 읽는 것을 강조하는 의견이 많이 나타났다. 이와 반대로 학습자는 읽기 제재에 대한 부담감을 많이 갖고 있었다. 또 자기소개서, 보고서, 서평 등의 실용적글쓰기를 다루는 것에 매우 우호적인 반응이 나타났다.

글쓰기 교재에 대한 교수자와 학습자의 반응을 종합하여 향후 글쓰기 교재 개편 방향을 다음과 같이 제시할 수 있다. 첫째, 글쓰기 이론을 배제한 교재보다는 이론을 소개하되 글쓰기 실제나 다양한 사례 중심의 교재를 구성할 필요가 있다. 둘째, 다양한 읽기 자료를 교재의 구성에 포함해야 하며, 제재는 가급적 완성된 형태로 제시해야 한다. 셋째, 다양한 장르의 실용적 글쓰기를 다루되, 가급적 학생이 직접 쓴 문장이나 단락, 글을 소개해야 한다. 넷째, 글쓰기 교재의 분량은 가급적 적어야 한다.

5. 나오기

이 연구는 특정 대학의 글쓰기 교과 개발 과정과 그에 따른 교재 개편에 대한 교수자와 학습자의 반응을 살펴보았다. 그간 대학의 글쓰기 교과 개발 및 교재 집필은 일부 연구자와 집필자의 몫으로만 여겨왔다. 교재를 집 필하는 과정에서 교과를 실제 운영하는 교수자나 교재를 직접 사용하는 학습자는 배제될 수밖에 없다.

수원대학교는 2015년 글쓰기 교과가 기초교양 교과로 개설되면서 글쓰기 교재가 출판되었다. 이후 2017년 글쓰기 교과의 편제가 변화되면서 글쓰기 교재도 개편하게 되었다. 두 차례의 개편에 대한 교수자와 학습자의 반응을 수집하였다. 글쓰기 교재에 대한 교수자와 학습자의 인식을 종합해 보면 다음과 같다.

첫째, 글쓰기 이론을 소개하되 글쓰기 실제나 다양한 사례 중심으로 교재를 구성할 필요가 있다. 둘째, 다양한 읽기 자료를 교재의 구성에 포함해야 하며, 완성된 형태의 글로 제시해야 한다. 셋째, 다양한 장르의 실용적 글쓰기를 다루되, 가급적 학생이 직접 쓴 문장이나 단락, 글을 소개해야 한다. 넷째, 글쓰기 교재의 분량은 가급적 적어야 한다.

대학생 학습자를 대상으로 하는 글쓰기 교재는 여전히 그 변화의 방향을 모색하고 있으며, 여러 대학에서도 교재 개편을 준비하고 있다. 무엇보다 학습자의 글쓰기를 위한 제반 환경 변화로 교재 개편이 다시 한번 필요한 시점이기도 하다. 어떤 교과목이든 교과의 목표를 완벽하게 실현할 수 있는 교재는 존재하지 않는다. 다만 대학 교육은 사회적 요구와 변화에 민감하게 반응하는 것이 필요하다. 대학 글쓰기 교과도 마찬가지일 것이다. 경영 및 행정의 논리나 집필진의 일방적인 기술이 아닌, 교육 내용의 가장 직접적인 수혜자인 교수자와 학습자의 반응에 민감하게 대처할 필요가 있다.

참고문헌

- 김현정(2018), 국내 주요 대학 글쓰기 교육의 목표와 내용, 리터러시연구 9(1), 한국리터러시학회, 9-40.
- 나은미(2017), 장르에 대한 이해와 대학의 <사고와 표현> 교육 설계, 사고와표현 10(3), 한국사고와표현학회, 7-38.
- 박삼열(2010), 대학 교양과정과 글쓰기 교육, 철학논총 62, 새한철학회, 111-128.
- 박정하(2013), 대학 글쓰기 교육 이대로 좋은가-문제점과 과제, 사고와표현 6(2), 한국사고와표현학회, 7-33.
- 박현희(2009), 서울대학교 글쓰기 교과 운영현황과 발전과제, 사고와표현 2(2), 한국사고와표현학회, 165-190.
- 서승희(2017), 대학 글쓰기 교재 분석 및 방향성 고찰, 대학작문 19, 대학작문학회, 13-238.
- 신선경(2012), 지식 융합 시대의 대학 글쓰기 교육의 방향, 사고와표현 5(2), 한국사고와표현학회, 41-66.
- 이순영·김주환(2014), 대학글쓰기교육과 핵심역량에 대한 교수자들의 인식 연구, 작문연구 20, 대학작문학회, 135-163.
- 임선애(2013), 대학 글쓰기 교과목 운영의 현황과 개선 방향, 사고와 표현 10(2), 사고와표현학회, 109-139.
- 정혜영(2009), 대학의 교양교육과 학술적 글쓰기, 현대문학이론연구 37, 현대문학이론학회, 337-356.
- 정희모(2008), 대학 글쓰기 교재의 분석 및 평가 준거 연구, 국어국문학 148, 국어국문학회, 245-257.
- 정희모(2010), 대학 글쓰기의 교육 목표와 글쓰기 교재, 대학작문 1, 대학작문학회, 41-68.
- 지현배(2013), 대학생의 글쓰기 클리닉 사례를 통해 본 '개요 작성' 지도 모형, 교양교육 7(2), 한국교양교육학회, 451-492.
- Bartholomae, D. (1989), Freshman English, Composition, and CCCC. College Composition and Communication 40(1), 38-50.
- Berger, N. J. (2007), What Is College-level Writing?-The Common Ground From Which A New Secondary Post Secondary Composition Partnership Can Be Formed, Master's thesis at the University of Central Florida.

- Downs, D., & Wardle, E. (2007). Teaching about Writing, Righting Misconceptions: (Re)Envisioning 'First-Year Composition' as 'Introduction to Writing Studies'. CCC 58(4), 552-584.

- Sullivan, P. (2006), What is "College-level" Writing?, in P. Sullivan & H. B. Tinberg(Eds.), NCTE, 16-17.

7장

대학에서의 미디어 리터러시 교육 방안 연구

- 뉴스를 활용한 미디어 글쓰기 교육 사례를 중심으로

손혜숙

1. 들어가며

우리는 손가락 하나로 수많은 정보를 접할 수 있는 시대에 살고 있다. 범람하는 정보 속에서 그 정보의 진위를 판단할 수 있는 능력은 필수요소가 되었으며, 이러한 능력을 함양하는 데 정확한 정보를 전달해야 하는 뉴스는 좋은 교육 매체로 활용되고 있다. 과거 신문을 통해서만 전달되던 뉴스는 이제 다양한 매체에 의해 유통되고 있고, 요즘의 뉴스 이용자는 단순히 뉴스 소비자에 머물지 않고 댓글을 쓰거나, 자신이 선별한 뉴스를 공유하면서 소비와 생산, 유통까지 하는 생비자로 존재한다. 새로운 미디어 환경에 적응하기 위해서는 뉴스 내용의 진위여부를 분석하는 것에서 나아가 유통 방식이나 유통되는 매체의 성향, 환경 등에 관한 비판적 분석과 참여를 통한 뉴스 큐레이션 능력을 함양할 수 있는 교육이 필요하다.

이러한 시대적 상황과 맞물려 교육 현장에서도 다양한 리터러시 교육과 함께 유아부터 초·중·고등학생은 물론이고 노인을 대상으로 하는 리터러시 프로그램이나 교육에 관한 연구 또한 활발하게 진행 중이다. 그러나 대학생을 대상으로 하는 리터러시 교육, 특히 미디어 리터러시와 뉴스 리터러시 교육에 관한 연구는 아직 시작 단계에 있다. 대표적인 연구로는 디지털 생비자의 수행영역을 확대하기 위한 세 가지 축의 요소를 밝히고, 이에 준하는 미디어 리터러시 교육 내용 설계 전략을 제시한 권성호·심현애(2005)의 연구를 비롯하여 최근의 조남민(2018), 김재희·이은희(2019)의 논의가 있다. 조남민(2018)은 미디어 리터러시 교육과 관련하여 그간 발전되어온 미디어 리터러시의 개념과 이론을 소개하고, 이에 부합하는 교육과정의 기초 설계와 교육 방안을 제시한다. 뉴스, 기사, 다큐멘터리, 사설 등과 같이 사회 문제를 대상으로 한 콘텐츠 기반의 교육 방안을 통해 미디어 리터러시 교육이 대학생의 민주시민으로서의 역량, 즉 올바른 비판적 인지 능력과 자기

표현 능력을 향상시킬 수 있는 유용한 방법론이 될 수 있음을 검증하고 있다. 김재희·이은희(2019)는 한국어 교육에서의 미디어 리터러시 관련 선행 연구와 교재 검토를 기반으로 학문 목적 한국어 학습자를 위한 뉴스 중심의 미디어 리터러시 수업 모형을 제시하였다.

선행 연구들은 모두 탄탄한 기반 위에 수업 모형을 설정하고 있어 시사하는 바가 크다. 그러나 구체적인 사례를 간과하고 있어 실증적인 측면에서 한계가 있고, 제시한 수업의 효과 또한 담보하기엔 무리가 있다. 따라서 이 연구는 선행 논의들의 한계를 염두에 두고 뉴스 활용 미디어 글쓰기 사례를 중심으로 대학에서의 미디어 리터러시 교육 방안을 모색해 보고자 한다. 이를 위해 2019년 1, 2학기 한국언론진흥재단의 지원을 받아 미디어 리터러시 교육의 일환으로 진행한 〈뉴스 리터러시와 미디어 글쓰기〉 교양 강좌 사례를 대상으로 삼고자 한다.

2. 미디어 리터러시, 뉴스 리터러시, 미디어 글쓰기

대중매체의 다양한 발달과 함께 Harris & Hodges(1995)가 38가지로 리터러시를 구분한 것과 같이 리터러시의 종류는 세분화되고 있으며, 그 중 디지털 리터러시와 함께 미디어 리터러시가 주목받고 있다. 미디어 리터러시에 대한 개념은 1992년 미디어 리터러시 리더십 컨퍼런스(National Leadership Conference on Media Literacy)에서 "여러 형태의 미디어에 접근(access), 분석(analyze), 평가(evaluate), 생산(produce)하는 것"(Aufderheide, 1993)으로 처음 정의된 이래 이를 중심으로 조금씩 변형되어 언급되어 왔다.[1]

기존 연구들은 초창기 개념과 마찬가지로 공통적으로 접근, 분석, 평가,

---

1 미디어 리터러시의 개념을 정리해 보면 다음과 같다.

창조를 미디어 리터러시의 요소로 언급하고 있으며, 이 요소들을 중심으로 미디어 리터러시의 개념을 규정하고 있다. 본 연구 역시 최근의 미국 미디어 교육학회의 정의에 따라 "모든 종류의 의사소통 수단을 기반으로 접근, 분석, 평가, 창조하고 행동하는 능력"을 미디어 리터러시의 개념으로 설정하고자 한다.

뉴스 리터러시 역시 다양한 개념 설정이 있지만, 기본적으로 미디어 리터러시의 구성 요소를 기반으로 한다. 이정훈은 뉴스 리터러시를 "뉴스 콘텐츠의 메시지를 해석하고, 뉴스를 활용하는 데 필요한 능력과 관점"(이정훈, 2012:87)이라고 정의하였다. 한국언론진흥재단은 뉴스리터러시를 "다양한 미디어를 통한 분별 있는 정보 접근 및 이용 능력", "뉴스와 뉴스를 둘러싼 사회적 맥락에 대한 비판적 이해 능력", "뉴스 또는 미디어를 매개로 한 자기 표현 및 소통 능력"이라 규정한다. 양정애 외는 뉴스 리터러시 교육의 목표를 "비판적인 자세를 겸비한 민주시민으로서의 의식을 갖춘 수용자"(양정애 외, 2018)에 두고 있다. 여기서 의식을 갖춘 수용자란 뉴스가 사회에서 작동되는 방식을 이해하고, 자신과 타인이 뉴스를 다르게 이해한다는 사실을 받아들이면서 상호 의견의 차이를 통합할 수 있는 사람(양정애 외, 2018)을 의미한다.

주체	정의 또는 구성 요소
영국의 오프컴(Ofcom)	다양한 환경 속에서 미디어에 접근하고 이해하며 창조 하는 것
리빙스턴(Livingstone, 2004)	다양한 형태의 메시지에 접근해서 분석하고 평가하며, 다양한 형태의 메시지를 만들어낼 수 있는 능력
유럽연합 집행위원회(European Commision)	미디어에 대한 이미지, 음성, 메시지의 영향력에 접근, 분석, 평가, 소통할 수 있는 능력
미국 미디어 교육연합(AMLA: Alliance for a Media Literate America)	'접근', '분석', '평가', '소통'
미국 미디어 리터러시 센터(CML: Center for Media Literacy)	'접근', '분석', '평가', '창조', '참여'
미국 미디어 교육 학회(NAMLE: National Asociation for Media Literacy Education)	모든 종류의 의사소통 수단을 기반으로 접근, 분석, 평가, 창조하고 행동하는 능력
European Union(2018)	접근', '분석 및 평가', '창작', '성찰', '행동/주도성'

주지하다시피 뉴스리터러시는 뉴스라는 특정 미디어를 대상으로, 뉴스 메시지에 접근(access), 이해(understand), 분석(analyze), 평가(evaluate)하는 능력을 포함하는 개념이며 미디어 리터러시의 하위 개념으로 인식되고 있다(양정애 외, 2015; Powers, 2010). 앞에서 살펴본 미디어 리터러시 개념을 상기해 본다면 일면 타당한 구획이라 볼 수 있다. 그러나 '접근, 이해, 분석, 평가'[2]의 요소를 교차 영역으로 갖지만 뉴스 리터러시는 여기에 뉴스의 중요성과 뉴스의 품질(좋은 뉴스, 나쁜 뉴스)을 결정하는 요소에 대한 이해 능력이 추가로 포함되어야 하며(양정애 외, 2015:22), 미디어 리터러시는 목적과 청중, 맥락을 고려하여 미디어 콘텐츠를 제작하고 자신의 생각과 감정을 표현할 수 있는 능력인 '창조(create)'의 요소가 결합되었다는 차이가 있다.

본 연구는 이러한 차이를 염두에 두고, 미디어 리터러시의 하위 개념으로서 뉴스 리터러시와 이를 활용한 표현, 즉 창조 행위로서의 미디어 글쓰기 교육 방안에 주목해 보고자 한다. 이는 뉴스리터러시의 요소인 접근(access), 이해(understand), 분석(analyze) 및 평가 (evaluate)하는 능력에 창조(미디어 글쓰기)를 연결한 것으로, 비판적 기능이 중요한 뉴스 리터러시 능력과 창조 활동으로서의 미디어 글쓰기의 접목을 의미하며 궁극적으로 미디어 리터러시 교육의 한 방안이다. 여기서 미디어 글쓰기란 미디어 수용자를 위한 글쓰기로, 전통적인 인쇄 매체와 전파 매체, 그리고 개인 통신기기로 전파되는 글을 통칭 하는 개념이다. 이를테면 신문과 잡지 등에 게재되는 글을 비롯해 텔레비전 방송과 라디오, 인터넷, 개인 통신기기를 통해 전달되는 모든 글을 말한다(오정국, 2013).

---

2 여기서의 '접근(Access)'은 미디어를 능숙하게 찾고 사용하며, 타자와 가치 있는 정보를 공유하는 능력을, '분석 및 평가(Analysis and evaluation)'는 메시지를 이해하고 비판적 사고를 통해 질, 진실성, 신뢰성, 관점을 분석하고 평가하는 능력을, '창조(create)'는 목적과 청중, 맥락을 고려하여 미디어 콘텐츠를 제작하고 자신의 사고나 감정을 표현할 수 있는 능력을 의미한다.

3. 학습자 분석

본 강좌는 강의에 앞서 뉴스와 미디어에 관한 학습자들의 인식을 파악하기 위해 의무적으로 설문 조사를 실시한다. 한국언론진흥재단의 지침에 따라 본 연구자 역시 〈뉴스 리터러시와 미디어 글쓰기〉 1학기와 2학기 수강자 총 60명을 대상으로 설문 조사를 실시하였다. 수강 대상자들은 다양한 전공의 전 학년이다. 학년은 고루 분포되어 있으며, 정치언론학과와 국어국문창작 학과가 다른 전공에 비해 많았다. 뉴스를 기반으로 하는 미디어 리터러시 교육이기에 뉴스를 중심에 두고 설문을 진행하였다. 먼저 뉴스의 필요성에 관한 설문에서 91%의 학습자들이 "뉴스는 우리 사회를 유지, 발전시키는 데 필요하고 유용한 정보이다."라고 답했고, 80%의 학습자들이 "뉴스는 나의 삶에 필요하고 유용한 정보"라고 답했다. 학습자들은 대부분 우리 사회나, 삶에서 뉴스가 필요하며 유용한 정보라고 인식하는 경향을 보였다. 이러한 인식에 따라 대부분의 학습자들은 어떤 방식으로든 뉴스를 접하고 있었다. 규칙적으로 뉴스를 본다는 응답자가 26%, 자투리 시간에 짬짬이 본다는 응답자가 37%, 중요한 사건이 있을 때만 본다는 응답자가 32%, 뉴스를 보지 않는다가 5%를 차지했다.

이들이 뉴스를 보기 위해 사용하는 매체는 다음과 같이 스마트폰이나 태블릿 PC가 가장 많았으며, 컴퓨터 > 텔레비전 순이었다. 종이신문은 거의 이용하지 않는 것으로 나타났다. 텔레비전과 컴퓨터는 가끔 이용하는 학습자들이 많았고, 텔레비전 보다는 컴퓨터를 통해 뉴스를 접하는 학습자가 더 많았다. 아울러 스마트폰이나 태블릿 PC를 주로 활용하는 경향을 보였는데, 이는 매체의 편리성이나 접근성의 영향을 받은 것으로 판단된다. 매체 환경의 변화에 따라 종이신문은 점차 사라지고, 모바일의 일상화가 이루어지고 있음을 재확인할 수 있었으며, 동시에 변화하는 매체 환경에 걸맞은 매체 교육의 필요성을 재인식할 수 있었다.

매체	전혀 이용하지 않는다	거의 이용하지 않는다	가끔 이용한다	자주 이용한다	늘 이용한다
1) 텔레비전	12%	19%	41%	21%	7%
2) 종이신문	53%	37%	9%	1%	
3) 컴퓨터(데스크톱, 노트북 PC)	8%	8%	38%	26%	20%
4) 스마트폰, 태블릿 PC		1%	2%	26%	71%

<표 1> 뉴스 활용 매체

다음으로는 뉴스를 보는 이유를 묻는 설문에 '세상에 무슨 일이 일어나는 지 알기 위해' > '정보를 얻기 위해' > 'TV나 스마트폰을 이용하다 우연히 보게 되어서' 순으로 답했다. 뉴스 이용은 자신이 속해 있는 사회와 세계에 대한 관심에서 비롯되고 있다는 점이 드러나는 결과이다. 세상에 관한 학습자들의 관심은 뉴스를 통한 정보를 매개로 하여 소통과 연결되고 있다는 점도 유추 가능하다. 무엇보다 TV나 스마트폰을 이용하다 우연히 보게 된다는 답변을 통해 뉴스가 접근성과 관련이 있다는 점을 확인할 수 있으며, 이는 교육의 방향성에도 영향을 미친다. 위의 설문 결과에서도 드러난 바와 같이 매체 환경에 관한 부분이 상당부분 관여하고 있음을 볼 수 있다.

구분	전혀 그렇지 않다	별로 그렇지 않다	보통이다	대체로 그렇다	매우 그렇다
1) 세상에 무슨 일이 일어나는지 알기 위해		7%	11%	48%	34%
2) 공부에 도움을 얻기 위해	5%	18%	46%	21%	9%
3) 다른 사람과 대화하거나 의견을 교환하기 위해	13%	9%	38%	45%	9%
4) 정보를 얻기 위해		14%	13%	46%	27%
5) 진로 계획을 세우거나 구체화하는 데 도움을 얻기 위해		25%	50%	11%	2%
6) TV나 스마트폰을 이용하다 우연히 보게 되어서		11%	22%	37%	30%

<표 2> 뉴스를 보는 이유

마지막으로 학습자들의 뉴스 이용 실태를 살펴볼 필요가 있다. 과거부
터 현 재까지 학습자들이 어떤 식으로, 어떻게 뉴스를 활용해 왔는지 파악
한다면 이후 교육의 방향을 잡는 데 도움이 될 것이기 때문이다. 학습자들
은 주로 자신을 중심으로 필요성 유무에 따라 뉴스를 보며, 뉴스의 정확도
와 출처를 확인하는 경우가 많았다. 뉴스의 정확도에 대한 판단과 출처를
확인하는 것은 곧 정보의 진위를 판단하는 것이라는 점에서 중요하다. 많
은 학습자들이 뉴스를 무조건적으로 수용하지 않고 나름대로 정확성을 고
려하고 있다는 점은 고무적이다. 그러나 설문 항목 6, 7번을 주목해 보자.
6, 7의 설문 항목은 다양한 관점과 입장을 통해 편견을 불식시키고 시각을
확장하여 궁극적으로 정확한 판단을 하기 위한 과정에서 필요한 태도이다.
'가끔 그렇게 한다'를 포함하여 절반 정도의 응답자가 이 과정을 간과하고
있다는 수치는 곧 학습자들이 제대로 뉴스의 정확성을 판단하지 못하고
있음을 추측할 수 있는 지점이다.

구분	전혀 하지 않는다	별로 하지 않는다	가끔 그렇게 한다	대체로 그렇게 한다	매번 그렇게 한다
1) 나에게 도움이 되는 뉴스를 골라서 본다.		13%	30%	41%	16%
2) 뉴스 내용이 나에게 필요한 것인지 살펴본다.	1%	14%	28%	42%	15%
3) 뉴스의 내용이 정확한지 판단해 본다.	2%	5%	24%	52%	17%
4) 뉴스를 제공한 언론사를 확인해 본다.	4%	12%	18%	38%	28%
5) 뉴스 내용이 이해가 되지 않으면 주변에 물어보거나 정보를 추가로 찾아본다.	2%	11%	23%	43%	21%
6) 특정 사안에 대한 다양한 관점의 뉴스를 비교해본다.	3%	18%	23%	37%	19%
7) 나와 다른 의견/입장을 가진 언론사의 뉴스도 본다.	6%	22%	24%	34%	14%

<표 3> 뉴스 이용 실태

몇 가지 설문 항목을 통해 뉴스의 필요성, 활용 매체, 뉴스를 보는 이유, 뉴스 이용 실태 등을 살펴보면서 첫째, 대다수의 학습자들이 뉴스의 필요성을 인지하고 있다. 둘째, 학습자들이 주로 활용하는 매체는 스마트폰이며, 뉴스를 보는 이유는 세상을 향한 관심과 소통이지만, 스마트폰을 하다가 우연히 접하는 경우도 많다. 셋째, 뉴스의 정확도를 생각하며 뉴스를 보지만, 정작 다양한 관점과 입장을 간과하고 있다는 점들을 파악할 수 있었다. 이러한 결과를 토대로 학습자들에게 스마트폰을 활용하여 뉴스에 쉽게 접근할 수 있고, 뉴스를 통해 세상의 일들을 파악하여 이것을 매개로 소통할 수 있으며, 다양한 관점과 입장을 경험하면서 공정한 뉴스를 선별할 수 있는 시각이 필요하다는 것을 확인하였다. 따라서 본 연구자는 뉴스에 대한 관심과 흥미, 접근성을 높이기 위해 '카드 뉴스'를, 뉴스를 분별할 수 있는 능력을 함양하기 위해 '앵커브리핑 원고 쓰기'를, 뉴스를 매개로 사회에 관심을 갖고 공론장에서 소통할 수 있는 능력을 기르기 위해서 '독자 투고 글쓰기'를 배치하였다.

4. 뉴스 활용 미디어 글쓰기 사례

본 장에서는 뉴스를 활용한 미디어 글쓰기 사례로 카드 뉴스와 앵커브리핑 원고, 독자 투고 글쓰기를 분석해 보고자 한다. 본 연구의 대상 강좌인 〈뉴스 리터러시와 미디어 글쓰기〉는 중간고사를 전후해 전반부는 뉴스 리터러시를 중심으로 진행되고, 후반부는 앞의 내용을 토대로 뉴스를 활용한 미디어 글쓰기로 진행된다. 따라서 이 연구에서 다루는 학습자들의 사례는 다양한 접근 방식과 실습을 통해 뉴스 리터러시 능력이 어느 정도 다져진 후에 이루어졌다고 할 수 있다.[3] 이를 바탕으로 뉴스를 활용한 미디어 글쓰기로 카드 뉴스, 앵커브리핑 원고, 독자 투고 글쓰기를 진행하였다.

1) 카드 뉴스

2015년에 시작된 카드뉴스는 주로 모바일에 최적화된 형태로, 10컷 내외의 분량에 텍스트, 이미지, 소리 등의 복합 양식으로 제작한 뉴스 형태를 말한다. 카드 뉴스는 텍스트만큼이나 이미지가 차지하는 비중이 크며 이미지와 텍스트를 혼합하여 활용하기 때문에 연상 효과로 인해 기억에 오래 남길 수 있고 전달 효과가 크다. 무엇보다 내용을 압축적으로 제시한다는 점에서 적은 시간 안에 빠르게 정보를 전달할 수 있다. 독자 입장에서는 압축된 내용을 접하다 보니 뉴스의 핵심을 신속하게 파악할 수 있고, 비판적 사고력 외에 추론 능력도 동원하게 된다. 아울러 카드 뉴스의 스토리텔링 기법은 시각적 이미지와 함께 뉴스 소비자의 감성을 자극하면서 몰입도를 높이는 데 도움이 된다.

전반부 뉴스 리터러시 수업 과정에서 학습자들은 독자 입장에서 카드 뉴스를 접해 보면서 카드 뉴스와 관련된 전반적인 내용들을 숙지했다. 이를 바탕으로 이제 뉴스 소비자에서 뉴스 생산자가 되어 영화를 매개로 한 카드 뉴스를 작성해 보았다. 영화 텍스트 선별은 교수자가 저널리즘과 관련된 7개의 영화를 제시해 주고, 학습자들이 선택하는 방식으로 진행하였다. 학습자들은 7개의 선택지 중에 〈더 포스트〉라는 영화를 선택하여 이 영화를 감상한 후, 다음과 같이 각자의 목적을 설정하여 카드 뉴스 제작을 위한 기획서를 작성하였다.

---

3 전반부는 뉴스의 필요성과 가치, 뉴스 생산 과정, 디지털 미디어 시대 뉴스 생태계, 뉴스와 이데올로기, 뉴스 소비자의 태도, 로봇 저널리즘과 필터버블 등의 주제로 진 행하였다.

<그림 1> '카드 뉴스' 기획서 사례

위의 사례와 같이 저널리즘 관련 영화를 매개로 하되, 카드뉴스의 제작 방향은 자유롭게 진행하였다. 기획서 작성은 '㉠목적 수립-㉡방향 잡기-㉢주제 설정-㉣스토리 작성-㉤내용과 이미지 구상 및 배열' 순서로 진행하였다. 설명, 설득, 감정 등의 목적을 수립한 후 영화 내용 소개, 영화를 통해 도출한 사회적 사안, 영화에서 제기하고 있는 메시지 등 자유롭게 방향을 잡고 주제화한다. 주제가 정해지면 그것을 구체화하여 스토리를 만든 후 이를 바탕으로 10컷 이내의 스토리보드를 만든다. 이 때, 주제와의 관련성, 이미지의 구체성, 내용의 충분성, 문장의 간결성 등을 기획서 구성의 기본적인 유의 사항으로 제시하였다. 기획서가 완성되면 교수자의 피드백을 거쳐 카드 뉴스를 제작한다.

위 사례는 영화의 표면적인 메시지를 확장하여 이면의 메시지까지 추출하여 주제화하고 있다. 이 영화는 저널리즘 영화로 유명하지만, 이면에 '여성'의 문제를 다루고 있어 시사하는 바가 크다. 위 사례의 경우 이 점에 주목하여 여성 주인공 캐서린의 삶에 초점을 둔 감상을 서사적 기사의 형태로 작성하였다. 스토리보드를 보면 내용과 이미지의 관련성, 균형 등을 고려하고 있으며 글자 크기, 색, 진하기, 글씨체, 이미지와 텍스트의 배치 등을 꼼꼼하게 구상하고 있다. 각 컷에 담긴 내용을 고려하여 이미지를 선택하여 배치하고 있고, 핵심이 되는 내용을 명료하게 압축하여 적절한 컷에 가시화하고 있다. 스토리보드 작성은 일차적으로 영화의 내용을 정확하게 이해·정리하고, 나아가 다양한 관점에서의 깊이 있는 독해를 수반하게 한다. 또한 자신의 생각을 정리·요약하고 이미지와 텍스트를 활용하여 이를 표현하는 능력을 요구한다. 이러한 작업들을 기반으로 다음과 같이 카드 뉴스를 완성하였다.

<그림 2> '카드 뉴스' 사례 1

<그림 3> '카드 뉴스' 사례 2

이 외에도 영화의 내용을 전달하는 정보 뉴스를 비롯해 영화의 주인공이 여성 CEO라는 점에 주목한 정보 뉴스, 여성의 인권이나 언론에 초점을 두고 만든 뉴스 등 목적에 따라 다양한 방향의 카드 뉴스를 제작하였다. 아울러 텍스트 뒤로 사진이나 그림이 배경으로 배치된 영상 배경 텍스트형,

텍스트를 자막처럼 밑에 배치한 영상 텍스트 분할형, 텍스트를 중심으로 한 영상 분할형 등 형식적인 면에서도 여러 형태의 뉴스를 제작하는 양상을 보였다.

카드 뉴스 제작은 실제 경험을 통해 카드 뉴스에 관한 선행 학습 내용을 체화하는 역할을 하였다. 이 과정에서 학습자들은 텍스트(영화)의 내용과 함께 그것을 전달할 매체인 카드 뉴스의 독해 방식이나 특징 등에 관한 이론적인 내용을 다시 한 번 정리하게 된다. 학습한 내용을 정리하여 적절한 이미지를 찾고, 배열하면서 이미지 독해 능력을 향상할 수 있으며, 이미지와의 균형을 고려해 적절한 문자로 자신의 생각이나 정보를 간단명료하게 표현하고 전달하는 능력을 기를 수 있다. 뿐만 아니라 감상한 영화에 대해 다각적으로 숙고하게 되고 매체 환경과 특징을 고려하여 제작할 수 있는 기술 능력도 신장할 수 있다. 결국 이는 뉴스 매체의 특성을 이해하고 소통의 맥락 속에서 뉴스를 비판적으로 소비하고 생산하며 사회적 상호작용 능력을 고취하는 데 도움이 된다.

2) 앵커브리핑 원고를 활용한 설득적 글쓰기

JTBC 뉴스룸은 전반적으로 전형적인 뉴스의 역피라미드 구조에서 탈피한 내러티브 뉴스 형태로 구성되어 있다. 이를 통해 복선, 연대기적 서술, 이야기를 이어주는 상징적인 도구와 같은 전략(Kenndy, et al., 1993)에 감각적인 묘사와 예술적 요소를 첨가(Fedler, et al., 2005)하여 공감적 소통을 유도한다. 즉 뉴스가 가지고 있는 관습적 사고를 벗어나, 로고스, 파토스, 에토스의 조화 속에서 이슈에 대한 시선을 시청자들에게 전인적으로 전달한다. 이러한 구조와 전달방식은 젊은 세대들의 마음을 움직였고, 그대로 뉴스의 신뢰도에까지 영향을 미쳤다. 따라서 타 방송국의 많은 뉴스들도 이러한 방식을 표방하고 나섰다. 특히 앵커브리핑은 로고스, 파토스, 에토스가 결합된 내러티브 뉴스의 형태를 상징적으로 보여준다. 시, 소설을 비롯한 예술 텍스트, 우화, 격언 등의 인용과 비유를 활용한 예술적 감각에 사건을 바라보는 다양한 시선을 결합한 형태는 시청자들의 마음을 움직이는 동력이 된다. 이것은 교육 현장에서도 유용하다. 비판적인 시선으로 자신의 의견을 논리적으로 표현하되, 여기에 예술적 감수성을 소환하는 과정으로 이루어지기 때문에 학습자들의 흥미, 참여 유도에도 긍정적으로 기여한다. 뿐만 아니라 비판적이고 논리적인 사고력과 함께 감수성을 기르는 데도 유용하다.

Wise 외의 연구에서도 드러난 바와 같이 이렇게 만들어진 내러티브형 뉴스는 일반 뉴스에 비해 정확하게 기억(Wise, et al., 2009)되기도 한다.

이러한 점에서 앵커브리핑 원고를 쓰고, 발표하는 작업을 진행하였다. 크게 인용 내용(예술적 감수성) - 중심 내용(비판적 사고력) - 통합 내용(논리적 표현 능력)으로 원고를 구성하여 다음과 같은 순서로 진행하였다. ㉠먼저 다양한 뉴스를 보면서 관심 가는 사안을 정하고, 관련 뉴스들을 수집하여 내용의 진위를 파악한다. 이때 핵심 사안은 시의성 있는 것으로 한다. - ㉡주제에 관한 관점을 정립하고, 이를 뒷받침할 근거와 뉴스 자료를 선택한다. - ㉢내용과 관련된 인용 텍스트를 찾고 내포된 의미를 추출한다. 이때는 검색과 옆 친구와의 담화 활동을 활용하였다. - ㉣자료를 통합하여 초고를 작성한다. - ㉤검토하면서 발표할 때 활용할 시청각적 텍스트를 찾아 배치한다.

> **인용(예술적 감수성):** 1890년 7월 27일. 프랑스 오베르 라부 여인숙에서 한 발의 총성이 울렸습니다. 총성이 들려온 곳은 다름 아닌 2층의 다락방이었습니다. 피로 침대를 흥건히 물들인 채 누워있던 남자는 바로 '빈센트 반 고흐'. 그의 심장을 쏜 총알은 심장을 가까스로 비껴 박혔지만, 이틀 뒤 새벽 그는 동생 테오의 품에서 가난과 고통으로 점철된 삶과 작별합니다. 그는 사는 내내 가난 그리고 우울과 싸웠습니다. 지금은 세계적으로 모르는 이가 없을 정도로 유명한 화가인 그가 생전 팔아본 그림은 단 한 점에 불과했습니다. 그에게 강렬한 노란색은 삶의 기쁨이었으며 그는 별을 그리며 희망을 꿈꾸었습니다. 그럼에도 그의 삶을 지배하고 있는 '가난'이라는 굴레에서 벗어나기 힘들었습니다.

핵심(비판적 사고력): 그가 떠난 지 약 120년. 지구 반대편에는 자신이 사랑하는 일을 하면서도 괴로운 현실에 고통 받아야 했던 이들이 또 있었습니다. '달빛요정 역전만루 홈런'이라는 이름으로 여러 히트곡을 남긴 고 이진원씨는 생전 음원 사용료 대신 미니 홈피 도토리를 받았습니다. "창피하지만 며칠째 아무 것도 못 먹어서, 남은 밥이랑 김 치가 있으면 저희 집 문 좀 두드려주세요"라는 쪽지를 옆집에 남긴 채 32살 젊은 나이 에 요절한 시나리오 작가 최고은 씨도 있습니다. 그리고 2019년 현재까지도 이 비극 은 이어져오고 있습니다.

지난달 문체부 산하 국립현대미술관은 특별 전시에 초대한 작가들에게 황당한 물품 대가를 제시해 논란이 일고 있습니다. 다섯 달 전시에 고작 40000원, 하루 250원을 받는 셈입니다. 예술과 가난. 이 둘은 마치 오랜 관습처럼 함께 해왔습니다. 하지만 예 술 창작은 엄연한 노동입니다. 예술을 하면 가난은 으레 겪는 것이고, 예술은 '좋아서' 하는 거니까 그걸 위해 모든 걸 희생하는 것은 당연하다는 인식은 우리 사회에서 여전히 풀어야 할 숙제로 남아 있습니다.

통합(논리적 표현 능력): 창작 노동에 하루 250원을 대가로 준다는 국립현대미술관의 처우는 120여 년 전 반 고흐가 겪었던 고통과 가난을 다시금 떠올리게 합니다. 영화 '러빙 빈센트'에서 반 고흐는 이런 대사를 합니다. "나는 내 예술로 사람들을 어루만지 고 싶다." 무릇 동시대를 살아가는 우리 예술가들도 이와 다르지 않을 것입니다. 그들 의 열정과 사랑이 담긴 창작 노동을 인정하는 일은 먼저 공신력 있는 국립기관에서부 터 시작되어야 하지 않을까요?

이상 3분 앵커브리핑이었습니다.

위의 사례는 예술 계통의 고질적인 처우 문제를 다루고 있다. 〈하루 250원에 작품 전시? … 국립현대미술관의 '황당 계산법'〉이란 기사에서 촉발되어 관련 기사들을 스크랩한 후, 이에 관한 문제를 제기하고 있다. 실제 이 기사가 나가고 난 후 곧이어 문체부에서는 개선의지를 담은 기사를 내보내기도 하였다. 작가들의 처우에 관한 문제는 비단 오늘 내일의 문제가 아니다. 필자 역시 이는 고질적으로 답습되어 오던 문제였음에 착안해 대표적인 예술가 빈센트 반 고흐를 소환한다. 그의 죽음으로부터 시작해 고통스러웠던 그의 삶을 집약적으로 언급하며 독자를 집중시키고 있다. 다음으로 현대 사회의 반 고흐들을 열거하면서 자연스레 최근의 사건을 오버랩하여 지면 위로 올리고 있다. 과거와의 연계 속에서 시의성 있는 사건을 다루면서 문제를 제기하고, 향후 필요한 논의를 제공하는 형식으로 주위를 환기시키고 있다. 대상 사건을 하나의 고정적인 시선으로 독해하는 것이 아니라, 다양한 사례들을 동원하여 시각을 확장하고 있다. 확장된 시각은 독자들의 이해를 돕고, 나아가 공감에 이르게 하는 데 기여한다. 또한, 사안에 대한 관점을 주체적으로 정립하고 논리적으로 표현하는 과정을 통해 비판적인 사고력과 표현 능력을 기르는 데 도움이 된다.

3) 독자 투고 글쓰기

독자 투고는 1896년 4월 7일 우리나라 최초의 독립신문 창간호에서부터 적극적으로 권장된 이래, 신문사가 독자의 주체적인 참여를 강조하고 독자 의견의 중요성을 인정하는 방향으로 변화해왔다. 신문이 독자와 쌍방향 소통을 구현하는 최소한의 노력이며, 독자 스스로 문제를 제기하거나 분석하고 의견을 제시하는 능동적인 수용자의 참여 형태(조아라, 2010)이다. 즉 사유와 정보 교환을 위한 공론장(Public forum)의 역할을 담당하는 지면을 독자투고(Hynds, 1992)라 할 수 있다. 독자 투고는 시사적인 주제에 대한 일반 독자들의 의견과 주장을 개진하는 설득적인 글로, 넓은 의미에서 칼럼, 에세이, 논평, 시론 등을 포괄한다. 시의성 있는 사회적 사안을 중심으로 개인의 생각을 공유한다는 점에서 여론을 형성하기도 하고, 특정 이슈를 국가적 혹은 사회적 아젠다로 발전시키는 역할을 하기도 한다. 일반 독자들의 직접적인 참여 공간으로, 기존의 획일적인 신문 담론과 의제에서 벗어나 다양한 계층의 의견을 공유한다는 점에서 의미 있는 글쓰기이다.

본 연구자는 독자 투고 글쓰기의 논리적인 의견 개진과 공유, 능동적 참여의 특징에 주목하였다. 먼저 기존의 독자 투고 글을 읽고, 분석해 보는 작업을 진행하였다. 이를 통해 독자 투고 글을 형성하고 있는 사실과 의견을 구분해 보고, 각 내용에 관한 자신의 생각을 개진하는 실습을 하였다. 독자 투고 글을 접해본 다음 'ㄱ검색을 통해 관심 가는 기사나 독자 투고 글 찾기 – ㄴ글 분석하기 – ㄷ주제 정하기 – ㄹ전략세우기(투고할 신문사의 경향 파악, 투고 방향 등) – ㅁ개요 작성 – ㅂ초고 작성 – ㅅ교수자 피드백 – ㅇ투고하기'의 과정을 거쳤다.

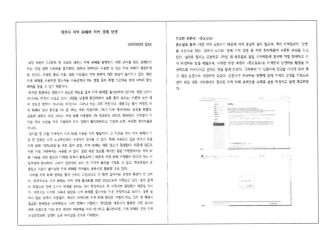

<그림 4> '독자 투고 글쓰기' 사례1

위의 사례의 경우 필자가 거주하고 있는 지역의 문제를 담은 기사에서 글의 소재를 찾았다. 지역 사회에 대한 관심과 경험에서 촉발해 최근 지역의 핵심 사안 중 하나인 지역 화폐에 관한 필자의 생각을 제시하고 있다. 서두에 지역 화폐 조례안에 관한 기사 내용과 이에 관한 반응을 담은 기사를 활용하여 핵심 사안에 대해 설명하고 본론과 마무리에서는 몇 가지 근거를 제시하며 현 상황과 사람들의 반응에 대한 필자의 견해를 제시하는 구조를 띠고 있다. 일부 성긴 문장이 발견되기도 하지만, 뉴스를 적절하게 활용하고, 객관적이고 비판적인 사고를 동원하여 자신의 견해를 논리적으로 피력하고 있다. 아울러 자신의 글과 투고할 신문사의 경향을 분석하고 파악하여 적절한 신문사에 투고하는 데까지 나아가고 있다. 이외에도 〈사례 2〉와 〈사례 3〉과 같이 지역사회 경제, 사회, 문화, 교육, 정치 등 다양한 방면의 시의성 있는 사안들을 선택해 자신의 견해를 피력하였다.

'노키즈존'에 담긴 차별과 혐오에 초점을 두고 자신의 견해를 이어간 〈사례 2〉는 주장과 반박, 구체적인 수치와 사례가 담긴 근거와 자료 해석이 비교적 잘 이루어진 글이다. 다양한 신조어들을 활용하여 반성적인 성찰을 촉구하는 마무리 역시 전체 내용을 상징적으로 전달하고 여운을 남기는 데 효과적이다. 문화 콘텐츠에 주목하고 있는 〈사례 3〉은 '먹방'의 유행을 우리나라의 음식 문화 정서에서 찾고 있으며, 문화비평가들의 견해를 가져와 먹방의 수행 기능을 설명한다. 그리고 이러한 기능 이면에 나타난 부정적인 사회 현상들에 주목하여 정부 입장과 여론을 제시한 후 반박 형태로 자신의 견해를 밝히고 있다. 학년에 따라 글의 수준 차이는 조금 있었지만, 전반적으로 자료 활용과 비판적인 분석을 동원하여 자신의 견해를 형성해 나가는 데는 무리가 없었다. 특히 '투고'라는 구체적인 목적 설정은 학습자들에게 동기를 부여하고 성취감을 형성하게 하는 데 긍정적으로 기여했다.

주지하다시피 독자 투고 글쓰기는 뉴스를 자료로 활용하는 법과 그 내용을 비판적으로 판단하고, 그에 대한 자신의 생각을 주체적으로 정립하는 능력을 기르는 데 도움이 된다. 뿐만 아니라 적절한 언어를 활용하여 자신의 생각을 논리적으로 표현할 수 있는 능력도 기를 수 있다는 점에서 고무적이다. 따라서 독자 투고 글쓰기 미디어 관련 강좌뿐만 아니라, 글쓰기와 관련된 다양한 교과목에서도 충분히 활용 가능하다.

5. 나오며

최근 코로나 19부터 김정은 사망설까지 우리는 크고 작은 가짜 뉴스로 배가된 진통을 겪어왔다. 우리가 직접 목격했듯이 가짜 뉴스는 사람들의 불안과 혼란을 가중시키고, 상황판단 능력을 마비시켰다. 뿐만 아니라, 갈등을 조장하여 관계를 악화할 우려까지 있어 문제적이다. 커다란 사건이 있을 때마다 무분별하게 생성되어 우리의 사고를 흔들어대는 가짜 뉴스는

이미 사회뿐 아니라, 세계적인 문제가 되고 있다. 가짜 뉴스에 흔들리지 않기 위한 올바른 뉴스 교육이 절실해지는 시점이다. 때문에 초등학생부터 노년에 이르기까지 다양한 형태의 뉴스 교육이나 미디어 리터러시 교육이 점차 확장되고 있고 있지만, 빈틈은 여전히 많다. 본 연구자 역시 이러한 빈틈을 조금이라도 메우기 위해 뉴스 리터러시 관련 강좌를 이어오고 있으며, 본 연구도 이 지점에서 부터 출발하였다.

구체적으로 먼저, 미디어 리터러시와 뉴스 리터러시, 그리고 미디어 글쓰기의 특징을 살펴보면서 각각의 개념 및 범주를 설정하였다. 다음으로는 학습자 분석 차원에서 학습자들의 뉴스 필요성에 대한 인지정도, 활용 매체, 뉴스를 보는 이유, 뉴스 이용 실태 등을 살펴보면서 다음의 공통인자들을 도출했다. 많은 학습자들이 뉴스의 필요성을 인지하고 있으며, 학습자들이 주로 활용하는 매체는 스마트폰이라는 점, 학습자들이 뉴스를 보는 이유는 세상을 향한 관심과 소통이지만, 스마트폰을 하다가 우연히 접하는 경우도 많다는 점, 공정한 시각으로 뉴스를 정확하게 독해하려 하지만, 정작 다양한 관점과 입장을 간과하고 있다는 점들을 파악했다. 이러한 결과를 토대로 학습자들에게 스마트폰을 활용하여 뉴스의 접근성을 높여 뉴스를 통해 세상의 일들을 파악하고, 소통할 수 있으며, 다양한 관점을 경험하면서 공정한 뉴스를 선별할 수 있는 시각이 필요하다는 점을 인지하였다.

따라서 본 연구는 뉴스를 활용한 미디어 글쓰기를 중심으로 미디어 리터러시, 뉴스 리터러시 능력을 함양할 수 있는 교육 방안을 모색하였다. 미디어 글쓰기로는 카드뉴스, 앵커브리핑 원고 쓰기, 독자 투고 글쓰기를 설정하였다. 그리고 각각의 진행 모형을 설계하여 〈뉴스 리터러시와 미디어 글쓰기〉 강좌의 후반부에 진행한 후, 그 사례를 분석해 보면서 가능성과 효과를 타진해 보았다. 카드 뉴스는 텍스트와 이미지 독해 능력, 그리고 이를 활용하여 자신의 생각이나 정보를 간결하고 명확하게 전달하는 능력을 기르는 데 도움이 되었다. 아울러 뉴스 매체의 특성을 이해하고 뉴스를 비판적으로 소비·생산하면서 사회적 상호작용을 확장하는 데 효과적이었다. 비판적 사고와 감정지능을 함께 활용하는 앵커브리핑 원고 쓰기는 학습자들의 흥미를 불러일으켜 참여로 이어지게 하였다. 시의성 있는 사안을 다각적으로 판단하는 과정을 통해 비판적이고 논리적인 사고력을 견인하였고, 이를 표현하는 데 있어 비유 대상을 모색하여 접목하면서 감수성을 촉발하였다. 예술적 감수성과 비판적 사고의 결합은 독자들의 이해를 돕고, 나아가 공감에 이르게 하는 데도 기여했다. 카드 뉴스나 앵커브리핑 원고에 비해 비판적인 사고력을 더 많이 요구하는 독자 투고 글쓰기는 뉴스를 자료로 활용하는 법과 적절한 언어를 활용하여 자신의 생각을 논리적으로 표현하는 능력을 향상하는 데 도움이 되었다. 더불어 '투고'로 이어지는 목표 설정은 학습자들의 동기 부여와 성취감 형성에 긍정적으로 기여하였다.

📎 참고문헌

- 권성호·심현애(2005), 디지털 '생비자(Prosumer)'의 수행영역 확대를 위한 미디어 리터러시 교육내용 설계 전략, 교육정보미디어연구 11(2), 한국교육정보미디어학회, 219-242.

- 김재희·이은희(2019), 학문 목적 한국어 학습자의 미디어 리터러시 수업 모형 개발을 위한 기초연구, 리터러시연구 10(3), 한국리터러시학회, 591-620.

- 양정애 외(2018), 뉴스교육 효과 검정을 위한 평가 체계, 한국언론진흥재단.

- 양정애·최숙·김경보(2015), 뉴스리터러시 교육 Ⅰ, 한국언론진흥재단.

- 오정국(2013), 미디어 글쓰기, 아시아.

- 이정훈(2012), 뉴스 리터러시: 새로운 뉴스 교육의 이론적 탐색, 한국소통학보 19, 한국소통학회, 66-95.

- 조남민(2018), 비판적 인지와 자기표현 능력 향상을 위한 미디어 리터러시 교육방안연구, 교양교육연구 12(6), 한국교양교육학회, 195-215.

- 조아라(2010), 한국 신문 독자투고의 특성에 대한 고찰, 이화여자대학교 석사학위논문.

- Aufderheide, P.(1993), National Leadership Conference on Media Literacy, Communications and Society Program conference report, Washington, D.C., Aspen Institute.

- Fedler, F., Bender, J. R., Davenport, L., & Drager, M. W. (2004), Reporting for the media, Oxford University Press.

- Harris, T. L., & Hodges, R. E. (1995), The literacy dictionary: The vocabulary of reading and writing, International Reading Association.

- Hynds, E. C. (1992), Editorial page editors discuss use of letters, Newspaper Research Journal, 13(1-2), 124-136.

- Kennedy, G., Moen, D. R., & Ranly, D.(1993), Beyond the Inverted Pyramid: Effective Writing for Newspapers, Magazines, and Specialized Publications, St. Martin's Press.

- Livingstone, S. (2004), Media literacy and the challenge of new information and communication technologies, Communication Review 7(1), 3-14.

- Powers, E. (2010), Teaching news literacy in the age of new media: why secondary school students should be taught to judge the credibility of the news they consume, master's thesis at the Washington University.

- Wise, K., Bolls, P., Myers, J., & Sternadori, M. (2009), When words collide online: How writing style and video intensity affect cognitive processing of online news, Journal of

Broadcasting & Electronic Media 53(4), 532 - 546.

· https://www.ofcom.org.uk/research - and - data/media - literacy - research/adults/ review0408

· http:/www.amlainfo.org

· http:/www.medialit.org/about - cml

· http:/namle.net/publications/media - literacy - definitions

8장

융복합 교양교과목 개발 연구
– <미래환경과 위험사회> 과목을 중심으로

남진숙

1. 서론

교양교과목의 경우는 학교의 방침이나 교육적 여건에 따라 전공교과목보다 변화를 심하게 겪는 일이 다반사이다. 물론 수많은 교과목이 대학에서 새롭게 개발되고 그에 따른 강좌가 개설 되었다가 없어지고 하는 현상은 자연스러운 일이다. 이는 학생들의 요구와 시대의 변화에 따라서, 학교 및 국가의 교육방침에 따라서, 교수자의 관심 및 전공에 따라서, 훌륭한 인재 양성 및 학생의 다양한 역량 증진을 위해서, 세계적인 교육의 패러다임 변화에 의해서 등 여러 가지 복합적인 이유에서 일 것이다. 그럼에도 교양 교과목에 대한 변화는 전공보다도 더 많은 변화의 요구[1]를 받아온 것도 사실이다.

인간은 언제 새로운 문제에 직면할지 모른다. 코로나19나 기후위기만 하더라도 전 인류가, 당면한 위기이고, 이는 복합적이며 새로운 문제 해결의 방법을 필요로 한다. 이러한 위기 상황에 대처하기 위해 교육은 기존의 교육 내용과 방법에서 더 나아가 새로운 대안과 방법을 모색해야 한다. 또 문제를 더 잘 해결할 수 있도록, 학생들의 역량을 키울 수 있도록 해야 한다. 어느 한 영역만으로 해결될 수 없다는 문제 인식에서부터 시작하여 학생들이 창의적이고 융합적으로 당면한 문제에 대해 생각하길 권장한다. 시대가 이미 그런 인재를 원한다. 그러한 인재에 부합하는 것 중 하나는 새로운 교육 내용과 방법이며, 이와 관련하여 주목하고 있는 것이 융복합[2] 교육이다.

---

1 그만큼 교육적 여건과 시대의 변화에 매우 민감하다는 것을 반증한다. 이는 교양교육이 대학에서 차지하는 위상이나 중요도, 그리고 여러 내외부적인 메커니즘의 작용이라고도 보여진다. 본고에서 다루고하 하는 내용과는 논외의 것이기 때문에 이에 대한 내용은 차치물론 하기로 한다.

2 홍성기(2019:570-574)는 융복합의 개념을 명확하게 정리하게 어렵지만 '특정한 관점을 통해 사물 보기와 특정한 맥락에서 보기, 맥락의 변화에서 관점의 변화로 혹은 그 역관계에서 보기, 고착된 관점에서 벗어나기' 등의 내용과 연관하여 설명하였다.

이미 많은 대학에서, '다양한 학문 분야에 기본 지식은 물론, 다양한 영역의 지식, 즉 인문, 사회, 예술과 과학기술 간의 연결과 조화를 꾀하는 '융복합'(convergence) 교육이 하나의 트렌드로 급속히 확산되고 있다.'(이희용, 2012:264) 이에 발맞춰 교양교육에서도 융복합 지식을 위한 교양교과목 개발이 활발하게 진행, 운용되고 있다. 이는 융복합 교양교육이 본격화되었음을 의미하는 동시에 그만큼 시대적 필요와 요구라는 점을 알 수 있다. 뿐만 아니라 융복합 교양교과목과 관련한 연구가 진행된 논문만 보더라도 융복합 교양 교육의 필요성이나 위상, 융복합 교육과정에 대한 설계 및 실제 운용한 사례에 관한 연구도 진척되어 있는 상황이다.[3] 이러한 현상은 국내뿐만 아니라 국외 저명한 대학에서도 융복합 교육[4]을 강조하고 교과목을 지속적으로 개발하고 있다는 점에서 전 세계 대학 교육의 한 중요한 패러다임임을 알 수 있다. 따라서 교양교육에서 융복합 교과목의 개발과 교육, 연구는 한국 교양교육의 질적 발전을 위한 한 축이기도 하다. 실제 '통합과 연결의 시대로 교양 교육학은 지적 연결 지평을 확장하는 횡단적 융합학문임을 강조하고 있다. 또 인문학, 사회과학, 자연과학을 종단하여 분절적으로 나열하는 구태의연한 체계에서 벗어나, 횡단적 지적 연결지평을 확대하는 새로운 교양교육을 지향'(백승수, 2020:9) 한다는 점에서 통섭적인 학문을 모색하고 있다. 뿐만 아니라, '인류문명의 전면적인 변혁에 대처하기 위해서는 개별적인 전공교육으로는 한계가 있고 종합적이고 융복합적인

---

3 백승수(2020), 박혜정(2020), 홍성기(2019), 고현범(2017), 민춘기(2017), 박일우(2015), 이성흠·윤옥한(2014), 이희용(2013), 최현철(2012) 등 연구 논문이 다양하다.

4 일본의 동경대학의 교양학부 후기 과정 중에서 융복합과 관련하여 문과, 이과의 융합학과를 지향하는 '학제과학과'와 세 학과의 접선과 경계지대에 설정된 '학문융합 프로그램'이 있다. 미국 캘리포니아 대학 버클리 캠퍼스는 융복합전공 과정이 있으며, 학제간 융합 기초과목을 배우는 사례도 있다. 또한 하버드 대학의 경우, 학제간 교육과정 교과목이 있어 학문간, 전공간의 이동을 유연하게 하고 있으며, 2016년 개정안에서도 융복합 교양교육을 중요시하고 있다. 예일 대학의 경우도 다학제 아카데믹 프로그램을 운영하고 있고 일반 교양과목 가운데 학제간 혹은 융복합 성격의 과목이 다수 존재한다. 스탠포드 대학도 11개 영역에 걸쳐 융복합 성격의 교과과 목을 개설하고 있다.(동국대학교 다르칼리지, 2019:21-27)

교양교육이 필요하다고 보고 교양교육의 새로운 학문적 관계망을 구축'(박혜정, 2020:26)할 것을 강조하고 있다. '국내 10여 개 대학 중, 융복합 교과목의 편성 방식에 따라 교양교육 체계 내에서 독자적으로 운영되는 대학(서울대, 서울시립대, 이화여대, 중앙대)과 교양교육과 별로로 융복합 교과목 전담 기구를 설립한 대학(성균관대, 한양대), 그리고 융복합 성격의 교과목이 존재하는 대학(경희대, 고려대, 서강대, 연세대) 등 다양하다. 융복합 교양교과목이 전체 교양교과목 총수에서 차지하는 비중이 1-2%대로 낮은 편이지만, 꾸준히 그 비중이 높아지고 있는 추세이다.'(동국대학교 다르마칼리지, 2019:47-89) 이처럼 국내 대학도 융복합 교과목 개발 및 교육, 연구에 많은 교수자와 학자들이 힘을 쏟고 있다는 점을 알 수 있다. 그만큼 융복합 교과목의 중요성 및 필요성을 시사하는 것이다.

동국대학교의 경우는 2018학년 융복합 교양교과목을 분석한 결과, 타 대학과 비교하여 부족한 편이어서 이를 보완하기 위해 2019년 한 차례 융복합 교과목을 개발해서 일반교양으로 개설하였다. 그러나 2019학년 1학기를 기준으로 융복합 교양교과목 개설 현황이 1.1%로 낮은 편이어서, 2020학년 공통교양과 일반교양을 중심으로 미래교육 환경에 맞는 맞춤형 융복합 교양체계로 개편이 필요했다. 이에 따라 융복합 교과목 개발 연구를 2019년도 한 차례 더 시행하게 되었다.

이에 본 논문에서는 동국대학교의 융복합 교양교육 공통 교과목인, 〈미래 환경과 위험사회〉의 교과목 설계와 교과 과정 및 내용을 공유하고 그 의미와 가치, 앞으로 융복합 교과목 개발에 대한 방향성에 대해 제언하고자 한다. 나아가 다른 교수자들에게 새로운 융복합 교과목을 개발하는데 하나의 모형을 제시할 수 있다는 점에서 융복합 교과목의 개설을 확산하고, 교양교육의 질적 향상에 보탬이 되고자 한다.

2. 융복합 교과목 개발의 전제와 방향성

1) 교과목 개발 배경 및 필요성

앞서 언급했듯, 새로운 교과목을 개발할 때에는 여러 가지 배경 및 이유가 있다. 본고에서 다루고 있는 교과목 개발 연구의 배경도 마찬가지이다. 동국대학교의 경우 자체 분석 결과, 융복합 교과목이 전체 교양교과목에서 낮은 비율이라는 점을 확인했다. 또한 대학의 교육 목표와 역량에 맞게 교과목을 더 설계할 필요가 있었다. 본고에서 다루고 있는 교과목은 그러한 문제 의식속에서 일차적으로 출발하였다. 또 교과목의 영역은 교양교육 전체 차원에서 '창조적 지식인'이라는 교육목표와 '화쟁형 인재'[5] 양성에도 기여할 것이라는 기대 하에 있었다. 이에 공통교양의 융복합 영역 개발에 4차 산업혁명과 위험사회라는 최근 쟁점을, 그리고 앞으로 인류가 직면하게 될 위험은 눈에 보이는 위험보다 눈에 보이지 않는 위험으로, 전 지구적, 전 인류적이라는 위험 인식을 반영하여 '미래 위험사회와 안전'이라는 영역을 추가하여 융복합 강좌를 기획하였다. 이는 공통교양에서 학생들이 선택할 수 있는 과목의 폭을 확대한다는 의미도 포함하고 있다.

이와 맞물려 본교를 상징적으로 대표하는 전공 중에 하나가 경찰행정학부이다. 동국대학교의 상징성을 대외에 알리는 한 방법으로, '경찰행정이나 경찰사법의 핵심 정체성이 사회적 위험으로부터 시민을 안전하게 지키는 일'이라는 인식을 교양교육에서도 상징적으로 일부 구현하자는 의미도 옅게 깔려 있다.[6] 즉 '위험사회와 안전' 영역은 다양한 방면을 포함하고 있

---

5 동국대학교의 인재상으로 '창의 융합적 사고로 문제를 해결하고, 깨달음을 실천하여 인류사회에 공헌하는 인재'를 말한다. 이에 발맞춰, 2019년 동국대학교의 교양 교과목 개발은 화쟁형 인재 육성을 위해 다양한 융합교육을 통한 학습경험의 혁신, 교수법 변화를 통한 교육 방법의 혁신과 학생 스스로 학습결과를 도출하고 공유할 수 있도록 하는 방향으로 추진되었다.

6 여기에 필자는 동의하는 바는 아니다. 이런 생각은 소수의 제한된 학교 행정과 관련된 사람들의 생각이라고 본다. 실제 이 강좌를 운영한다고 특정한 학부가 부각되는 것은 아니라고 보기 때문이다.

지만, 또 다른 내핵으로서 본교의 상징성을 강화할 것이라는 기대에서였다. 이것도 외부적 인한 작은 요인으로 작용한 것으로 본다.

이 강좌 영역의 공통 목적은 '급변하고 불확실한 미래사회를 대표하는 개념으로 다양한 사회 및 학문 분야에서 그 유효성이 입증된 융복합 주제가 바로 '위험사회론'이라는 관점이다. 요컨대 위험사회와 안전은 본교의 교육 목표와 함께 융복합 강좌를 "다양한 관점으로 지식을 획득하고, 사고를 확장, 수렴하여 창의적인 문제해결능력 키워주도록 구성된 교과목"으로 규정하면서 지속적으로 교과목을 늘려가는 추세와 같이 한 것이다. 학생들 스스로 창의적인 문제 해결 능력을 제고함으로써 미래사회의 변화에 능동적으로 대처하는 21세기 세계시민으로서의 성장을 고려한 것이라고 할 수 있다. 이러한 여러 배경하에서, 이 교과목을 개발 연구할 교수진의 경우는 융복합 교과목에 대한 개인적인 관심과 전공과도 일정정도 연계하여 교과목 개발 연구진이 구성된 것이다. 필자의 경우도 교과목 개발과 관련하여 학교 측의 권유와 더불어 개인적인 관심, 전공과의 연계성이 있어 참여하게 된 경우이다.

'미래 위험사회와 안전'[7]이라는 영역 안에서 4개의 융복합 교과목이 공통 교양으로 개발 되었고, 〈미래 환경과 위험사회〉는 그 중 한 교과목이다. 이상의 내용이 교과목 설계의 객관적 배경과 이유라면, 이 교과목을 개발하게 된 연구자로서 교과목에 대한 필요성은 다음과 같이 분명하다.

기후위기와 인류세[8] 개념이 전 세계적으로 유례없이 집중적으로 거론되고 있다. 하지만 기후 위기라는 것이 사람들에게 쉽게 인식되기 어려운 위

---

7 4개 교양교과목은 〈미래인간과 위험사회〉, 〈미래환경과 위험사회〉, 〈시장경제와 위 험사회〉, 〈과학기술과 위험 사회〉로 2019년에 개발되어 2020년 1학기부터 4강좌 가 2학점 2시수로 운영되고 있는 공통 선택 교양교과목이다.

8 인류세(Anthropocene)는 2000년 기후화학자 크루첸(Paul Crutzen)이 제안한 것으로 지질학적으로 공식화된 용어는 아니지만, 학문적으로도 현재 널리 사용되는 보편적 단어가 되었다. 인류세의 기원은 1950년대를 기준으로 잡고 있는 것이 일반적이며, 이 시기부터 지구의 급격한 환경 변화가 시작되었다고 보고 있다.

힘 요소이다. 우리나라의 경우, 작년 여름 유례없는 긴 장마에 기후 위기를 느낀 것도 잠시, 사람들의 관심을 지속적으로 끄는 데는 팬데믹만큼 그리 깊이 오래 인식하지 못했다. 더욱이 교양교육의 장으로 이것을 어떻게 다양한 학문들과 연계하여 효과적으로 교육을 할 수 있을까 하는 고민이 생겼다. 뿐만 아니라, '최근 기후 변화 속에서 역사적 기후학(Historical Climatology)이라는 새로운 학문 분야가 기상학자들로부터 역사학자에 이르기까지 다양한 분야의 전문가들이 뛰어든 융복합적 연구 및 교수 분야로 빠르게 부상하고 있음에도, 기후 문제는 교양교육의 콘텐츠로 전혀 다루어지고 있지 못하다.' 또한 '교양교육의 대상으로 포함되어야 할 중요한 주제이지만, 접근하기 까다로운 주제이다'(박혜정, 2020:34)라는 것에 동의한다. 이는 교양교육 내에서 교과목으로 어떻게 구성할 것인가 하는 필자의 오랜 시간의 고민과 결을 같이 한다. 그런 측면에서 〈미래환경과 위험사회〉 융복합 교과목은 필자가 오랜 시간 개발하고 싶었던 교육 콘텐츠의 하나였다. 또한 대학에서 다루어야 하는 교과목으로서 중요한 의미를 지닌다.

더욱이 '인류의 문제 해결에서 가장 중요한 요인으로 작용해온 것은 기술 자체가 아니라 그것의 사용을 결정하는 인간들 간의 관계와 문화적 틀이라는 점에서, 21세기 교양교육은 이제까지의 인간중심적인 인간의 이해를 극복하고 지구, 환경, 기술과의 관계 속에서 새로운 인간상과 이를 연구하기 위한 학문'(박혜정, 2020:35)으로 나아가야 한다. 그러기 때문이 이 과목이 융복합 과목으로서 지닌 함의가 더 클 수밖에 없다.

이상의 내용에서 주목할 것은 대학에 교과목을 설계할 때 그것이 외부적인 요인에 의해 출발 되었더라도 일단 교과목 개발자의 입장은 학생들에게 정말 이 교과목이 유용한지, 필요한 교과목인지를 꼼꼼하게 따져봐야 한다는 점이다. 새로운 융복합 교과목을 설계하는 교수자라면 이 과목을 왜 만들어야 하는가 하는 점에 자문자답을 먼저 하고, 그것으로부터 당위성

을 찾아가는 것이 선행되어야 한다. 그런 측면에서 〈미래환경과 위험사회〉
는 융복합의 교과목으로서 시대성을 반영하면서, 인류의 복합적인 문제를
다양한 학문적 측면으로 접근할 수밖에 없는 필연성을 지닌다.

2) 교육 목표와 핵심역량(Key competencey)[9]의 설정

대학에서 교과목을 개발할 때, 교양교육의 이념과 목표, 학교교육 목표
와의 연계성 등을 고려해야 한다. 동국대학교의 경우, 2020년 교양교육목
표 및 교과내용에서도 융복합의 내용이 포함되어 있다. 교육목표는 "분과
학문영역을 넘어 지식 및 정보를 창의적으로 결합함으로써 실제 문제에 적
용할 수 있는 능력을 기른다."라고 되어 있으며, 교과내용도 '다양한 관점
에서 지식을 획득하고, 사고를 확장, 수렴하여 창의적인 문제해결능력을
키워주도록 구성된 융복합 과목'으로 설정되어 있다. 이러한 기본 설정 아
래 2019년, 학교가 지향하는 6대 핵심역량[10]은, '창의융합, 자기개발 및 관
리, 대인관계, 의사소통, 정보기술활용, 글로벌 역량'이다. 이는 각 교양교
육 교과목에 맞게 교수자가 2개의 역량을 의무적으로 선택[11]하고 이 역량
에 따라 평가하게 되어 있다.

---

9 융복합 교육이 교양교육 전체에서 설정해놓은 교육목표나 핵심역량에 매몰돼서는 안된다고 기본적으로 생각한다.
   그럼에도 불구하고 본고에서 교과목 설계 시 이것을 지나칠 수 없는 이유는 제도권 교육이라는 현실적 한계 때문이
   다. 만약 평가와 성과, '제도권'이라는 교육의 테두리가 없다면 핵심역량에 대한 설정 자체가 융복합 교육에서 필수
   적인 것이 아닐 수도 있기 때문이다. 이런 교육의 환경에서 융복합 교과목을 설계 하는 것이 그런 점에서 딜레마가
   될 수도 있다. 이것이 우리가 처해있는 융복합 교육의 현장이기도 하다. 본고에서는 근본적으로 이런 문제를 다루
   는 것에 핵심을 두고 있지 않아서, 이쯤 소략하게 정리한다.

10 이것은 2020 화쟁형 인재상 교양교육과정 개편과 관련하여, 2021년에는 5대 핵심 역량(창의융합역량, 디지털역
   량, 자기개발역량, 소통협력역량, 글로벌시민역량)으로 개편 되었다. 이 교과목과 관련된 역량은 역량의 개수를 조
   절하였고, 크게 변동되기보다는 용어를 수정, 보완 하였다고 보면 된다.

11 교과목마다 1~6개의 역량이 해당되어 교과목별 설정 기준을 정하지 않으면 역량 함양에 불균형이 초래한다. 따
   라서 교과목에 가장 중점적이고 타당한 역량에 해당 되는 것을 선택하게 되어 있다. 이유는 교과목은 각각이지만,
   교양교육 과정 정체를 봤을 때, 동국대학교 학생들이 전체적으로 어떤 역량이 뛰어나고 부족한지를 한 눈에 볼 수
   있는 지표를 얻을 수 있기 때문이다. 즉 각 교과목의 다양성을 최대한 유지하면서도 교양교육역량의 균형추구와
   학습성과 관리와 향후 개선 방안 도출의 효율 진행을 위해 역량의 개수에 대한 기준이 필요한 것이다.

〈미래환경과 위험사회〉는 이러한 교육목표 및 교과내용을 염두해 두고, 6대 핵심역량 중 '정보기술활용역량'과 '창의융합역량'으로 설정하고 학습성과 2개를 선택하였다. 표로 나타내면 아래와 같다.

역량	학습성과
정보기술 역량[12]	• 학습성과10 정보 수집 및 활용과 관련된 정보윤리 이해 및 실천 능력 • 정보 활용의 문제점을 이해할 수 있는 윤리적 판단 능력 • 세계시민으로서의 정보 공유와 활용에 기여하는 실천 능력
창의융합 역량	• 학습성과11 새롭고 다양한 관점으로 현상을 파악하고 문제를 발견 및 해결하는 능력 • 복잡한 현상 속에서 무엇이 문제인지를 발견할 수 있는 능력 • 문제 해결을 위해 여러 학문 분야를 아울러 새로운 발상을 내놓을 수 있 는 능력 • 추상적 아이디어를 현실화하고 실행하는 능력

<표 1> 정보기술 역량과 창의융합 역량의 학습성과

특히 정보수집 및 활용과 관련한 윤리적 판단 능력과 실천 능력, 새롭고 다양한 관점으로 현상을 파악하고 문제를 발견, 해결하며 학문 간의 지식들을 연결 짓고 통합하여 새로운 의미와 가치를 창조해내는 능력을 함양시키고자 하는 것이 교과목과 일치하여 선택하였다.

〈미래환경과 위험사회〉 교과목은 국가 간 협약이나, 국내외적인 시민단체 등의 실천적 활동과 연계된 내용이 있기 때문에 학습성과 10이 적용되었다. 뿐만 아니라 환경, 기후위기, 생태계, 생물다양성, 인수공통전염병 등과 같은 문제는 전 지구적 문제로 세계시민으로서의 인식과 활동을 할 수 있는 역량을 키워나갈 수 있기 때문이다.

이상과 같이 교과목 개발에서 전제되는 것은 교육목표와 각 학교 교양교육에서 설정한 역량이나 인재상 등과 무관하게 교과목을 설계할 수 없다는 점에서 이런 부분을 고려하여 교과목을 구성해야 한다.

---

12 2021년 5대 역량으로 수정되면서 '정보기술역량'은 '디지털 역량'으로 변경 되었으며, 디지털 환경에서 다양한 정보, 지식을 수집, 분석하여 당면한 문제를 해결하 는데 활용할 수 있는 능력이 이 교과목과 관련한 역량 부분이다.

3) 교과목 설계자와 교수자의 역량

본고의 과목과 유사한 교과목[13]이 전무한 것은 아니지만, 많은 대학에서 기후와 환경, 생태의 문제를 학제간 융복합 교과목으로 운용하는 사례는 드물다. 물론 생태, 환경의 문제를 다루고 있는 교과목도 일부 있지만, 이러한 과목들은 어느 한 영역[14]에 치우쳐서 대부분 교육 내용이 설계된 경우가 많다. 이것은 교과목 설계자의 전공이 많은 부분 반영된 결과라고 본다.

융복합 교과목을 개발할 때 가장 큰 문제에 봉착하는 것은 이 교과목을 누가 개발할 것이며, 누가 가르칠 것인가의 문제이다. 어디에도 융복합이라는 학문을 전공한 교수자를 찾아보기 어렵기 때문이고, 더욱이 이 교과목과 관련하여 전공한 사람도 없다. 강의는 교과목을 개발하는 설계자가 곧 교수자가 될 수도 있고, 교과목을 개발하지 않는 사람도 그 교과목을 가르칠 수는 있다. 교과목 개발자와 교수자 설정에는 두 가지 방법이 있다. 교과목을 설계할 때부터 교수자끼리 팀을 이루어 교과목을 개발하고 수업도 함께 진행하는 방법이다. 아니면, 교수자가 단독으로 교과목을 만들고 강의도 운영하는 방법이다. 이후, 융복합 교과목의 경우 처음에는 교과목을 개발한 교수자가 우선적으로 강의를 진행한다. 그런 다음 강좌가 확장되거나 할 때, 다른 교수자[15]가 가르칠 수도 있다.

팀티칭의 경우 2인부터 다수의 교수자로 구성될 수 있어, 알맞은 인원이

---

13 본 교과목과 가장 유사한 교과목은 2019년도부터 개설된 건국대학교의 〈생태인문학〉 교과목이다. 문학과 과학의 영역을 골고루 설정하여 각 학문이 마주하는 자연 및 환경 등의 생태학적 문제 이면을 다학제적 관점에서 공부하며 간학문적 성격을 지닌 교과목이다. 필자가 살펴본 교과목 중에서 융복합의 성격에 부합하는 과목이라고 생각한다. 이 교과목을 강의하는 교수가 직접 『모빌리티 생태인문학』(이명희·정영란, 2020)이라는 도서를 출판하기도 하였다.

14 기후와 환경 등과 관련한 융복합 교과목으로 성균관대 〈기후와 문화〉라는 교과목이 있지만, 이는 기후위기의 문제를 다루기보다 날씨와 문화의 관계에 초점을 맞추고 있다.

15 이 교과목은 2021년 1학기부터 강좌가 늘어서, 다른 교수자에게 필자의 강의매뉴얼을 비롯하여 이 교과목의 모든 것을 공유하고 충분히 설명하였고 그 교수자도 강의 내용을 학습한 후에 강의를 시작하였다.

몇 명인가에 대한 것은 명확하게 정해져 있지 않다. 교과목을 어떻게 설계하고 운용하느냐에 따라 결정될 사안이기 때문이다. 팀티칭의 경우, 교수자 상호 간 수업 참관과 피드백을 제공하면서 진행되어야 하기 때문에 교수자의 노고가 많이 들어간다. 또한 교수자간 융복합을 위한 팀티칭은 수업 설계부터 수업 운용, 수업 평가가 모두 철저한 상호 작용을 통해 이루어지지 않으면 수업의 효과적인 결과를 얻기 힘들다. 이런 점 등을 감안했을 때, 〈미래환경과 위험사회〉의 경우, 2명의 팀티칭 교수자로 해결되지 않을 과목이다. 왜냐하면 과목 자체가 생물학, 생태학, 환경학, 기후학 등 자연과학분야와 문학, 철학, 역사, 영화, 드라마 등 인문예술 분야와 사회학, 문명사, 음식학, 기후학, 의류학, 의학 등 다양한 영역의 학제간 융합이 필요한 과목이기 때문이다. 각각의 전공 영역과 함께 팀티칭하기에는 그 분야가 너무 다양하다. 이 수업을 진행할 교수자를 구하기도 어렵거니와, 이것을 팀티칭으로 할 경우, 너무나 다양한 전공자가 필요하기 때문이다. 그러면 자칫 옴니버스식 수업이 돼서 강좌의 정체성을 잃을 우려도 있기 때문에 이런 점을 감안해야 한다.

따라서 이 교과목의 경우는 필자가 팀티칭 없이 1인이 강의할 수 있도록 처음부터 설계하였다. 물론 혼자 교과목을 개발하고 팀티칭을 하지 않은 경우, 교수자가 전공 분야가 아닌 다른 분야까지 공부하여 수업을 설계해야 하는 어려움이 있는 것은 사실이다. 이 교과목을 개발하면서 필자 역시 그러한 점에 봉착했기 때문이다. 이 문제를 해결할 수 있는 방법은 전공 분야가 아닌 다른 분야에 관심을 갖고 지속적인 학습을 하는 수밖에 없다.

여기에서 우리가 생각해볼 문제가 있다. 융복합 교과목의 내용을 어느 선까지 가르칠 것인가? 즉 교수자는 어떤 역할을 해야 하는가 하는 점이다. 전공이 아니기 때문에 교양교과목이라는 점에서 그 수준이 전공처럼 전문적으로 아주 깊이 갈 수는 없다. 그리고 그럴 이유도 없다. 따라서 융복합 교과목의 설계는 기본적으로 학생들이 이 교과목을 통해 기본적으로 알아야 하는 학문적 지식과 정보, 융복합적인 사고를 할 수 있도록, 또 그런 방향으로 문제해결을 할 수 있도록 가이드의 역할을 하는 것에 교수자의 역할을 두었다. 이는 융복합 교과목에서 교수자의 역할을 어떻게 설정할 것인가의 문제를 먼저 정해야 한다는 것을 의미한다. 필자뿐만 아니라 다른 융복합 교과목을 설계하는 교수자도 마찬가지일 것이다. 따라서 융복합 교과목에서 교과 내용의 콘텐츠를 어느 선까지 가르칠 것인가, 그리고 교수자는 어떤 역할을 할 것인가에 대한 설정이 먼저 구상되어 있어야 한다. 필자는 이런 점 등을 감안하여 교과목을 개발하였다. 필자의 경우 융복합 교과목에서 교과목 설계자나 교수자는 다양한 영역의 전문가가 될 수 없기 때문에, 퍼실리테이터(facilitator: 조력자, 촉진자)나 안내자의 역할을 할 수 있고, 그 역할을 할 수 있도록 교과목도 그렇게 구성되는 것이 현실적이라고 보았다.

한편 이 과목에서 다루고자 하는 내용에 대해 개인적으로 관심이 매우 높았다. 또 이 강좌의 개설이 대학에서 꼭 필요한 교양교육 융복합 과목이라는 절실성 때문에 교과목 개설을 하게 되었다. 필자의 경우, 기존의 다른 교과목에서 팀티칭 수업과 융복합 교육 등을 경험, 연구한 교수자[16]로서, 이 과목을 어떻게 설계할 것인가에 대한 계획을 어느 정도 수립할 수 있었다. 다만 필자도 각 분야의 전문가가 아니기 때문에 강의 내용을 알아가기 위해 학습하고, 어느 선까지 학생들에게 가르치고 안내자 역할을 할 것인가에 대해 고민을 하지 않을 수 없었다. 일단 이 강좌가 전공과목이 아니

---

16 남진숙, 「이공계 글쓰기 '팀티칭 수업(Team teaching)'의 효과적 방법 및 그 실제」, 『우리어문연구』, 2012. 통권 43호, 「융복합을 통한 생태교육 방법론」, 『문학과 환경』, 제15권 4호, 2016, 남진숙·변나향, 「영화를 활용한 건축 및 의사소통의 융합 교육 방법－다큐멘터리 〈말하는 건축가〉를 중심으로」, 『공학교육연구』, 18집, 2015, 남진숙·이평전, 「이공계 글쓰기 예문·예제집을 활용한 팀 티칭 수업」, 『한국사상과 문화』, 53, 한국사상문화연구소, 2010, 남진숙·이영숙, 「『玆山魚譜』의 해양생 태인문학적 가치와 융합연구 제언」, 『문학과 환경』, 2019 등이 있다. 또한 이 교과 목과 관련하여 필자의 경우는 불교환경연대 불교기후행동 연구위원으로 활동하며, 현장과 지속적인 소통을 하고 있다.

고, 교양교과목이라는 점을 상기하며 교양교육에서의 수업의 수준을 감안하였다. 또한 이 수업에서 모든 영역을 완벽하게 가르치는 것이 아니라, 융복합 교육목표에 따라 '분과 학문영역을 넘어 지식 및 정보를 창의적으로 결합함으로써 실제 문제에 적용 할 수 있는 능력을 기른다는 점을 상기하며, 다양한 관점에서 지식을 획득하고, 사고를 확장, 수렴하여 창의적인 문제해결능력을 키워주도록 구성'하여, 학생들이 스스로 문제제기하고 답을 찾아갈 수 있도록 교수자의 역할을 충실히 하자는 선에서 그 큰 줄기를 잡고, 강의 설계에서부터 강의매뉴얼까지 완성할 수 있었다.

4) 혁신 교수학습법과 고려사항

융복합 교과목을 설계할 때는 어떤 교수학습법으로 가르칠 것인가 하는 문제가 중요하다. 왜냐하면 교수학습의 방법이 그 교과목의 특징이나 교과목이 지향하는 구체적인 학습 목표와 연결되기 때문이다.

'미래위험사회와 안전'의 교과목 영역을 기획할 때, 이 강좌는 교내 혁신 교수법[17]을 적용하기로 하였다. 〈미래환경과 위험사회〉는 프로젝트(Project Based Learning: 이하 PBL) 수업으로 설계하였으며, 교과과정도 이에 맞게 구성하였다. 융복합 교과목마다 그 특징은 다르겠지만, 본 교과목의 주목적이 많은 지식과 정보의 전달보다는, 팀플을 통해 학습자들이 서로 협력하여 실제 배운 지식과 내용을 토대로 결과물을 만드는 수업이 주이다. 융복합 교과목 설계에서 중요한 요소는 학생들의 능동적이고 자기 주도적인 학습이 있어야 하기 때문이다. 따라서 일방적인 강의에 그치지 않고 학습자들이 실제 기획하고 참여할 수 있는 프로젝트(PBL: project based learning)을

---

17 전혀 새로운 것을 의미하기보다, 교내 교수학습개발센터에서 통칭한 단어로 협동 학습, PBL(Project Based Learning), PBL(Problem Based Learning), 플립러닝(Flip learning) 등을 이르는 말이다.

통해 산출물을 만들 수 있도록 구성하였다. 이는 '학생들의 자발적인 학습 동기와 열정이 요구된다는 점, 그리고 융복합 교육은 어떤 면에서 자기 주도 학습이어야 한다는 사실이다. 이 두 가지 전제가 충족되지 않은 융복합 교육은 반(反)창의적, 반(反)융복합적 성격을 갖고 있을 가능성이 높다. 대학교에서 융복합 교육, 특히 교양교육에서 융복합 사고 훈련은 학생주도 학습으로 방향을 전환해야만 한다.'(홍성기, 2019:576)라는 점에서도 일치한다.

이 교과목에서는 기후위기와 관련하여 다양한 활동이나 실천을 할 수 있기 때문에 프로젝트의 유형[18]을 따로 만들어 학습자들에게 제시할 수 있도록 하였다. 막연하게 프로젝트를 진행하게 하는 것이 아니라 유형을 제시함으로써 학생들이 프로젝트의 주제 선정 및 방향성을 잡는 데 도움이 되도록 하기 위해서다. 융복합 교과목은 일방적인 수업 방식보다는 학생들이 직접 참여하는 수업이 더 효과적이다. 학습자가 여러 학문 영역이나 관심 영역으로 융합할 수 있는 힘이 생긴다. 따라서 교수학습법에 있어 기존의 학습법을 활용하더라도 이 교과목에 맞게 수정, 보완하는 일이 반드시 필요하다. 물론 일반교과목에서도 프로젝트를 진행하고 있지만, 일반교과목에서는 단선적인 한 문제를 갖고 프로젝트를 진행하는 경우가 많기 때문에 교수법이 같다고 하더라도 그 내용과 방법에는 차이가 있다. 융복합 교과목에서의 프로젝트는 주제 설정부터 운용 방식이나 내용 자체가 융합적인 측면을 가장 많이 고려하고 그것을 프로젝트에도 반영하도록 하기 때문이다.

한편 융복합 교과목을 설계할 때 평가의 방법도 설정해야 하는데, 이 교과목의 경우는 상대평가가 아닌 절대평가로 하였다. 이는 팀플로 이루어지는 프로젝트 수업이기도 하고 융복합 교과목이라는 점에서 프로젝트가 차지하는 비중이 절대적으로 많기 때문이다. 또 팀플과 관련하여 동료 상호

---

18 실천형·연구심화·현장참여형·공모참가형·융합형 프로젝트 등 5가지 프로젝트 유형을 만들었다. PBL과 관련한 구체적인 수업의 사례 및 특징 등은 지면 관계상 본 문에서 상세히 논할 수 없는 관계로 후속 연구 논문으로 작성할 예정이다.

평가표를 작성할 수 있도록 구성하였고, 수강생의 인원도 30명[19]으로 한정하였다. 강의실은 PBL 수업이 가능한 강의실로 하여, 팀별로 언제든지 토론을 할 수 있도록 계획하였다. 이와 같은 물리적인 외적 전제 조건은 학교 교육행정과 논의가 선행되어야 한다. 따라서 교과목 개발을 하거나 개발을 했을 때 외부적인 여건이 융복합 교과목을 운영할 수 있는 제반 여건이 갖춰져야 한다는 의미이다.

3. 〈미래환경과 위험사회〉 교육과정 설계 및 특징

강의시수를 비롯하여 학점, 평가방법, 인원 수, 강의실 유형 등 외부적인 것들이 확정되었다면 본격적으로 강의계획서를 작성하고 이를 토대로 더 상세한 강의매뉴얼을 작성한다. 강의매뉴얼은 교과목 개발자뿐만 아니라, 개발자가 아닌 다른 교수자들이 봐도, 이 수업을 어떻게 하는 것인지에 대한 전체적인 내용을 한 눈에 볼 수 있다는 점에서 강의매뉴얼은 꼭 작성하는 것이 좋다. 본 교과목에 대해서는 약 150페이지 정도로 강의매뉴얼을 작성하였다. 이 매뉴얼 안에는 교육목표와 운영기준, 세부운영의 예시, 지정도서, 교재 학습 및 강의에 대한 안내, 표준 주차별 교육계획 등이 모두 포함되어 있다.

1) 교육목표 및 운영기준

〈미래환경과 위험사회〉는 포괄적 목표와 세부적 목표 그리고 각 강마다의 교육 목표가 있다. 본 강좌의 포괄적 목표는 인류를 위협하고 있는, 현

---

19 강좌의 특성을 보면 20명이 적합하지만, 본교 여건상 30명으로 결정되었다.

재와 미래의 환경 문제에 대한 위험요소를 다양한 학문영역의 지식을 통해 분석, 이해하는 것이다. 이를 바탕으로 환경, 생태, 기후위기로 인해 발생하는 현안 문제에 대해 깊이 이해하고 창의적이고 융복합적인 방법으로 문제를 능동적으로 해결할 수 있는 실천적 대안을 학습자 스스로 모색할 수 있도록 하는 것이다.

그리고 세부적 목표로 첫째 위험사회와 지구시스템과 관계된 기본 용어 개념과 구성 요소를 이해하고, 위험한 환경에 노출된 인류와 지구 환경에 있어 문제점이 무엇인지 다양한 학문 영역을 통해 지식과 정보를 습득하고 이해, 인식한다. 둘째 토론과 토의 등 의사소통 과정을 거쳐 더 심층적인 내용을 공유하고 관심 영역에 대한 한 가지 주제를 정하여 심도 있는 이해와 문제해결을 위한 프로젝트를 실제 진행할 수 있다. 이를 위해 문제해결을 위한 아이디어를 내고 문제해결을 위한 융합적인 방법과 내용의 대안을 스스로 찾아갈 수 있다. 셋째 글로벌한 문제점을 인식하고, 이를 해결하기 위해 자신의 능동적인 역할을 이해하고 궁극적으로 생활 속에서 이를 지속적으로 실천할 수 있다. 이는 무엇보다도 학습자가 환경과 기후위기에 대한 인식을 분명히 하고 이를 위한 행동의 변화를 가져올 수 있게 하는 것이다. 넷째 실천적 프로젝트를 진행하는 과정에서 다양한 정보와 데이어, 기기 등을 활용할 수 있고 새롭고 창의적인 다양한 콘텐츠와 프로젝트 산출물을 완성, 확산할 수 있다. 교육성과 평가체계는 앞에서 언급했듯이 2개의 핵심역량(현재는 창의융합, 디지털 역량)과 핵심역량별로 구체적인 학습성과와 평가방법 등을 제시하였다. 이런 역량은 이 교과목에 맞춰 따로 만든 것이 아니라, 전체 융복합 교양교육 교과목에 맞게 선택하도록 되어 있어, 이 교과목에 가장 알맞은 핵심역량과 학습성과를 설정한 것이다. 이는 융복합 교양교과목에는 다른 교과목도 존재 하고 또한 수많은 공통교양 교과목이 존재하기 때문이다.

수업의 구성은 아래 표와 같다. 교과 목표의 효과적인 수행을 위해 교수자 위주의 이론 강의와 학습자의 능동적인 학습 활동의 비율을 아래와 같이 하였다. 또한 이 교과목은 프로젝트를 실행하고 그 결과를 발표하도록 구성하였다. 교수자의 강의가 50%로 구성되어 있는데 이 중에서는 약 15%는 프로젝트 주제 선정 및 프로젝트 기획 포커싱, 자료 점검 등을 통해 프로젝트와 직접 관련 있는 지도를 할 수 있도록 구성되어 있다. 따라서 PBL 수업의 특징도 살리고자 하였다.

구분	강의(이론+프로젝트 포커싱)	프로젝트 발표	토의토론	기말시험
비율	50%	25%	20%	5%

<표 2> 수업의 구성

구분	기말시험	프로젝트 및 발표	프로젝트 성찰저널	토의토론	개인과제	출석
비율	30%	35%	5%	10%	10%	10%

<표 3> 평가 요소 및 비중

　평가 요소 및 비중 역시 이 수업에서 중요하게 생각하는 부분에 점수 비중을 높이 둔 것이다. 기말시험은 배운 기본적인 이론을 점검하는 것이고, 프로젝트 결과물과 그에 대한 발표, 보고서의 점수가 포함된 것이다. 여기에 프로젝트와 관련하여 상호평가에 해당되는 성찰저널 작성까지 하면 40%가 프로젝트와 관련 있는 평가요소이다. 토의 토론은 매 시간 강의를 들은 후, 강의 내용과 관련 있는 관심 주제나 문제제기에 대해 이야기를 나누는 것으로 이것 역시 학생들의 능동적인 참여가 필요한 부분이다. 개인과제는 강좌와 관련하여 여러 매체, 영화, 소설, 시, 이론 등 융합된 문제를 제시하여, 그것에 맞는 이론을 접목하여 자신의 의견이나 비평을 쓰는 과제[20]로 설계하였다. 이때 단순 감상문이 되지 않도록, 배운 내용과 과제물

---

20 과제물의 예를 들면, ▶과제물 1 아래 두 편의 시와 다큐멘터리 영화, 〈잡식가족의 딜레마〉를 보고, 제4강 '지구온

의 텍스트 그리고 자신의 관점이나 의견 등을 반드시 융합적으로 기술하도록 구성하였다. 개인보고서의 경우 평가 항목은 '배운 관련 이론을 활용하여, 제시된 과제의 글이나 작품을 제대로 분석, 이해하였는가? 해결방안이나 결론에 학생의 생각이나 아이디어가 융합적으로 반영되어 있는가? 참고도서 인용에 대한 각주 표기나 잘 되어 있는가 하는 점이다. 미리 개인보고서에 대한 평가 항목표를 성찰저널[21]과 프로젝트 평가와 마찬가지로 교과목 설계 시 만드는 것이 필요하다.

지정도서나 교재와 관련해서는 융복합 과목으로 정해진 교재는 따로 없다. 다만 학생들이 이 수업을 듣기 위해 미리 예습 차원에서 기본적으로 읽고 올, 기본도서는 2권으로 정하였다. 이는 이 교과목의 바탕을 이루는 '제2의 현대성'을 비롯한 위험사회의 전체적인 배경과 역사를 알 수 있는, 울리히 벡의 『위험사회』(Beck, 1986/2014)를 선정하였다. 또 기후위기의 시발을 알 수 있는 기본 바탕이 되는, 클라이브 헤밀턴의 『인류세』(Hamilton, 2017/2018)로 지정하였다. 덧붙여 학습자가 동영상 세대라는 점도 감안하여, 도서 뿐만 아니라 EBS 다큐프라임-인류세 1, 2, 3의 동영상도 기본적으로 보도록 설계하였다. 이외 각 장마다 해당되는 보조도서 및 참고동영상, 참고논문, 단평 등은 따로 교재가 없는 교과목인 관계로 다양한 영역의 학습 자료 목록을 제공하는 것이 중요하다. 또한 매시간 학습자들에게 각 주차마다 강의노트를 제공하고, 중요한 내용은 빈칸 처리하여 수업을

난화와 먹거리' 등과 관련하여 배운 이론과 접목하여, 이에 대한 해석 및 분석 등의 내용을 쓰시오. ▶ 과제물 2 한강의 『채식주의자』 소설을 읽고 주인공이 왜 채식을 거부하게 되었는지(채식을 거부하게 된 이유)를 이해(알아 보고)하고, 동물기본권과 채식주의와 연관한 내용을 융합하여, 자신의 생각을 서술 해보자. ▶ 과제물 3 SF 단편소설집, 『미세먼지』(출판사: 안전가옥, 2019) 중, 김효인의 「우주인 조안」을 읽고 미세먼저와 관련하여 분석하고, 미래 환경에 대한 자신의 생각 을 서술하시오. 중 하나를 선택하여 작성하도록 하였다. 매학기 과제물명은 조금씩 변화를 주도록 구성하여, 교수자가 얼마든지 관련 과제를 새롭게 만들 수 있도록 구성하였다.

21 성찰저널은 상호평가에 해당되는 성격이지만 질문은 다음과 같이 하여 직접적인 상호평가보다 간접적인 상호 평가와 자기평가가 들어가 있다. 질문의 내용은 4가지로, 지금까지 수업에서 배운 중 가장 기억에 남았던 것은 무엇인가요? 지금까지 수업에서 배운 것을 본인은 어디에 적용할 수 있을까요? 성과급 1000만원을 팀원의 누구에게 얼마를 주어야 하며, 그 근거는 무엇입니까? 본인 스스로에 대한 평가를 하면 등으로 구성되어 있다.

들으면서 필기하도록 구성하였다. 그 강의 노트의 형식 및 내용에 대한 예시는 아래 주차별 강의에서 자세히 설명하도록 하겠다.

2) 주별 강의 내용 및 특징

주	강의내용	강의방법
1	강의계획서 및 수업 소개 위험사회의 개념과 특징1	강의
2	위험사회의 개념과 특징 2	강의
3	인류세와 지구시스템 프로젝트 설명 및 팀 빌딩	강의+토의+토론
4	지구온난화와 기후 위기 주제 도출: PBL 포스트잇, 프로젝트 팀별 주제 논의	강의+토의+토론
5	미래환경과 식량&먹거리 인류의 식습관은 이대로 좋은가 - 스톨 속에 묶인 동물기본권 - 내가 채식주의자가 되라고? 프로젝트 주제 확정	강의+토의+토론
6	인류세가 낳은 미세플라스틱의 경고 프로젝트 개발 및 과제 구성(포커싱)	강의+토의+토론
7	프로젝트 1차 완성(초고) 인수공통전염병-인류의 전염병과 환경	강의+토의/토론
8	생물다양성&생물보전지역 데이터로 보는 생물 다양성 - 생물다양성의 개념과 중요성	강의+토의/토론
9	프로젝트 2차 완성(중간단계) - 생물문화다양성의 개념과 범위, 중요성 - 인간의 생태적 위치와 활동을 점검	강의+토의/토론
10	개인과제물 품평	토의/토론
11	프로젝트 발표 1, 2	발표+질문+피드백
12	프로젝트 발표 3, 4	발표+질문+피드백
13	프로젝트 발표 5, 6	발표+질문+피드백
14	프로젝트 발표 7	발표+질문+피드백
15	강의 총정리, 성찰저널 제출	기말시험

<표 4> 주차별 강의 내용 및 방법

15주 강의의 구성에서 특징적인 것은 교수자에 따라 얼마든지 미래환경과 관련하여 건축, 의복, 환경운동 등 다양한 교육 내용을 확장, 변경할 수 있다. 왜냐하면 이 과목이 융복합으로 어떤 전공자가 가르쳐도 그 교수자가 일정정도 유연성을 갖고 가르칠 수 있도록 하기 위해서이기도 하다. 경계해야 하는 것은 교수자의 전공에 너무 치우치지 않도록 하는 것이다. 왜냐하면 미래환경과 관련한 것들이 다양한 영역에서 문제제기가 되고 있고, 이것에 대한 해결 방안이나 실천적 행동 역시 여러 방면에서 일어나기 때문이다. 또한 이 교과목을 한 사람이 설계하여 그 한계점이 분명히 존재하기 때문에 그런 점에서 강의 내용 구성은 조금은 유연성이 필요하다. 한편 이론 수업과 병행하면서 프로젝트에 대한 과제 구성 및 피드백과 논의할 수 있는 시간을 넣었다. 이와 같은 수업 설계에서 한계점으로 예상되는 것은 시간이 모자랄 것[22]이라는 점이다. 이런 경우는 과제 포커싱 시간이나 이론 강의 시간을 교수자가 유연성 있게 조정 가능할 것이다.

이 강의계획서의 설계의 장점은 가령 5주차 미래 환경과 식량&먹거리에서 인류의 식습관과 환경, 기후위기와 관련하여 논할 것은 식문화부터 시작하여, 육식, 채식, 동물기본권, 종자은행, 종자싸움, 아마존 밀림의 파괴, 지구온난화, 기후위기 등과 관련되기 때문에 이런 것들을 통해, 학습자들이 얼마든지 관심 분야를 확장하여 프로젝트 주제를 잡고, 진행할 수 있다. 5주차에서 종자은행에 대해 간단하게 수업을 하지만, 그에 대해 깊이 있게 들어갈 시간은 절대적으로 적다. 따라서 식량과 먹거리와 관련된 모든 주제는 열려 있다. 여기에는 GMO의 문제나, 미래 먹거리에 대한 논의도 당연히 가능하다. 따라서 프로젝트의 다양한 주제를 선정할 수 있도록 교수

---

22 이는 실제 수업을 해 본 결과 시간이 촉박한 것은 사실이다. 그럴 경우는 이론 수업의 일부를 무크로 제작하여 제공하는 방안도 생각해 볼 수 있을 것이다. 현재는 온라인 실시간 수업이기 때문에 토론·토의 시간을 조금 줄이고 강의 내용의 시간 배분을 늘린 상태인데 오프라인으로 다시 전환되면 이론 수업 시간은 조금 줄이고 토론이나 토의의 시간을 늘릴 수 있을 것이다.

자가 학생들에게 창의적이고 융합적으로 문제제기 하고 생각할 수 있도록 다양한 관점에서 문제제기 하고 논의하고 실제 현황과 국가적 정책, 사회적인 시민운동, 예술가의 예술적 활동, 학문적 성과, 매스미디어의 내용도 제공한다.

강의 노트의 구체적인 내용을 하나 샘플로 제시하면 아래와 같다. 아래의 내용은 실제 학습자들에게 교재 대신 제공될 내용이고 이것을 강의 전주에 이클래스(e-claee)에 탑재하여 학생들이 학습목표를 확인하고 참고문헌과 자료를 미리 보고 올 수 있도록 한다. 또 관심 있는 논의 주제를 미리 생각해올 수 있다는 장점이 있다. 한편 수업 시간에는 수업에 열중하면서 빈 공간에 강의내용을 스스로 채워가는 방법으로 수업을 듣지 않으면 이 강의노트[23]는 완성되기 어렵기 때문에 수업에도 역시 집중을 하도록 설계되었다. 매 시간마다 이런 방식으로 강의할 내용을 미리 개괄적으로 볼 수 있도록, 그리고 미리 학습자가 기본적으로 학습 할 수 있는 거리를 제공하도록 설계하였다.

제4강 미래환경과 식량& 먹거리
☐ 학습목표 　지구온난화에 따라 인간의 먹거리는 현재 어떤 상황인지 이해하고, 미래 인류의 먹거리를 위해 현재 우리가 무엇을 준비해야 하는지 생각, 논의할 수 있다. ☐ 세부 목표 　· 지구온난화와 먹거리의 문제점 및 위기 이해하기 　· 위기의 먹거리를 해결할 수 있는 방안 이해하기 　· 공장식 축산이 지구온난화와 미치는 영향과 육식에 대한 문제점 이해하기 　· 육식과 채식에 대한 논쟁 이해하기 　· GMO 식품에 대한 기본적인 내용 및 논쟁 이해하기 　· 동물기본권 이해하기 　· 과학, 환경, 사회, 문화, 경제적 측면 등에서 먹거리에 대해 폭넓게 이해하기 　· 토론하고 싶은 내용이나 관심 주제 찾기

---

23 샘플로 보여준 강의노트는 내용이나 항목이 이보다 더 많으나, 본고의 분량 관계 상 생략한 부분도 있음을 감안하고 보면 된다.

☐ 관련 참고문헌 및 자료

○ 도서:

강윤재, 『세상을 바꾼 과학논쟁』, 궁리, 2011.(8장, 「유전자 변형식품」) 김수병 외 4, 『지구를 생각한다』, 이상북스. 2018.(3장) 몸문화연구소: 『인류세와 에코바디』, 필로소픽, 2019.(5, 6장)

마이클 폴란, 『잡식동물의 딜레마Omnivore's Dilemma』, 다른세상, 2008.

마이클 폴란 지음, 조윤정 옮김, 『잡식동물 분투기-리얼푸드를 찾아서』, 다른세상, 2010.(잡식동물의 딜레마 실천편)

제레미 레프킨, 신현승 옮김, 『육식의 종말』, 시공사, 2008.

최훈, 『동물윤리 대논쟁』, 사월의 책, 2019.(동물을 둘러싼 열 가지 철학 논쟁의 내용임)

토니 밀리건 지음, 김성한 옮김, 『채식의 철학』, 휴머니스트, 2019.

톰 스탠디지 지음, 박중서 옮김, 『식량의 세계사』, 웅진 지식하우스, 2012.

한강, 『채식주의자』, 창비, 2007.

○ 논문 및 단평

남진숙, 「다큐멘터리 영화 <잡식가족의 딜레마>를 통해본 생태인식과 실천의 문제」, 『문학과환경』, 15권 1호, 2016.

남진숙, 「좁은 '스톨'(감금틀)을 깨는 동물기본권」, 『경북매일』, 2016. 9. 27.(칼럼)

○ 동영상

다큐멘터리 영화, <잡식가족의 딜레마> (황윤 감독, 2015. 05. 07. 개봉)

다큐멘터리, <몸을 죽이는 자본의 밥상 What the Health>, (킵 앤더슨, 키건 쿤 감독, 2017)

****강의노트***

☐ 제4강 수업에 들어가며

1. 사람의 많은 욕구 중, 가장 원초적인 욕구는 무엇인가?

2. 나는 얼마나 먹는가? 우리나라의 식량 현황은?

3. 다이어트, 비만 ↔ 영양실조, 기아

☐ 지구온난화와 먹거리의 위기

1.
2.
3.

☐ 농업의 현황과 문제, 전망

1.
2.
3.

▶ GMO(유전자변형식품Genetically Modified Organism)의 안전성과 논쟁

- 유전자변형식품, 유전자조작식품(Genetically Modified Organism)란?

- 식량문제의 해결사인가? 프랑켄푸트인가?

1.   2.

▶ GMO에 대한 안전성 논란

1.   2.   3.

**.∴.GMO는 단순히 (   ) 아니라 (국제무역과 식량주권) 등을 포함한 국제 정치경제적으로
매우 민감한 사안이며, 따라서 이해관계와 평가가 매우 복잡하여 해결책을 찾기가 쉽지 않음.
따라서 GMO 문제를 한 관점에서만 보면 안 되고 복합적으로 바라봐야 한다.

* GMO의 대표적인 식품에는 어떤 것이 있을까? * ▷ 논의의 확장: 화학식품첨가물은?

☐ 축산의 현황과 문제, 전망

```
1.
2.
3.
4.
```

▶ 육식? 채식?
☐ 미래 먹거리의 대안은?
1. 지속가능한 육식? 배양육   2. GMO   3. 기타 먹거리는?

☐ 남은 문제: 우리의 고민과 인식, 실천은?

☐ 토론, 토의거리 (예) 아마존 지역이 갖는 의미는?)

<표 5> 학습자에게 제공되는 강의노트[24]의 한 예

참고문헌이나 자료는 지속적으로 업데이트가 되고 수정, 보완되고 있다.
기후위기나 환경문제는 지속적인 이슈가 쏟아져 나오기 때문에 이에 따라,
강의 자료와 내용 역시 유연성과 유동성이 있다.

4. 결론

이상의 내용은 〈미래환경과 위험사회〉 융복합 교과목 교육과정 설계
에 대한 내용과 교과목을 개발할 때 유의점 및 각 항목의 의미 및 그 특징
에 대해 살펴보았다. 융복합 교과목 개발에 있어 중요한 것은 융복합 교과

---

24 강의노트는 논문의 지면상, 많은 부분 중략하거나 생략되었음을 밝힌다.

목의 특성이 드러나야 하고 실제 학습자들이 융복합 교과목이라는 인식을 갖고, 다방면으로 생각하고 학문적 지식을 융합하려는 데, 도움이 되도록 설계해야 한다. 그러기 위해서는 학문 영역의 다양성은 물론, 학습자료의 다양성, 교수자의 융합적인 교수방법과 내용을 교육과정에 담아야 한다. 교수자의 역할 등 여러 가지 요소들이 복합적으로 작용하여 교과목을 개발하게 되는 것이다. 이러한 점을 최대한 고려하여, 〈미래환경과 위험사회〉 융복합 교과목을 구성하였다. 또한 본 교과목은 교수학습법으로 PBL로 구성되었으며, 절대평가를 적용하였다는 점과 정해진 교재가 특별히 없다는 점은 융복합 교과목의 특성을 잘 고려한 점이라고 할 수 있다. 특히 프로젝트 수업이 중심인 이 교과목은 학생들이 배운 지식과 정보를 좀 더 확장하여 프로젝트를 진행할 수 있도록 해야 하기 때문에 지속적인 피드백이 필요하다. 무엇보다도 지식의 확장과 깊이를 더하며 학생들이 직접 기후위기와 관련하여 할 수 있는 현실적인 프로젝트를 진행하기 때문에 교수자는 프로젝트가 원활하게 이루어지도록 이끌어야 한다.

　융복합 교과목을 개발하는 일은 쉬운 일이 아니다. 현재 한국의 대학은 그것을 교수자의 역량에 의지하고 있는 상황이다. 교수자나 교과목 개발자의 순수한 역량에만 기대하기에는 분명한 한계가 있다. 이를 극복할 수 있는 현실적인 대안이 필요하다. 국가적 차원 혹은 학교 당국의 차원에서 교육적 정책에 있어 실질적인 제도가 필요하다. 그것이 뒷받침 되지 않으면, 융복합 교육의 확장은 내용의 부실을 가져올 수도 있다. 이는 '국내 대학의 융복합 교육이 원래의 의미를 상실한 채 기계적인 평가의 대상으로 전락했다는 비판'(박일우, 2016)과 그 축을 같이 한다. 4차 산업혁명 시대에 접어들면서 융복합 교육을 강조하고 실제 한국 대학의 융복합 교육은 확장되고 있지만 아직은 그 질적, 양적인 부분에서 부족하다. 이를 뒷받침 해줄 수 있는 실질적인 교육정책이 나와야할 시점이다.

본 논문은 융복합 교과목 개발의 실제를 통해, 교과목 개발을 하고자 하는 과목 개발자들에게 실질적인 도움을 줄 수 있다는 점에 의미가 있다. 본고에서는 지면 분량 상, 실제 수업이 어떻게 진행되었는가 하는 점은 다루지 않았는데, 이는 후속 연구과제로 삼는다.

📎 참고문헌

- 고현범(2017), 인문 융복합 교육에서 철학의 역할, 철학논총 87, 새한철학회, 1-21.

- 동국대학교 다르마칼리지(2019), 다르마 교양교육과정 융복합 교과목 개발, 다르마칼리지연구자료집.

- 민춘기(2017), 융복합 교양교과목 개발 및 운영 사례, 한국교양교육학회 추계 학술대회 자료집, 294-299.

- 박일우(2016), 대학에서 융·복합 교육의 실상과 그 해법, 교양교육연구 10(1), 한국교양교육학회, 349-378.

- 박혜정(2020), 21세기 교양교육의 융합학문적 지도 그리기—빅히스토리의 인문학적 전환을 통하여, 교양교육연구 14(6), 한국교양교육학회, 25-37.

- 백승수(2020), 교양교육의 학문적 관계망 또는 학문적 지도 구축을 위한 탐색적 연구, 교양교육연구 14(6), 한국교양교육학회, 11-23.

- 이명희·정영란(2020), 모빌리티 생태인문학, 앨피.

- 이성흠·윤옥한(2014), 교양교육 강좌성격에 따른 융복합교육을 위한 수업지원체제 모형의 탐색, 교양교육연구 8(2), 한국교양교육학회, 129-160.

- 이희용(2012), 한국대학의 교양교과목 개발의 실태와 방향성 고찰, 교양교육연구 6(4), 한국교양교육학회, 263-296.

- 이희용(2013), 융복합 교양교과목 글로벌시민정신(Global Citizenship) 개발연구, 교양교육연구 7(3), 한국교양교육학회, 197-232.

- 최현철(2012), 세계 시민정신의 융복합 교과목 개발 연구, 한국교양교육학회 하계 학술대회 자료집, 543-555.

- 홍성기(2019), 융복합의 본질과 융복합 교육의 방향, 한국교양교육학회 동계 학술대회 자료집, 567-576.

- Beck, U. (2014), 위험사회, 홍성태(역), 새물결(원서출판 1986).

- Hamilton, C. (2018), 인류세, 정서진(역), 이상북스(원서출판 2017).

9장

인식의 확장 도구로서
다매체 글쓰기 교육 연구
- 풍경사진을 활용한 대학 작문 수업을 사례로

공성수

1. 서론

매체 환경의 급격한 변화는, 사람들이 정보와 지식을 대하는 방식 자체를 변화시키고 있는 것처럼 보인다. 가령, 지식을 소유하고 관리하는 전통적인 방식은 '문서'나 '책'으로 대표되는 문자 중심의 텍스트 활동에 기반하고 있었다. 신문이나 잡지를 통해 외부 세계의 정보를 수집하고, 논문이나 서적을 이용해 지식을 확대하며, 그렇게 선별된 지식을 교과서나 사전을 활용해 다음 세대로 전달하는 것은 문자 중심 커뮤니케이션의 익숙한 방식이었다. 따라서 학교 현장에서라면 문자언어를 자유자재로 활용할 수 있는 상위의 사유 능력을 기르는 일은 교수-학습의 중요한 요소로 간주되었다.

그러나 주지하다시피 디지털 미디어 시대에 정보의 생산이나 소비는 이전과 전혀 다른 방식으로 나타난다. 문자에 의존했던 매체 환경은 이미지와 영상, 소리와 같은 복합 매체들을 통해 다변화되었고, 언제나 어디서나 원하는 정보를 획득할 수 있는 기술적 여건도 마련되었다. 당연히 텍스트를 생산하고 획득하는 방식도 달라졌다. 이를 테면, 학생들은 수업시간 이외의 학교 밖 공간에서도 얼마든지 정보를 획득할 수 있으며, 그들 스스로가 다양한 경로를 통해 매체 활동을 수행하면서 지식과 정보를 생산하는 주체가 되기도 한다. 이런 상황에서라면 학생들에게 다매체 언어를 이해하고 활용할 수 있는, 이른바 멀티리터러시 역량을 길러주는 일은 국어교육의 중요한 문제로 대두 될 수밖에 없다. 과거에 '글'을 읽고 쓸 줄 아는 능력이 문화 자본을 획득하는 효과적인 방식이었다면, 디지털 정보화 사회에서는 '다매체'를 활용할 수 있는 능력이 그만큼 중요해지기 때문이다.[1]

---

1 물론, 이와 같은 매체 환경의 변화에도 불구하고, 문자언어를 매개로한 전통적인 글쓰기 활동은 여전히 중요한 의미를 지니고 있다. 가령, 대부분의 학교 현장에서 문자언어를 기반으로 하는 '교재'가 정보와 지식을 전달하는 가장 핵심적인 매체라는 사실을 부정하기는 어렵다. 더구나 글쓰기 과정에서, 정보의 수집과 처리를 통해 이뤄지는 새로운 지식의 창출을 경험할 수 있다는 점을 고려한다면, 글쓰기 교육은 학생들의 고차원적인 사유 활동을 향상시키기 위한 효과적인 방안일 수 있다(공성수·이요안, 2017).

문제는, 멀티리터러시라고 하는 다매체·복합 텍스트의 이해와 활용 능력이 궁극적으로는 인간의 인지적 활동과 관련된다는 사실이다. 대상 텍스트를 읽고(보고) 그것으로부터 보다 심층적인 차원의 이해를 이끌어 내거나, 내용과 형식을 비평하고 재구성해 새로운 텍스트를 창조할 수 있는 능력은 결국 인간의 고차적 사유 능력 없이는 불가능하기 때문이다. 멀티리터러시 교육이 단순히 미디어를 활용하는 기술 교육이 아니라, 외부의 대상 세계를 인식하고 그것을 철학적으로 사유할 수 있는 인식의 확장과 관련되는 것이다.

　같은 맥락에서, 대학 작문교육 역시 이러한 사회적 변화에 어떤 식으로든 대응할 필요가 있다. 졸업 이후 전공인으로서의 현실적인 삶을 준비해야만 하는 학부생들의 입장을 고려한다면, 시대의 요구에 부응하는 교육을 제공하는 일은 오늘날의 대학 작문교육이 당면한 중요한 과제이기 때문이다. 급변하는 매체 환경에 걸맞는 대학작문·교양교육의 교수-학습 목표가 무엇인지를 구체화하고, 그것을 어떤 교수법을 통해 실현할 수 있는지 고민하는 일은 그래서 중요하다.

　본 논문은, 이처럼 학생들의 멀티리터러시 역량이란 궁극적으로 세계를 이해하는 인지 사유의 능력과 관련된다는 전제 아래, 인식의 확장 도구로서 사진 매체와 결합한 다매체 글쓰기 활동의 교육적 활용을 모색하고자 한다. 이것은 사진을 찍거나 선택하고 그것을 토대로 한 편의 글을 쓰는 과정 그 자체가 학생들의 멀티리터러시 역량을 자극할 수 있는 효과적인 방법이 될 수 있다는 믿음에 바탕을 둔다. 이를 논증하기 위하여 본고는 우선 인식의 확장 도구로서 글쓰기가 지닌 성격을 살피고, 사진 매체를 활용한 글쓰기 활동이 지니는 멀티리터러시 교육의 효과에 대하여 이론적 논의들을 검토할 것이다(2장). 또한 이를 바탕으로 대학 작문 수업의 다양한 지점에서 활용할 수 있는 단계별 교수-학습 방안에 대하여 제안하고(3장), 학생들의 글쓰기가 실제로 어떠한 양상으로 나타나는지 그 사례도 함께 분석할 것이다(4장).

2. 이론적 배경

인식의 과정이란, 특정한 대상을 인지하고 그것이 가진 의미를 이해하며, 그렇게 얻은 정보들로부터 보다 심층적인 해석을 내리는 일련의 과정을 의미한다. 그것은 또한 그처럼 획득한 지식과 정보를 재구성함으로써 새로운 지식을 창출할 수 있는 능동적인 활동을 내포하기도 한다.

물론 이러한 인식의 과정에서 언어와 매체는 중요한 역할을 담당한다. 가령, 대상을 인식하는 여러 단계에서 지식에 대한 언어적 재구성은 필연적이다. 복잡하게 얽힌 대상의 핵심을 제대로 파악하기 위해 그 내용을 요약하기도 하고, 자료의 내용을 자신의 언어를 통해 바꿔봄으로써 대상에 대한 구체적인 이해에 도달하기도 한다. 더구나 이러한 인지의 과정은 문자와 글 매체를 넘어서 사진이나 그림, 도표 같은 이미지 매체를 통해서 더욱 효과적으로 이루어지기도 한다. 예를 들어, 학생들은 문자 언어로 작성된 어려운 내용을 간단한 도표를 활용해 일목요연하게 정리할 수도 있고, 복잡한 글 텍스트의 내용을 한 장의 사진이나 그림으로 바꾸어 이해하기도 한다.

따라서 매체의 종류가 이전보다 훨씬 더 다양하게 증가한 오늘날의 인지 교육은, 단순히 문자나 글로 된 정보를 획득하는 일 뿐만 아니라, 다양한 매체 언어를 자유롭게 전환할 수 있는 일종의 매체 번역 능력까지 포함할 수 있어야만 한다. 다양한 매체와 언어로 구성된 텍스트를 수용하고 이해하는 능력은 물론, 자신의 생각을 그와 같은 복합언어적 텍스트로 표현할 수 있는 능력 또한 중요해진 셈이다.

이런 맥락에서 본다면, 최근의 글쓰기 교육 연구가 학문적 외연을 확장하기 위해 노력하는 것은 자연스럽다. 멀티리터러시의 역량을 강화하기 위한 다양한 시도로서 글쓰기 교육의 새로운 가능성을 실험하는 일 역시 그러한 노력에 해당한다. 글쓰기 활동이 학생들의 멀티리터러시 역량과 관련된 다양한 요소들을 자극하고 다양한 수업 환경에서 편리하고 효과적으로 활용될 수 있다는 사실을 감안한다면, 문자와 이미지 사이의 소통적 활동이야말로 글쓰기의 시대적 역할이라는 당면한 질문에 대한 현실적인 대안이 될 수 있기 때문이다.[2] 본고에서 제안하고 있는 사진 매체를 활용한 글쓰기 수업은, 글과 사진이 대부분의 학생들에게 친숙한 매체라는 점에서, 다매체 교육의 효과적인 대안으로 검토되어 온 것이 사실이다. 가령, 다음에서 살펴 볼 이찬훈(2007), 정현선(2009a, 2009b), 김지영(2012), 안혁(2014), 정경열(2017)의 경우, 국어교육학의 영역에서 사진과 글쓰기 결합 교육의 효과를 이론적으로 검토한 논문들이라고 할 수 있다.

먼저 이찬훈(2007)은 사진 기술의 발달이 예술의 형식과 내용을 변화시켰다고 말하면서, 특히 디지털 사진의 활용이 인문학적 상상력을 자극하는데 유용하다는 사실을 지적한다. 그에 따르면, 디지털 사진을 활용한, 포토몽타주, 사진시(Photoepigramm), 디지털 픽토리얼리즘, 연속사진의 예술적 실험들은 매체의 결합이 인문학적 상상력을 강화한 구체적인 사례이며, 이러한 시도들이야말로 문자와 이미지의 다매체 활동이 인간의 표현 능력을 확대할 수 있다는 증거가 된다.

한편, 정현선(2009a, 2009b)의 연구는 국어교육 영역에서 제기된, 본격적인 멀티리터러시 교육 논문들이라는 점에서 중요하다. 여기에서 그는 글쓰기 활동 자체가 단순한 문(文)의 활동으로만 제한되지 않는다는 점을 강조하면서, "텍스트 소통의 교육 도구"로서 글쓰기 교육의 가능성을 모색한다. 실제로 그의 연구는, 글로 표현하는 능력이 부족한 어린이가 '자신이 찍은 사진'을 '글로 설명'할 때 "표현의 동기와 내용 생성의 측면에서 의

---

2 공성수·김경수(2017)는 멀티리터러시 교육의 도구로서 글쓰기가 가지고 있는 장점으로, 1) 표현의 증진과 사고의 구체화 도구로서의 성격, 2) 융복합 체험의 도구로서의 기능, 3) 다매체 미디어 해설의 도구로서 역할, 4) 교수와 학습자 모두에게 친화적인 매체라는 점, 마지막으로 5) 학습매체로서 글쓰기가 가진 높은 접근성과 수월성을 언급한다. 요컨대 글쓰기 활동이 문자중심의 의사소통에 국한되어 있다는 통념과 달리, 글쓰기야말로 대학 교육 현장에서 가장 유용하고 손쉽게 사용할 수 있는, 다매체 교수-학습의 도구라는 것이다.

미 있는 변화"를 도출할 수 있다는 사실을 보여줌으로써, 다매체 글쓰기의 교육적 효과를 입증한다. 이와 유사하지만 조금은 다른 맥락에서, 김지영 (2012)은 오늘날 글이란 문자뿐만 아니라 이미지와 같은 매체들의 복합 텍스트 형태로 존재할 수밖에 없다고 주장한다. 그는 '매체언어교육'이 7차 국어 교육과정 이후의 교과과정 안에 이미 포함되어 있다는 당면한 현실에 주목한다. 이런 상황에서라면, (디지털)사진은 교육 현장에서 유용하게 쓰일 수 있는 도구로서 학생들의 체험의 자료이면서 동시에 상상력의 자양으로서 글쓰기에 도움을 줄 수 있다. 안혁(2014)과 정경열(2017)은 서구의 교육 현장에서 활발하게 이용되고 있는 '이미지'와 '글'의 결합 교육을 인용해, 그것을 한국의 현실에 적용시킨다. 이들의 논의는 학습자 중심의 매체 활동을 통해 학생들의 인성 교육에 집중하는 미국의 LTP(Literacy through Photography) 교육이나 이를 수용하여 한국의 상황에 맞게 적용한 PIE(Photo in Education)의 이론적 개념을 바탕으로, 문자 언어 활동과 이미지 언어 활동의 교육학적 통합을 꾀한다는 점에서 서로 유사한 입장을 취하고 있다. 다만 안혁의 경우 글쓰기의 여러 활동 중에서도 특히 '내러티브(서사)'라는 장르의 가능성에 집중하는 반면, 정경열의 경우 글과 이미지 사이의 다양한 결합 관계를 교육적으로 활용하고자 한다는 점에서 각기 다른 차이를 보여준다.

앞에서 언급한 선행 연구가 이미지 언어와 문자 언어, 특히 '사진'과 '글'을 결합한 다매체 활동이 가져올 수 있는 교육적 효과에 대해 이론적인 검토를 하고 있다면,[3] 다음의 논문들은 보다 실용적인 차원에서 사진 매체를

---

3 비록 '사진'이라는 매체를 직접 사용하고 있지는 않지만, '그림일기'처럼 '회화'와 '글'의 결합 통해서 발견할 수 있는 멀티리터러시의 양상을 연구의 대상으로 삼고 있는 논문들도 있다. 이를테면, 민현미(2006)는 초등학생의 글과 그림에서 나타나는 상호텍스트적 성격에 주목 하고, 글쓰기 활동과 그림 그리기 활동을 융합한 '그려쓰기'라는 개념을 창안한다. 그의 논의에 따르면, 이미 초등학생의 사유 과정에서 글과 그림 사이의 소통은 자연스러운 현상이며, 학년별로 가능한 수업의 모형을 구상하는 것도 효과를 거둘 수 있다. 이와 유사하게, 옥현진·서수현(2011)은 초등 저학년 학생의 그림일기 표현활동에서 복합양식 문식성이 나타나는 양상을 살피고 그것을 유형화한다는 점에서 주목할 만하다. 다소간의 차이는 있지만, 결국 이들의 논의는 복합 매체에 대한 감수성이 초등 저학년 단계에서부터

활용한 글쓰기 수업모형을 고안하고 있다는 점에서 구별된다.

먼저, 장화심, 유성호(2006)는 국어교육학계에서 멀티리터러시 논의가 이뤄지기 시작한 비교적 초기에 사진 텍스트 읽기와 시 창작을 결합시키는 수업을 제안한다. 비록 시론(試論)적인 논의이기는 하지만, 의미 생산의 가능 매체로서 사진의 개념을 설정하고 사진을 활용한 문학 수업의 효과를 검토한다는 점에서 이들의 논의는 흥미롭다. 이와 유사하게 김영도(2015) 역시 디지털 매체기술을 문학에 적극적으로 수용한 '디카-시'나 '사진-소설' 같은 새로운 텍스트들에 주목하고, 유사한 포맷을 문학적 글쓰기 교육에 적용한다. 따라서 이들의 논의는 일상적인 소통 매체인 사진과 글쓰기의 결합이 새로운 문학적 형식이 될 수 있음을 보여준다는 점에서 공통된다고 할 수 있다.

한편, 손혜숙(2015)과 정덕현(2017)의 경우, 다양한 글쓰기의 유형 중에서도 특히 이미지를 활용한 서사적 글쓰기를 제안한다. 이들은 학생들의 융복합적 사고 능력을 발전시킬 수 있도록 사진과 글쓰기의 융합 수업을 기획하고, 그 과정에 서 학생들이 스스로 자신의 서사를 구성하도록 유도한다. 특히 이들이 제안한 수업 모형은, 사진매체를 활용한 글쓰기 과정이 학생들의 삶을 성찰하도록 유도하는 중요한 도구가 될 수 있음을 보여준다는 점에서 주목할 필요가 있다.[4]

지금까지 살펴본 기존의 논의들은, 이미지(사진)와 문자(글)의 복합 텍스트 교육이 궁극적으로 학생들의 융합과 통섭의 사유를 촉진한다는 사실을 보여준다. 이들의 연구가 증명하고 있는 것처럼, 시, 이야기, 자기 성찰의 서사, 설명문 등 다양한 글쓰기 영역에서 글과 사진을 결합한 교육은 학생들

지속적으로 나타나는 인간 언어 활용 능력의 중요한 특징임을 증명한다.

4 예를 들어, 정덕현(2017)에서 학생들에게 몇 장의 사진을 연결해 특별한 이야기를 만들도록 했을 때, 대부분의 학생들이 '혼란-액션-해결'의 스토리를 구성한다는 점은 흥미롭다. 이는 학생들에게 일상적인 서사(내러티브)의 개념이란 "문제 해결 도구로서의 서사"로 여겨지는 경향이 있다는 점을 간접적으로 보여주기 때문이다.

의 멀티리터러시 역량 향상에 직간접적인 영향을 미치게 된다.

　다만 기존의 논의들 중 어떤 것들은, 다매체를 활용한 글쓰기 수업의 사례들을 단편적으로 제시할 뿐, 보다 체계적이고 심화된 논의로 이어지지 못한다는 점은 아쉽다. 또한 어떤 경우에는 사진이라는 매체를 활용한 수업이 단순히 글쓰기 과정에서 학생들의 흥미를 유발하는 보조 도구로서 사용되고 있는 것처럼 보이는 경우도 있었다. 따라서 기왕에 사진과 글이라는 복합 매체를 활용한 작문수업을 고안하고 그것이 산발적인 논의로 끝나지 않기 위해서는, 무엇보다도 수업을 구성하는 교수-학습의 목표와 내용, 방법이 보다 정교화될 필요가 있다. 멀티리터러시라고 하는 특별한 능력을 향상시키기 위해서 점검해야만 하는 글쓰기 교육의 차원들을 충분히 고려하고, 그에 걸맞은 내용과 활동을 구성해야만 하는 것이다.

3. 수업 모형 설계

1) 사진 매체를 활용한 글쓰기 수업의 원리

　공성수·김경수(2017)는 멀티리터러시 향상을 위한 글쓰기 수업은 크게 세 차원에서 교육의 목표를 검토해야한다고 말한다. (1)매체 언어의 이해와 활용의 측면, (2)인지 사고의 확대와 발전 측면, (3)글쓰기 자체의 숙련과 향상 측면이 바로 그것이다. 이 세 축은 다양한 매체 언어를 이해하고 글쓰기 본연의 교육에도 충실하면서도, 동시에 인간의 인지 사고 능력을 발전시키는 데 방점을 둔다.[5]

　본고에서 제안하고 있는, 사진 매체를 활용한 글쓰기 수업 역시 이와 같

---

5 이상의 내용을 요약해 재구성하면, 다음과 같이 정리할 수 있을 것이다. 이들의 논의(공성수·김경수, 2017)가 멀티리터러시 향상을 위한 글쓰기의 교육 원리에 대한 원론적인 논의를 전개하고 있다면, 본고의 경우 그와 같은 내용을 보다 구체화한 결과에 해당한다.

은 입체적인 교육 목표를 염두에 두고 설계된다. 사진 언어의 특징을 이해하고, 글쓰기의 기본적인 능력을 배양하면서, 그 과정에서 학생들의 인지 능력을 확대할 수 있는 교육 프로그램을 기획하기 때문이다.

가령 이 수업에서 사진 매체가 어떠한 매커니즘을 통해 의미를 구성하고, 그렇게 구성된 메시지가 어떤 방식으로 수용자에게 전달되는지를 이해하는 것은 '매체 언어의 이해와 활용'이라는 측면에서 중요한 문제가 된다. 단순히 카메라를 다루는 기술이 아니라, 사진이라는 매체 언어의 특징을 이해하고, 그를 통해 사진 텍스트의 의미를 정확하게 이해할 수 있는 능력(media literacy)을 배양하는 일은 이 과정의 핵심적인 교수-학습내용이다.

한편, '글쓰기 능력의 향상'이라는 대학 작문수업 본연의 목표에 소홀해서도 안 된다. 이를 테면, 요약하기(summary)·바꿔쓰기(parapharse)·비평하기(critique)·종합하기(synthesis)와 같은 글쓰기의 요소들이나, 묘사·서사·설명·논증과 같은 서술의 방식을 교육하는 것은 글쓰기 수업의 전통적인 목표를 실현하는 일이라 할 수 있다. 뿐만 아니라, 학생들이 자신의 생각을 한 편의 글을 통해 정리하고 표현하도록 돕는 일은 여전히 작문 수업의 가장 기본적인 내용일 수밖에 없다.

물론, 사진 매체를 활용한 다매체 글쓰기 교육의 목표가 궁극적으로는 학생들의 멀티리터러시 역량 향상에 있는 것이라면, 수업의 과정에서 어떻게 학생들의 '인지 능력을 확장'할 것인가에 대해 고민하는 것은 특히 중요

교육목표	세부목표
매체 언어의 이해와 활용	매체 언어의 특징을 이해한다. 매체 언어의 활용 방법을 이해한다. 매체 언어의 커뮤니케이션 양상을 이해한다.
글쓰기 능력의 숙련과 향상	글을 쓰는 과정에서 '요약하기'와 '바꿔쓰기'를 활용할 수 있다. 글을 쓰는 과정에서 '비평하기'와 '종합하기'를 활용할 수 있다. '묘사'나 '서사'의 글쓰기를 할 수 있다. '설명'과 '논증'의 글쓰기를 할 수 있다.
인지 사고의 확대와 발전	정보를 수집하고, 새로운 지식을 습득할 수 있다. 정보의 가치를 평가하고, 주체적인 관점에서 판단할 수 있다. 정보들을 결합해 창의적으로 사유할 수 있다.

한 문제가 된다. 사실, 대학 교육의 진정한 목표가 단순히 지식을 획득하고 그것을 암기하는데 있는 것만은 아니다. 학생들이 지식을 제대로 활용할 수 있도록 그들의 능력을 발전시키는 일이야말로, 대학 교육이 지향해야만 하는 더 큰 목표일 수 있다. 본 수업에서 매체 언어를 교육하고 글쓰기를 강조하는 이유도 마찬가지다. 이 수업은 학생들이 매체를 직접 다루면서 스스로 그 특징을 깨닫게 만드는 활동을 강조한다. 바로 그러한 자기주도적인 학습의 과정에서, 자신의 생각을 정확하게 표현할 수 있는 능력을 기를 수 있다고 보기 때문이다.

2) 단계별 교수-학습의 목표와 내용

Bloom(1956)은 인간의 인지적 행동을 중심으로 교육의 목표를 분류하고, 각 단계에 맞는 교육의 내용을 체계화한다. 인지능력 발달단계에 맞추어 교육의 목표와 내용, 평가의 준거를 달리 제공해야 한다는 것이다.

사진과 글이라는 이중의 복합 매체를 활용하는 본 수업 역시 학생들의 수준별 역량에 대응하는 단계별 교수-학습의 목표를 검토한다. 각 단계의 학생들에게 가장 필요한 학습 내용을 제공하면서, 각각의 과제 활동이 상위의 인지 활동을 자극할 수 있도록 프로그램을 고안하고자 하기 때문이다.

요컨대 본고가 제안하고 있는, 사진 매체를 활용한 글쓰기 교육의 목표가 단순히 사진이나 글 매체에 대한 지식을 교육하는 데 있지는 않다. 그보다는 매체 언어의 활용 능력이 세계를 이해하는 보다 확대된 안목을 제공한다는 사실을 학생들에게 일깨워주는 일은 본 수업에서 더욱 중요한 요소라 할 수 있다.

따라서 본 수업은 매체의 수용과 이해, 활용과 관련된 리터러시 역량에 주목하고, 인지 활동의 각 단계(Bloom(1956)의 논의에서라면 그것은 각각 '지식, 이해, 적용, 분석, 종합, 평가'에 해당한다)에 대응하는 읽기(보기)와 쓰기(촬영) 활동을 연계하는 데 집중한다. 또한 이 수업은, 학생들이 글쓰기를 통해 매체의 지식을 내면화하면서 동시에 특정한 인지 활동을 유도할 수 있도록 단계별로 다른 목표와 활동을 제안한다. 인식의 각 단계에서 중요한 핵심역량 을 '대상의 발견, 해석, 재구성'이라는 세 단계로 재분류하고, 이에 가장 적합 한 매체 활용 방안을 제안하려는 것이다.

(1) 대상의 발견

대상의 발견 단계에서, 학생들은 특정한 대상에 주목하고 그것을 주의 깊게 관찰함으로써 대상을 새롭게 인식할 수 있는 기회를 얻게 된다. 평소라면 너무나 평범해보여서 무심히 넘겼던 사물을 새로운 존재로 깨닫게 되는 것, 지루하고 익숙한 세계를 참신한 눈을 통해 새롭게 발견하게 되는 것들은 모두 이러한 인지 활동의 결과라고 할 수 있다. 따라서 사진 매체를 활용한 작문 수업은, 이 단계에서 매체 언어의 성격을 분명하게 이해하고, 동시에 그 과정을 통해 학생들이 자기가 살고 있는 세계를 새롭게 이해할 수 있도록 내용을 구성한다.

가령 사진 매체와 관련하여 이 단계에서 이뤄지는 학습 활동은 사진 텍스트를 보고 그 의미를 정확하게 읽어내기 위해 필요한 인지 활동과 연관된다. 사진 촬영이나 사진 읽기의 활동이 세계를 새롭게 자각하도록 만드는 경험이 될 수 있도록 조직되는 것이다.

어쩌면 학생들은 이를 위해서 카메라(혹은 사진사)가 대상을 포착하고 그것을 하나의 이미지로 형상화하는 과정을 이해해야만 할지도 모른다. 하지만 이것이 단순히 카메라의 기계적인 원리를 알게된다는 것을 의미하지는 않는다. 오히려 본고의 관점에서 본다면 사진이라는 매체의 언어적 특수성을 이해 한다는 것은, 사진(혹은 사진사)이 어떠한 관점에 입각해 외부의 세계를 텍스트로 재구성하는지 그 원리를 이해한다는 것을 뜻한다. 따라서 빛과 광원, 구도, 초점, 프레임, 미장센과 같이 한 장의 사진 속에서 이미지를 구성하고 있는 다양한 미적·기술적 원리들을 이해하고, 그것이 어떻게 독자에게 특별한 메시지를 전달하게 되는지 아는 것은 이 단계에서 중요하다.

이 단계의 글쓰기 활동 역시 마찬가지 맥락에서 조직되어야 한다. 이를테면, 글쓰기가 세계를 이해하는 중요한 방식이 될 수 있다는 점을 고려해 보자. 한 편의 글을 쓰기 위해서, 쓰는 이는 대상을 인지하고 그것을 언어적으로 재구성하게 된다. 글쓰기란 '내'가 대상을 인식하고 그것을 자신의 관심(關心) 영역으로 포함하는 일이다. 그리고 그처럼 대상을 글로 표현하는 과정에서 대상의 의미가 새롭게 발견될 가능성은 높아진다.

(2) 대상에 대한 이해와 심화

대상에 대한 이해의 수준에서, 학생들은 대상의 본질에 접근하게 된다. 대상의 겉모습에서 포착된 표면적인 이해를 넘어서, 보다 심층적으로 그 본질적인 의미를 깨달을 수 있는 상태에 도달하는 것이다.

예를 들어 글 읽기의 영역에서, 보통 이 단계의 활동은 문자를 해독하는 수준을 넘어 행간의 의미를 읽는데 그 목표를 두게 된다. 이 단계에서 학생들은 저자의 의도가 무엇인지, 글 텍스트에서 나타난 주제가 특정한 맥락 속에서 어떻게 다르게 나타날 수 있는지, 텍스트가 또 다른 텍스트와 맺고 있는 상호텍스트적인 연관성은 무엇인지와 같은 문제들을 검토하면서, 텍스트가 내포할 수 있는 다양한 함의에 대해 고민하게 된다.

사진을 읽거나 촬영하는 활동도 마찬가지다. 언뜻, 사진은 객관적인 태도로 있는 그대로의 사실을 보여주는 것처럼 보인다. 그러나 실제로 사진 속의 이미지는 수많은 권력 관계 속에서 위계화된 채 존재한다. 색을 통해 드러나는 상징들, 빛으로 하이라이트 된 부분과 가려진 부분 사이에 존재하는 위계, 피사계 심도의 차이를 통해 드러나는 대상의 선명(鮮明)한 정도, 혹은 카메라 앵글을 통해서 만들어지는 권력의 비대칭적인 관계처럼, 사진의 내부는 얼마든지 의도적으로 의미를 재구성할 수 있다. 사진이 보여주는 이미지 그 자체가 이미 특정한 의도에 의해서 재단된 세계라는 점을 간과해서는 안 된다. 요컨대, 사진의 프레임(frame)이란 세계를 절단하고 대상을 분절함으로써 보여주고 싶은 것만을 담아낸 결과물이며, 따라서 사진 텍스트에서 의미는 철저하게 선택과 배제의 원리에 의해 지배된다.

더구나 사진과 글이 결합할 때, 텍스트가 전달하는 의미는 훨씬 더 복잡해진다. 동일한 사진이라 할지라도 그것이 서로 다른 글과 함께 나타날 경우 전혀 다른 의미로 해석될 가능성은 얼마든지 존재한다. 텍스트와 텍스트가 결합하는 복합 텍스트 안에서, 의미는 거의 언제나 맥락을 통해 재구성 된다. 결국, 이 단계에서 교수-학습의 중요한 목표는 학생들에게 맥락을 충분히 고려하면서 텍스트가 특정한 의미로 정착되는 과정을 이해하도록 유도하는 일이다. 이러한 활동이 인간 인지의 보다 고차적인 능력을 자극하기 때문이다.

(3) 대상의 재구성 혹은 재창조

대상의 재구성이나 재창조 단계에서, 학생들은 창의적인 사유의 원천으로서 매체 활동을 수행하게 된다. 다양한 매체 언어가 지닌, 차이 나는 속성들로부터 학생들은 오히려 창조적인 영감을 얻을 수 있다. 뿐만 아니라, 이런 경험들을 통해 학생들은 단순히 다른 사람이 전달하는 내용을 수동적으로 받아들이는 입장에서 벗어나 능동적인 텍스트 생산자가 될 수 있는 역량을 배양하게 된다.

물론 사진을 찍거나 글을 쓰는 일들은, 개별적인 활동 그 자체만으로도 충분히 창의적이다. 학생들은 사진 미학을 이해하고 그것을 향유하는 과정에서 새로운 텍스트를 창조하거나, 글쓰기 활동을 통해 예술적 영감을 표현하기도 한다.

하지만 학생들이 다양한 매체로 고안된 복합 텍스트를 다룰 때, 창의적이고 확산적인 사유는 보다 더 활발해진다. 사진과 글 텍스트의 교섭을 실험하는 동안, 학생들은 훨씬 더 다채로운 경험을 얻을 수 있다. 예를 들어 학생들은 문학적 수사를 통해 사진을 해석할 수 있으며, 대상을 바라보는 사진만의 특별한 방식을 접목해 글쓰기에 질적 전환을 가져오기도 한다. 그리고 물론, 이처럼 장르와 언어를 넘나드는 상호텍스트적인 대화는 보다 창의적이고 융합적인 사유를 유발한다.

Bloom의 인지단계	주제	학습 목표 및 내용
지식	대상의 (재)발견	매체 언어의 특별한 성격을 이해할 수 있다.
이해		매체 수단의 기계적 메커니즘(작동방식)을 이해 할 수 있다.
		매체 언어를 활용한 특별한 수사학적 장치들을 이해할 수 있다.
		매체 텍스트의 형식을 구성하는 미학적 원리를 이해할 수 있다.
		매체 텍스트가 지시하는 메시지를 파악할 수 있 다.
		매체 텍스트의 내용이 전달되는 커뮤니케이션 양상을 이해할 수 있다.
		A 매체 텍스트를 B 매체 언어로 각색(요약, 묘사, 설명)할 수 있다.
적용	대상에 대한 이해와 심화	텍스트를 둘러싸고 있는 다양한 맥락들을 이해할 수 있다.
분석		텍스트와 텍스트가 상호작용하는 방식을 이해할 수 있다.
		텍스트의 표면적인 의미와 내포적인 의미를 구분 할 수 있다.
		텍스트가 함의한 내포적인 의미를 파악할 수 있다.
		텍스트 내, 외부의 다양한 요소들이 맺고 있는 역학을 파악할 수 있다.
		복합 매체 텍스트 사이에서 의미가 구성되는 방식을 이해할 수 있다.
		대상 텍스트를 비판적으로 검토하고 주체적인 관점에서 평가할 수 있다.
종합/평가	대상의 재구성 혹은 재창조	매체 언어의 차이 나는 속성을 이해하고, 자유롭게 활용할 수 있다.
		대상 텍스트를 변용하여 새로운 텍스트를 만들어 낼 수 있다.
		복합 매체 텍스트를 창조하고 자신의 생각을 표현할 수 있다.
		A 매체 언어의 특징을 B 매체 텍스트에 결합할 수 있다.

<표 1> 인지단계(Bloom)와 조응하는 매체 교육 목표 및 내용

3) 수업 모형 설계

 이 장에서는 지금까지 논의한 학습자의 인식 단계별 교육 목표와 내용을 고려하면서, 차시별 수업모형을 설계할 것이다. 앞에서 학습자의 인지 단계는 대상에 대한 발견과 이해의 심화, 그리고 지식의 재구성(재창조)이라는 대주제로 구체화되었다. 또한 멀티리터러시를 자극하는 다양한 교육의 국면들을 살핌으로써, 각 단계별로 가능한 교육 목표와 내용을 정리할 수도 있었다. 따라서 이 장에서 제시되는 수업 모형은 앞에서 논의한 교육 목표와 내용을 온전히 반영할 수 있도록 설계되며, 그것은 다시 학습자 중심의 과제활동을 거치면서 실현될 수 있도록 고안된다.

 본고에서 제안되는 수업모형은 기본적으로 대학 학부생을 대상으로 하는 글쓰기 수업 혹은 매체활용 교양교육을 염두에 두고 설계되며, 총 2차시로 구성된다. 1차시 수업의 경우, 사진 텍스트 또는 글과 사진의 복합 텍스트를 읽고 그것을 주체적으로 사유할 수 있도록 하는데 목표가 있다. 요컨대 매체 수용의 차원에서, 매체 언어의 특징을 이해하고 그것이 어떤 방식으로 특정한 메시지를 전달하는지를 이해하는 것, 그리고 매체의 형식과 내용을 객관적으로 판단할 수 있는 인식 능력을 기르는 것은 1차시 수업의 중요한 목표라고 할 수 있다. 여기에서 사진을 활용한 매체 활동은 읽기와 쓰기 활동과 결합됨으로써, 글쓰기 교육 본연의 목표에도 부합하도록 설계된다. 예를 들어, 전문가의 사진과 비평을 함께 읽거나, 학생이 직접 비평적 글쓰기 활동을 수행함으로써 글 읽기와 쓰기의 다양한 역량을 강화하도록 하는 것이다.

 반면 2차시 수업의 경우, 학생들이 직접 매체의 생산에 참여하는 체험 활동을 강조한다. 1차시 수업에서 대상 텍스트를 읽고 이해하는 과정이 중심이었다면, 2차시 수업에서 학생들은 스스로 사진을 찍고, 그와 관련된 다양한 장르의 글쓰기 활동을 병행함으로써 멀티리터러시의 역량을 강화하게 된다. 학생들의 입장에서 본다면, 단순히 누군가가 전달하는 메시지를 일방적으로 받아들이는 입장에서 벗어나, 직접 텍스트를 만드는 경험을 거치면서 보다 능동적인 학습자로 변화하게 된다. 따라서 2차시 수업은 학습자 중심의 과제활동을 통해서 학생들이 텍스트를 주체적으로 향유할 수 있도록 기본적인 소양을 기르는데 집중한다고 말할 수 있다.

그런데 본고에서 제안하는 사진 매체와 글쓰기의 융합 수업에서 무엇보다 특별한 지점은, 풍경사진 보기(읽기)와 촬영하기를 글쓰기와 접목함으로써, 학생들의 세계에 대한 인식의 폭을 확대하려 한다는 사실이다. 주지하다시피, 풍경이란 객관적인 자연물이라기보다는 오히려 주체의 시선을 통해 (재)구성되는 정치적 산물이다. 풍경이 근대적 주체의 탄생이나 혹은 그런 주체의 존재론적 성찰 능력과 관련되어 있다는 점에 주목해보자.[6] 이런 맥락에서 본다면, 사진촬영을 통해 풍경을 (재)발견하는 작업은 학생들이 독립적으로 세계를 인식하는 중요한 계기가 될 수 있다. 일상세계의 익숙한 공간을 사진 프레임에 담는 과정에서 그동안 그냥 지나쳤던 자기 주변을 새롭게 바라볼 수 있는 기회를 얻게 되기 때문이다.

풍경사진 보기/읽기 비평적 글쓰기	학습 주제	• 대상의 (재)발견 • 대상에 대한 이해와 심화
	학습 목표	• 인지교육: 대상을 관찰하고 그것을 새롭게 인식할 수 있는 기회를 얻는다. • 매체교육: 사진 매체가 어떻게 대상(피사체)의 의미를 새롭게 드러내는지, 대상의 재현 방식을 이해할 수 있다. • 쓰기교육: 비평적 글쓰기나 설명적 글쓰기를 활용해, 사진 텍스트의 의미를 서술할 수 있다.

---

6 예컨대, "풍경이란 고독하고 내면적인 상태와 긴밀하게 연결되어 있으며, 그러한 내적인 인간에 의해 처음으로 풍경이 발견되고 있다"는 점을 지적한 가라타니 고진(2010)의 진술은 사실상 세계를 원근법적으로 인식하는 근대적 주체 형성과정 속에서 풍경의 의미를 설명하는 것이라고 할 수 있다. 따라서 풍경은 그것은 주체의 시선이 자신의 영역을 확대하는 시도라는 점에서 다분히 정치적이다.

학습 내용	• 풍경사진의 역사: 최초의 사진으로부터 포스트모던 시대의 풍경사진까지 다양한 기법으로 연출된 풍경사진을 살펴본다. • 풍경사진 보기/읽기: 1) 풍경 사진을 보고, 관련된 비평문을 읽어본다. 　　2) 풍경 사진에 사용된 다양한 화면 연출 기법을 학습한다. • 비평하기: 다양한 풍경사진을 보면서, 각각의 사진들이 가진 시대적 의미, 개성적 효과들을 관찰한다.
과제 활동	• 풍경사진 비평하기(모둠 활동) 　- 모둠별로 제공된 사진을 보면서, 작가가 대상을 어떻게 표현하고 재해석 하는지 관찰한다. 　- 모둠별로 각기 다르게 제공된 풍경사진의 기법과 의미를 살펴본다. 특징적인 지점이 있다면, 기록한다. 　- 모둠 발표를 통해, 풍경사진의 역사적인 변천, 개별 작가들의 개성적인 특징들을 공유한다. • 풍경사진 비평하기(개별 활동) 　- 모둠활동의 결과를 한 편의 비평문으로 정리해본다. 　- 학생 스스로가 자신을 사진 비평가라고 생각하고, 풍경 사진을 선택해 블로그에 올라갈 글을 써본다.
평가 방법	• 모둠별 발표를 통한, 텍스트 분석의 타당성 평가 • 개인별 비평문/에세이 등에 대한 내용상, 형식상의 타당성 평가

<표 2> 차시별 수업계획과 과제활동(1차시)

　물론 자신의 눈으로 풍경의 의미를 직접 포착하기 위해서는 그와 관련된 특별한 인지 훈련도 필요하다. 따라서 다른 사람들의 사진을 통해 그들이 어떻게 풍경을 포착하고, 어떻게 피사체에 색다른 의미를 부여하는지와 같은 문제에 대하여 매체학습을 선행하는 것은 필수적이다. 카메라나 렌즈 같은 하드웨어를 다루는 방법을 배우는 일도 필요할 수 있다. 풍경사진을 활용한 다매체 글쓰기 수업이, 크게 풍경사진을 읽고 이해하는 방법을 배우는 매체 수용(1차시)과 사진을 찍고 글을 쓰면서 자신의 생각을 표현하는 매체 활용 (2차시)의 두 방식으로 구성되는 것은 바로 이러한 이유 때문이다.

　풍경사진 보기와 비평적 글쓰기 활동을 결합한 1차시 수업의 목표는 대상의 발견과 이해, 그리고 그와 같은 이해를 심화할 수 있는 인식의 역량을 확대하는 일이다. 대상 정보를 읽고 그것을 정확하게 이해할 수 있는 능력, 또한 다양한 매체가 제공하는 특별한 맥락 속에서 메시지가 전달되는 기술적 방법을 이해하는 능력은 여기에서 핵심적인 교육의 대상이 된다.

이를 위해서는, 기존 작가나 비평가의 텍스트를 학생들과 함께 공유하는 것도 효과적일 수 있다. 토론 수업을 통해 풍경사진의 역사, 혹은 개성적인 사진의 연출기법 등을 확인하면서, 사진 매체가 가진 기본적인 특징을 함께 교수-학습하는 것이다. 학생들은 사진이라는 매체가 외부 세계의 다양한 풍경을 어떻게 피사체로 만들고, 그것을 미적 형상화의 대상으로 삼는지 살펴봄으로써, 그동안 익숙하지 않았던 사진이라는 매체에 대한 관심을 높일 수 있다. 뿐만 아니라, 같은 작품을 얼마나 다양하고 깊이 있게 분석할 수 있는지 공부하면서, 사진 매체를 읽고 이해하는 능력도 함께 키울 수 있다.

추가적인 쓰기 활동을 통해, 풍경사진에 대한 이해를 깊게 할 수도 있다. 예를 들어, 학생들이 좋아하는 풍경사진을 직접 선택하고 그것에 관한 비평적 글쓰기 활동을 병행함으로써, 사진을 읽고 해석하는 능력을 키울 수 있다.

비평적 사유가 단순한 비판이 아니라 대상에 대한 이해를 심화시키는 과정이라는 점을 감안한다면, 사진 매체에 대한 비평적 쓰기 활동은 보다 자연스럽게 매체에 대한 인식의 능력을 확장하도록 돕게 된다.

한편 2차시 수업의 경우, 1차시에서 진행되었던 텍스트 수용과 이해의 교수-학습을 바탕으로 학생들이 본격적인 자기표현을 시도하는데 교육의 중점을 둔다. 예를 들어, 학생들이 직접 교실 밖으로 나가 사진을 찍어 보고, 자신이 찍은 사진을 활용해 다양한 형식의 쓰기 활동을 수행함으로써, 궁극적으로 글과 사진을 결합한 복합양식 텍스트를 학생이 직접 생산하는 것이다. 이것은 학생들로 하여금 자신의 능력을 발휘해 의미 있는 결과물을 생산하도록 유도한다는 점에서, 수동적인 학습자의 모습에서 벗어나, 능동적인 수업의 주체로서 학습자의 모습을 지향한다.

요컨대 피사체를 선정하고 그것을 프레임 안에 넣거나, 더 나아가 특별한 화면 연출의 방식을 통해 그것을 표현하는 순간, 학생은 능동적인 결정의 주체로서 거듭나게 된다. 피사계 심도를 조절함으로써 배경의 어느 부분까지를 선명하게 만들지 결정하거나, 외부 세계를 화면 프레임 안에 얼마만큼 담아낼지 결정하는 그 모든 작업들에는 대상을 바라보는 학생 자신만의 주관적인 인식이 투영된다. 학생 스스로가 지식을 생산할 수 있는 능동적인 학습자로서 변화하고, 그 과정에서 살아있는 지식을 구성해보게 되는 것이다.

더구나 풍경사진 찍기와 글쓰기를 접목할 때, 학생들의 멀티리터러시 소양을 기르는 것도 가능해진다. 학생들이 사진을 찍고 완결된 글쓰기로 재구성할 때, 그 모든 과정에서 멀티리터러시와 관련된 복잡한 인지 활동도 함께 이뤄진다. 학생들은 은연중에 서로 다른 매체 사이에서 발생하는 교호적인 상관관계를 발견하거나, 이질적인 매체가 만날 때 어떻게 새로운 미적효과를 창출할 수 있는지 그 원리를 탐구할 수 있다. 어쩌면 그들은 일상적인 세계를 새롭게 인식하고, 그것에 특별한 서사를 부여함으로써 자신의 삶을 보다 풍성하게 만들 계기를 얻게 될지도 모른다. 결과적으로 복합양식 텍스트를 읽고 만들게 하는 이런 활동은, 학습자를 교육의 주체로 만들어줄 수 있을 뿐만 아니라, 동시에 학교 교육이 학생의 실제 삶에 긍정적인 영향을 발휘할 수 있는 가능성을 보다 더 높여준다.

풍경사진 찍기 장르별 글쓰기	학습 주제	• 대상의 (재)발견 • 대상에 대한 이해와 심화 • 대상의 재구성 혹은 재창조
	학습 목표	• 인지교육: 낯익은 대상의 의미를 새롭게 발견하고, 대상의 새로운 의미를 창조적으로 표현할 수 있다. • 매체교육: 사진 매체 언어의 특수성을 이해하고, 그것을 효과적으로 활용할 수 있다. • 쓰기교육: 지금까지 배웠던 다양한 글쓰기의 기술을 활용해, 복합양식(multimodal) 텍스트를 생산하고 향유할 수 있다.

학습 내용	• 풍경/정물/인물사진 찍기: 자기의 일상적인 공간을 풍경사진으로 만들어본다. • 자기가 찍은 풍경사진을 활용해 다양한 복합양식의 글쓰기를 경험한다.
과제 활동	• 풍경사진 찍고, 글쓰기로 재진술하기 - 자신의 주변을 사진 프레임에 담아본다. - 자기가 찍은 풍경사진의 내용을 묘사하거나 설명해 본다. - 자기가 찍은 풍경사진을 활용해 특정한 장르의 글쓰기를 해본다.(설명문, 논설문, 기사문, 동화와 소설 같은 서사적 형식의 글 등)
평가 방법	• 사진 매체와 글 매체의 연결이 적절한지 살펴본다. • 개인별 글쓰기의 적절성을 살펴본다.

<표 3> 차시별 수업계획과 과제활동(2차시)

4. 사례 분석

이 장에서는 위에서 설계한 수업모형을 실제로 적용한 사례들의 일부를
분석할 것이다. 다만 본고에서는 지면의 한계 때문에, 2차시 수업에서 학생
들이 직접 찍은 풍경사진과 글로 구성한 복합 텍스트들을 중심으로 살펴
보고자 한다. 그리고 효과적인 논의의 전개를 위해서, 앞에서 구분한 인지
능력의 세 수준—곧, 대상의 (재)발견, 대상에 대한 이해와 심화, 그리고 재
구성과 재창조—으로 구분하여, 각 단계별 학생 작업의 특징에 대해서 서
술할 것이다.

1) 대상의 (재)발견: 세계에 대한 재인식, 낯선 타자와의 만남의 단계

학생들의 작업 속에서 풍경은 아주 다양한 양상으로 나타난다. 익숙한
교정의 풍경이나 학교로 오는 등굣길의 모습, 한강공원 같은 한적한 공간,
혹은 출퇴근 시간의 붐비는 전철역처럼 도시의 다채로운 모습들이 풍경 사
진 속에 담긴다. 물론 그것은, 애써 찾아가지 않으면 만나기 어려운 자연의

풍경보다는, 주위의 일상적 모습에서 대상을 구하는 편이 과제를 수행하기에 훨씬 더 수월했기 때문일 수도 있다. 하지만 흥미로운 지점은, 학생들의 작업 속에서 풍경이 단순한 자연의 경관이나 인위적으로 연출된 정물(靜物)로만 국한되지는 않는다는 바로 그 사실이다.

오히려 학생들은 풍경을 자기 자신의 외부에 존재하면서 이 세계를 구성하고 있었던 모든 것들로 확장한다. 학생들의 풍경사진 속에는, 그들의 주변에 늘 있지만 미처 깨닫지 못했던 사람들이나 사물들, 그러므로 실은 명백히 이 세계를 구성하고 있었던 나와는 다른 수많은 타자들이 존재한다. 어딘가를 향해 바쁘게 걷는 사람들이나, 반대로 한적한 버스정류장에서 유유자적하게 버스를 기다리는 노인의 모습, 운동장에서 농구를 하는 친구, 혹은 환경미화원이나 택배기사와 같은, 우리의 세계를 구성하고 있었던 것이 분명하지만 미처 감지하지 못했던 낯선 사람들의 모습이 학생들의 사진 속에서 풍경으로 나타나기 때문이다. 늘 보던 부모님의 주름진 손이나 동생의 빛나는 눈동자처럼 너무도 익숙했던 존재로부터 새롭게 발견한 모습을 풍경으로 찍는 학생들도 있었다.

그러므로 어떤 점에서 본다면, 학생들이 렌즈를 통해 세계를 바라볼 때, 세계는 비로소 의미 있는 풍경으로 재구성된다고 할 수 있다. 사진을 찍는 활동 그 자체가 타자를 발견하고 타인의 얼굴과 대면하는 중요한 경험이 될 수도 있는 셈이다. 가령, 〈학생자료1〉에서 학교로 오는 길에 늘 봤던 풍경을 다시금 새롭게 보게 되었다고 고백하는 학생의 글쓰기는 이처럼 풍경 사진 찍기와 글쓰기의 결합이 어떻게 학생들의 인식을 확대하는데 기여하는지 엿보게 한다. 대상의 (재)발견이라는 인지 수준에서, 학생들은 자기 주변의 세계를 재인지하고, 그 과정에서 그동안 보지 못했던 낯선 타자들과 조우한다.

<학생자료 1>

유리벽에 등을 기대고 조심스레 앉아 있던 여인의 좌판에는 마늘, 당근, 감자, 미나리 등의 채소들이 즐비하게 놓여 있었다. 옷차림과 뽀글뽀글 파마를 한 머리를 보고, <u>나는 그녀가 적어도 불혹을 넘긴 나이임을 직감</u> 했다. 여인의 검게 탄 피부와 거친 손은, <u>극심한 가뭄으로 인해 쩍쩍 갈라진 땅</u>을 떠올리게 했다. 그녀는 그 손으로 채소들을 끊임없이 손질하며, 지나가는 청년들을 바라보고 있을 뿐이었다.

하지만 나를 가장 놀라게 했던 것은, 여인이 좌판을 벌리고 있던 그 장소였다. 그녀는 대형마트를 마주보고 좌판을 벌려 놓고 있었다. 대형마트의 입구에는 마치 그녀를 비웃기라도 하듯 오늘의 '행사상품'이 적힌 빨간색 입간판과 가지런히 잘 정렬된 물건들이 있었다. 주황색 유니폼을 입고 분주하게 돌아다니는 마트 직원들의 모습과, 그 앞에 조용히 앉아 한가로워 보이기까지 하던 그녀의 모습은 상당한 대조를 이루었다. (중략) 어쩌면 그것은 자신의 삶 구석구석까지 물밀 듯이 들어와 <u>자신을 생활을 위협하는, 대기업의 횡포에 대한 일종의 투쟁 행위였을까?</u> (밑줄: 인용자)

주목할 부분은, 대상의 발견에 집중하는 학생들의 풍경사진이나 글에서 자주 나타나는 공통적인 특징이 존재한다는 점이다. 그것은, 이 수준의 학생들에게 대상 풍경에 대한 본격적인 사유는 실제로 사진을 찍고 난 이후에 대부분 글을 쓰는 과정에서 이뤄진다는 사실이다.

대상의 (재)발견 수준에서 풍경사진은 대부분 피사체가 작고, 프레임 내부에 불특정 다수의 사람이나 사물을 포함한 경우가 많았다. 뿐만 아니라, 이 학생들의 경우, 자신들이 찍어온 여러 장의 사진 중에서 원본을 결정하는 과정이 유독 길다는 특징도 있었다. 이것은 이러한 수준의 학생들이 대상의 특별한 의미를 감지하기 위해서, 풍경 사진을 찍고 난 뒤에도 추가적으로 사유의 시간이 필요하다는 것을 시사한다.

〈학생자료 1〉에서 볼 수 있는 것처럼 글쓰기는 학생의 인식을 확장하는 데 필 요한 사유의 계기를 마련한다. 비록 이 사진에서 피사체의 모습은 자세히 드러나지 않으며, 심지어 뒷모습으로만 나타난다. 그럼에도 불구하고, 학생은 그의 "검게 탄 피부와 거친 손"까지 자세하게 묘사한다. 그리고 그와 같은 묘사로부터 "극심한 가뭄으로 인해 쩍쩍 갈라진 땅"을 떠올린다. 이러한 묘사는 이 학생이 처음부터 의도한 내용이라기보다는, 글을 쓰는 과정에서 이뤄진 추가적인 사유의 결과일 가능성이 높다. 풍경 사진을 촬영한 이후, 특별한 의미를 가진 피사체를 발견하고, 거기에 특별한 의미를 부여하는데 쓰기 과정이 중요한 역할을 담당하고 있는 것이다.

따라서 이런 사례들로부터 놓쳐서는 안 되는 교육적 시사점은, 사진 찍기를 글쓰기와 결합함으로써 학생들의 인식을 훨씬 더 확대할 수 있다는 점이다. 풍경사진만 찍거나 혹은 글쓰기만을 단독 과제로 제시하는 것보다는, 그 두 활동을 결합함으로써 학생들의 인지 능력을 보다 확장할 수 있다는 사실은 매우 중요하다. 부가적으로, 대상의 발견 수준에서 학생들의 글쓰기가 대부분 묘사나 설명에 집중되어 있다는 점도 흥미롭다. 그들의 글이 주로 풍경 속의 피사체를 설명하거나, 대상 풍경에 대한 묘사적인 글쓰기에 집중함으로써, 비교적 눈에 보이는 그대로의 내용을 전달하는데 큰 목표를 두고 있는 것이다. 그러므로 첨삭과 논평 같은 부가적인 활동을 통해서, 학생이 인식한 내용보다 한 차원 높은 수준의 사유에 도달할 수 있도록 돕는 것은 보다 효과적인 교육 방법이 될 것으로 보인다.

2) 대상에 대한 이해와 심화: 본질에 대한 각성과 생(生)에 관한 사유의 단계

어떤 학생들은, 사진의 내용을 전달하는데 작업의 목적을 두기 보다는, 적극적인 방식으로 대상 풍경의 의미를 새롭게 구성하는 모습을 보여주기도 한다. 예를 들어, 〈학생자료 2〉는 풍경사진과 글이 이루는 모종의 협업을 통해서 대상에 관한 새로운 진실을 드러낸다. 야구공의 본질적 특성을 보여줌으로써 그것을 인생의 의미와 연결시키는 것이다. 물론 이러한 작업은 대상에 대한 피상적인 이해로부터 벗어나, 대상의 본질을 정확하게 꿰뚫고 있을 때 비로소 이뤄질 수 있다.

<학생자료 2>
"둘레 23cm, 108개의 빨간 솔기를 가진 나의 움직임 하나 하나에 수 천, 수만 명의 사람들이 시선이 집중된다. 내가 어둠속에서 벗어나 공중에 흩뿌려지는 그 찰나의 순간, 나를 바라보고 있는 사람들의 간절한 눈빛을 나는 읽을 수 있다. '깡!' 나는 드넓게 펼쳐진 하늘로 비행을 시작한다. 내가 넓게 펼쳐진 잔디밭을 향해 시원하게 뻗어 나갈 때, 어떤 사람들은 하나가 되어 일어나 함성을 지르고, 어떤 사람들은 일제히 탄식을 뱉으며 무너지듯 자리에 주저 앉는다. 이처럼 그들의 심장을 요동치게 하는, 팀을 향한 열정과 애정, 그리고 어쩔 수 없이 나눠져야 하는 승자의 기쁨과 패자의 슬픔, 그러한 희로애락이 바로 나, '야구공'을 존재하게 하는 이유이다."

9번의 공격과 9번의 수비를 하는 동안, 얇고 기다란 배트로 한 손에 잡히는 작은 야구공을 치고 또 그것을 막는 게임이 '야구'이다. (하략) 마침내 우리의 응원이 홈런이 되어 날아가면, 지금까지 타자들의 실수, 각각의 승부에서의 패배에 대한 기억은 공에 실려 함께 사라져 버린다. 그러므로 우리에게 필요한 건, 야구를 통해 당장의 경쟁에서 비록 지더라도 계속해서 희망을 가지고 도전할 다음 타자, 그리고 지나온 경쟁의 실패를 함께 날려 보낼 야구공 한 개다. (밑줄: 인용자)

이런 학생들은 자신의 생각과 주제를 전달하기 위하여, 의도적으로 풍경을 만들어내기도 한다. 때때로 이들은 마치 한 폭의 정물화를 그려내는 것처럼, 사진 속에 주제를 드러낼 수 있는 피사체를 배치한다. 어떤 글을 쓰겠다는 분명한 방향을 가지고 적극적인 사유의 활동을 통해 사진을 연출하는 것이다. 〈학생자료 2〉에서 사진 속의 피사체는 '야구공'이다. 하지만 이것은 우연히 피사체에 들어온 사물이라기보다는, 사진을 찍기 위해서 의도적으로 구성된 정물이다. 물론 여기에서 야구공은 학생 자신의 철학적 사유를 통해 관념화된다. 그것은 야구장에서 사용되는 일반적인 공의 의미를 넘어 세계의 경쟁과 냉혹한 현실, 실패에 대한 불안을 의미하며, 동시에 그러한 상황을 극복해야만 한다는 깨달음의 계기로 기능한다. 객관적인 사실로서의 풍경이 아니라, 주제를 드러낼 수 있는 적극적인 연출의 결과가 화면 속에서 형상화되고 있는 것이다.

사진 연출의 기법적인 측면에서 보자면, 대상에 대한 이해의 심화 수준에 있는 학생들에게서 클로즈업의 기술이 자주 나타난다는 점은 흥미롭다. 이것은 사진 속의 피사체가 고도의 기획 속에서 만들어진다는 사실을 반증한다. 대상의 외형을 있는 그대로 보여주는데 목표를 두지 않고, 그것의 가장 특별한 성격을 부각시키기 위해 의도적으로 화면을 연출한 셈이기 때문이다.

<학생자료 3>
노인을 위한 나라는 없다. 고령화로 인해 노인들은 점차 많아지지만 노인들이 설 자리는 점점 더 좁아지고 있다. (중략) 특히 대중교통에서의 일부 노인들의 행태는 젊은이들이 자주 욕을 하는 소재인데, 노인 전체에 향한 확대된 공격을 가한다. 임산부에게 자리를 비키지 않았다고 막말을 하는 할아버지나, 등산복을 입은 채 비 노약자석에 앉은 학생을 툭 툭 치는 할머니의 이야기는 지겹지도 않게 지속적으로 회자된다. 나아가 노인 세대는 절대 말이 통하지 않는다고 여겨진다. 말 그대로 코드가 맞지 않는다는 것이다. (중략) 세대 갈등은 사실 해결해야만 하는 문제적 사안이 아니라, 차이에서 오는 필연적인 결과이다. (밑줄: 인용자)

한편, 글쓰기의 요소에 집중해서 본다면, 이 학생들의 글에서 다양한 수사가 활용된다는 점도 주목할 만하다. 이 수준의 학생들은 <학생자료 3>처럼 은유를 통해서 대상을 인생의 어떤 특별한 측면과 연결시키거나, 혹은 환유적인 방식으로 대상의 의미를 확대하기도 하고, 사진 속의 피사체를 핵심적인 상징으로 사용한다. 대상의 본질에 대한 자각으로부터 출발한 자유로운 사유의 흐름을 다양한 비유적 표현을 통해 구체화하는 것이다. 여기에서 서로 맞지 않는 코드와 콘센트는 젊은 세대와 노년 세대의 갈등의 원인을 적나라하게 보여주는 상징이다. 세대갈등의 본질은 110V의 코드와 220V 콘센트 사이에서 벌어지는 충돌로 비유된다. 따라서 글은 점차 코드를 연결할 수 있는 매개가 필요하다는 쪽으로 흘러가고, 결국 우리 사회에 필요한 것이 서로 다른 코드를 연결할 수 있는 소통의 과정임을 역설한다.

비유를 통해 대상의 본성에 대해 자유롭게 사유하는 이런 작업들은 학생들이 대상의 본질에 대한 심화된 이해에 도달했음을 보여준다. 대상의 속성을 정확하게 이해하고 그것을 내면화할 수 있을 때, 비로소 더 높은 사유의 단계로 도약할 수 있기 때문이다.

3) 대상의 재구성 혹은 재창조: 멀티리터러시의 자유로운 활용과 자기 내면의 재구성 단계

어떤 학생들의 경우, 풍경 사진을 찍고 그것으로부터 글을 쓰는 과정은 자신에 대한 깊은 성찰에 이르는 여정인 것처럼 보이기도 한다. 예를 들어, 〈학생자료 4〉는 학생 스스로가 하나의 피사체가 되어 사진 속에 나타난다. 사진 속에서 그는 풍경을 바라보고 있지만, 동시에 그런 그의 뒷모습 역시 풍경의 일부로 포함된다. 물론 이런 사진의 구도는 사진을 찍는 이의 특별한 의도를 내포한다. 이를 테면, 글 속에서 학생은 자기 삶에서 일어난 여러 가지 문제들에 대해 성찰하는 모습을 보여준다. "나에겐 무슨 문제가 있는 걸까?", "나는 왜 이럴까?" 취업이라는 현실적인 문제 앞에서 그는 고민에 빠지기도 하고, 혹은 더 큰 목표를 세우며 자신의 꿈을 되살려보기도 한다. 결국, 〈학생자료 4〉에서 핵심적인 테마는 풍경 사진 속에 등장하는 '나' 자신의 내면 풍경이다.

<학생자료 4>
오늘 본 면접은 정말 최악이었다. 면접이 끝나고 터벅 터벅 힘없이 조용한 복도를 지나 계단을 내려가다 계 단난간에 몸을 기댄 채 나는 그저 힘없이, 멍하니 하늘 을 보았다. 하늘은 마치 시원한 바다처럼 구름한점 없 이 푸르렀고 햇살이 따뜻하다 못 해 몸을 녹일 듯이 뜨 거웠다. 순간 나는 내 자신에 대해 한탄과 원망이 밀려 오기 시작했다. "나에겐 무슨 문제가 있는 걸까?", "나 는 왜 이럴까?", "도대체 뭣 때문에 이러고 있지?"라는 이런저런 생각들이 파도처럼 밀려와 순간 서러워서 눈 가에 눈물이 맺혔다. 나의 미래에 대한 꿈과 목표는 사 라지고 오로지 내 자신이 "왜 이렇게 의미 없는 삶을 살고 있는건가?" 라는 생각이 내 머릿속을 담배연기마 냥 헛헛하게 채워갔다. (하략)

풍경의 발견이 궁극적으로는 그것을 바라보는 주체의 발견이라는 문제 와 관련된다는 점을 다시금 상기해보자. 그와 같은 관점에서 본다면, 풍경 사진 을 활용한 글쓰기의 주제가 단순히 외부 세계로만 한정되지 않는 것 은 자연스 럽다. 많은 학생들이 과제를 통해 자기 내면의 고민을 토로하곤 한다. 때로그것은 소박한 일기의 형식으로 나타나기도 하고, 풍경을 바라 보면서 얻어낸 사색의 문장으로 나타나기도 한다.

〈학생자료 5〉에서라면, 풍경은 자기 자신의 내면적인 고백(일기장)으로 나 타난다. 여기에서 4월, 16일, 부활절, 추모와 같은 키워드는 학생의 내면에 드리워진 깊은 생채기와 관련되어 있다. 떠나간 사람들을 잊지 않겠다고 다짐했던 그의 예전 기록(일기)은 사진 속에서 피사체가 된다. 반대로 글은 그런 예전의 다짐과 자신의 현재가 얼마나 일치하고 있는지에 대한 반성을 담는다. 이처럼 상호텍스트적으로 소통하는 매체 간의 양상은 마치 과거를 담은 사진(일기)과 현재의 일기(글)가 서로 이야기를 나누면서, 글을 쓰는 학 생의 내적인 고민을 극적으로 표현하고 있는 것처럼 보이기도 한다.

<학생자료 5>

부활절이었다. 나는 기다렸다. 4월이니까, 그리고 부활절이니까 기다렸다. (중략) 예수님이 부활하셨다면 누구보다도 먼저 그 사람들 곁에 가 계실텐데, 예수님을 따르는 사람들은 그분의 사랑을 외면하고 있었다. (중략) 작년 4월 16일, 나 는 윤리와 사상 수업을 듣다가 그 이야기를 전해들었다. 나는 눈물을 흘렸다. (중략)

2014년 4월 16일 이후 한달, 100일, 200일, 300일이 지나 1년이 되었는데 나는 잊지 않겠다는 말 뒤에 비겁하게 숨어버린 것이다. 소경이 되고 싶었던 것이다. 지나가길 바라면서, 누군가 해결해주길 바라면서.

이처럼 글과 이미지를 복합적으로 사용하면서 대상의 의미를 재창조하는 학생들은 사진과 글의 서로 다른 특성을 적절하게 이용한다. 이 학생들은 글과 사진 하나하나를 독립적인 매체로서 바라보면서도, 동시에 그것이 공존함으로써 만들어낼 수 있는 미학적 효과를 염두에 둔 것처럼 보인다. 이들의 사진은 클로즈업, 구도, 색, 피사체의 위치나 피사계 심도와 같은 다양한 연출 방식을 통해서 사진이 보여줄 수 있는 시각적 효과를 극대화한다.

뿐만 아니라, 이 사진은 다양한 장르의 글 형식과 특별한 관계를 맺음으로써 보다 극적인 텍스트로 변화한다. 글 속에 나타난 나의 답답한 심정을 사진 속에 풍경처럼 등장한 자신의 뒷모습으로 표현하거나(<학생자료4>), 자신의 현재와 과거를 서로 배치한 복합 텍스트를 만들기도 하고(<학생자료5>), 또는 사진 속의 공간을 배경으로 완전히 새로운 이야기를 구성해 극적인 장면을 연출하기도 한다(<학생자료 6>).

<학생자료 6>

Tour Eiffel. 건축가 구스타프 에펠의 이름을 딴 이 탑은 프랑스 파리 마르스 광장에 위치하며, 1898년 완공되어 높이 324m로 떨어져 죽기 딱 좋은 높이 이다. 그리고 한 여름에 고철 탑에 올라와 보겠다고 땡볕에 서 있는 사람들에겐 미안하지만, 난 오늘 여기서 죽어야겠다. (중략)

내 계획을 다시 한 번 되짚어 보며 흐뭇한 미소를 짓고 있자 엘리베이터 안의 프랑스 소녀가 말을 건다.

"Vous regardez heureux.(기분 좋아 보이네요.)" 나는 미소를 지우지 않고 답한다.

"Oui. Aujourd'hui c'est mon anniversaire.(그럼 오늘 내 생일이거든.)"

이윽고 엘리베이터가 멈추고. 나는 내린다. 맑은 공기. 화사한 햇살. 아름다운 세상. (중략) 팔을 벌려 바람을 맞는다. 아, 시원한 바람. 아름다운 내 삶이여! 그리고 추락. 아래로. 아래로! 비명. 쿵. 어둠. 오늘은 행복한 내 생일이다.

이것은 이 수준의 학생들이 사진과 글이라는 매체가 가진 속성을 비교적 정확하게 이해하고 있음을 반증한다. 사진과 글 사이에서 이뤄지는 상호소통적인 교섭의 원리를 알고, 각각의 매체가 지닌 미학적 특징을 극대화하면서 한 편의 완결된 복합 텍스트를 생산하고 있기 때문이다. 이들의 작업에서 사진과 글은 따로 분리되지 않은 채 행복하게 소통하거나, 혹은 충돌하기도 하면서 매체의 특징을 강화한다. 다양한 매체와 다양한 언어를 자유자재로 활용함으로써, 인식의 능력 자체가 확장되고 있는 것이다.

5. 결론

다양한 매체를 읽고 이해하며, 그것을 적극적으로 활용할 수 있는 멀티리터러시의 역량이 오늘날의 학생들에게 중요하다면, 대학 교육 역시 그러한 소양을 기를 수 있는 교육의 방법을 고민해야만 한다. 본 논문은 학교 현장이 마주한 이와 같은 변화와 관련, 대학작문 교육이 보다 적극적으로 대응해야만 한다는 문제의식에서 비롯되었다. 다매체·복합 텍스트가 일상화된 시대에 글 쓰기의 교육학적 가능성을 확장하기 위해서는, 글쓰기 수업이 단순한 문자 언어 중심의 작문 교육으로 한정되기보다 오히려 다양한 매체를 연습할 수 있는 기회가 될 수 있는 방법을 고민해야하기 때문이다.

사실, 사진 매체는 유한한 기억의 용량을 가진 인간이 기억을 저장하는 효과적인 방식이다. 가령, 풍경을 사진으로 담는 행위는 찰나의 풍경을 기억하고, 그것을 영원히 소유하는 인간의 방법이라고 할 수 있다. 하지만 그처럼 사진을 통해 재현된 풍경의 기억이 의미를 가지기 위해서, 그것은 특별한 이야기를 통해 재구성되어어야만 한다. 그리고 글쓰기는 그런 이야기를 만드는데 효과적인 방식이 된다. 글을 쓰는 과정에서, 사람들은 대상과 세계에 대한 성찰을 시도하고 그것을 언어적으로 구체화하는 경험을 한다.

이러한 맥락에서 본고는 인식의 확장 도구로서 다매체 글쓰기 수업을 기획하고, 특히 풍경사진 촬영과 글쓰기를 결합한 2차시 수업의 경우, 인지 수준별로 다르게 나타나는 글쓰기의 유의미한 유형을 발견해낼 수 있었다.

우선, 인식 단계의 초기 수준에서 학생들의 글쓰기는 풍경사진에 대한 묘사적 진술을 주로 담고 있는 경향이 있었다. 학생들은 눈에 보이는 이미지를 묘사적으로 진술함으로써 이미지 속의 세계를 언어적으로 재구성하는 데 집중했다. 또한 학생들의 인지 활동은 사진을 찍고 난 이후의 글쓰기 과정에서 더욱 적극적으로 이루어졌으며, 그 과정에서 글쓰기는 학생들의 사유를 촉진 하는 촉매의 역할을 수행했다. 내용 측면에서 보자면, 이들의 글쓰기에는 그들이 발견한 낯선 세계에 대한 묘사와 그로부터 비롯된 새로운 깨달음이 주를 이루고 있었다. 결과적으로, 대상의 (재)발견 수준에서 이뤄지는 학생들의 글쓰기는 세계를 새롭게 바라보고, 그 세계 속에 살고 있는 타자들의 존재를 감지하는데 보다 효과적인 방식이 될 수 있었다.

반면, 대상에 대한 이해의 심화에 도달한 학생들의 경우, 그들의 글쓰기는 단순히 사진의 내용을 전달하는데 머무르지 않고 오히려 적극적으로 대상 풍경의 의미를 구성해내고 있는 것처럼 보였다. 클로즈업을 통해 대상의 특정한 속성을 부각시키거나, 피사체에 특별한 의도를 담아내기 위한 화면 연출이 이들의 풍경 사진에서는 자주 발견되었다. 이런 학생들의 글은 대상에서 새롭게 발견한 의미를 비유적으로 표현하는 글들이 주를 이뤘으며, 좀처럼 밖으로 드러나지 않는 대상의 본질을 간파하고, 그러한 각성을 자기 삶의 특별한 국면과 비유적으로 연결시키는 활동이 이들의 글쓰기에서 핵심적인 부분을 차지했다.

더 나아가, 학생들이 대상을 재구성하고 그것을 재창조할 수 있을 때, 그들의 글쓰기는 장르적으로 훨씬 더 자유로운 모습을 보여주었다. 이들의 작업은, 다매체 글쓰기의 장점을 충분히 활용해 종종 전혀 새로운 미학적 텍스트를 완성하는데까지 도달하곤 했다. 이들의 작업에서 사진과 글은 끊임없이 서로 영향을 주고받으면서 대상의 본질을 드러내는데 기여했다. 이들은 다양한 매체가 가진 특별한 성격을 분명하게 이해할 뿐만 아니라, 그것을 자유롭게 구사할 수 있을 만큼 멀티리터러시의 다양한 역량을 내면화하고 있었다. 결과적으로 이처럼 수준별로 다르게 나타나는 글쓰기의 차이는, 학생들의 상황에 따라 다매체 글쓰기 교육의 전략도 다르게 적용되어야 함을 보여준다. 글쓰기가 학생들의 인식수준을 반영하는 것이 사실이라면, 학생들에게 제공되는 피드백은 멀티리터러시의 이전 단계에서 다음 단계 진입할 수 있도록 고려될 필요가 있다. 이런 점에서 글과 이미지의 복합 텍스트를 읽거나 만들어보는 작업은 그 자체로 멀티리터러시를 강화하는 효과적인 방식이 된다. 학생들이 직접 사진을 찍고, 그 결과물을 바탕으로 글쓰기 활동을 병행함으로써 멀티리터러시의 다양한 요소들을 자극하기 때문이다. 무엇보다도 이처럼 다양한 매체를 활용할 수 있을 때, 학생들이 활용할 수 있는 언어의 종류도 그만큼 늘어난다는 점에 주목해야만 한다. 언어가 단순한 의사소통의 도구로만 그치지 않고 그 언어를 사용하는 사람들의 세계에 대한 인식 자체를 변화 시켜줄 수 있는 것이 사실이라면, 결국 학생들이 다양한 매체의 언어를 활용할 수 있을 때, 세계를 이해하는 학습자의 이해의 폭은 훨씬 더 깊고 다채로워질 수 있다.

그러므로 궁극적으로 다매체 글쓰기가 겨냥하고 있는 교육의 목표는 학습자의 인식 세계를 확장하는데 있다고 볼 수 있다. 다양한 언어를 통해 이 세계의 다채로운 모습을 발견함으로써, 그 세계에 숨겨진 낯설고 새로운 의미를 발견할 수 있다고 기대하는 것이다. 멀티리터러시가 단순한 매체의 활용 기술이 아니라, 인식의 지평을 넓히는 사유의 힘으로 이해될 수 있는 까닭은 바로 여기에 있다. 요컨대 교육적인 의미에서 '앎'이란 어떠한 대상을 제대로 인식 하는 일에서부터 시작된다. 대상에 대한 정확한 이해를 통해 그것의 참의미를 해독할 수 있을 때, 비로소 학생들은 자신을 둘러싸고 있는 세계를 끊임없이 재발견하며 재창조할 수 있는 기회도 함께 얻게 된다.

📎 참고문헌

- 공성수·김경수(2017), 멀티리터러시 향상을 위한 글쓰기 교육의 목표와 수업모형-비평하기와 종합하기의 요소를 중심으로, 대학작문 22, 대학작문학회, 11-49.

- 공성수·이요안(2017), 자료기반 글쓰기(Source Based Writing)를 통한 읽기-쓰기 통합 교육 모형 연구, 교양교육연구 11(2), 한국교양교육학회, 211-254.

- 김동환(2013), 매체교육과 언어인식, 국어교육학연구 46, 국어교육학회, 215-241.

- 김영도(2015), 사진을 활용한 문학적 글쓰기 연구, 교양교육연구 9(3), 한국교양교육학회, 473-512.

- 김재춘·배지현(2012), 들뢰즈의 인식론의 교육학적 의미 탐색-인식능력의 차이 생성이론을 중심으로, 초등교육연구 25(2), 한국초등교육학회, 239-265.

- 김지영(2012), 디지털 시대 '사진 쓰기'의 의미, 한국콘텐츠학회논문지 12, 한국콘텐츠학회, 156-159.

- 남택운(2000), 풍경사진의 양식적 변천에 관한 연구(1839~1945), 미술교육논총 9, 한국미술교육학회, 257-280.

- 남택운(2006), '풍경'에 관한 시각문화적 의미론, 미술교육논총 20(3), 한국미술교육학회, 281-299.

- 노연숙·현혜연·하동환(2007), 디지털 카메라를 활용한 유아 사진 교육이 이미지 리터러시 능력 향상에 미치는 영향, 한국사진학회지 16, 한국사진학회, 64-72.

- 민현미(2006), 국어과 '그려쓰기' 교수·학습 방법 연구, 한국초등국어교육 32, 한국초등국어교육학회, 155-190.

- 서수현·옥현진(2013), 아동의 그림일기에 나타난 글과 그림 간의 의미 구성 방식, 아동학회지 34(4), 한국아동학회, 163-177.

- 서요성(2017), 인식과 문화의 맥락에서 미디어의 고찰-마샬 맥루언의 감각, 말, 글 개념에 대한 비판적 독해, 독일언어문학 77, 한국독일언어문학회, 249-271.

- 손혜숙(2015), 대학 글쓰기에서의 융·복합적 사고에 기반한 자기서사 쓰기 교육방법 연구, 대학작문 14, 대학작문학회, 243-269.

- 안혁(2014), 리터러시를 위한 이미지와 내러티브 관계 분석, 언어와언어학 63, 한국외국어대학교언어연구소, 107-132.

- 옥현진·서수현(2011), 초등학교 1학년 학생들의 그림일기 표현 활동에 나타난 복합양식

문식성 양상 분석, 한국초등국어교육 46, 한국초등국어교육학회, 219-243.

- 이찬훈(2007), 인문학적 상상력과 디지털 사진예술의 활용 가능성 연구, 대동철학 40, 대동철학회, 219-245.

- 장화심, 유성호(2006), 사진을 활용한 시 창작 교육의 가능성, 교원교육 22(3), 한국교원대학교교육연구원, 135-153.

- 정경열(2017), 영상 커뮤니케이션을 위한 이미지의 기능과 활용에 대한 연구, 한국콘텐츠학회논문지 17(10), 한국콘텐츠학회, 576-586.

- 정덕현(2017), 사진과 내러티브를 활용한 성찰적 글쓰기 수업 연구, 문화와융합 39(2), 한국문화융합학회, 145-176.

- 정현선(2009a), 디지털 시대 글쓰기에 있어 '표현 도구'와 '매체 특성' 이해의 필요성-초등학교 어린이의 사진과 글에 대한 분석을 중심으로, 한국어문학 106, 한국어문학회, 99-130.

- 정현선(2009b), 학급문집 만들기 프로젝트의 맥락에서 이루어진 사진과 글을 통한 초등학교 저학년 어린이들의 표현과 소통, 국어교육학연구 36, 국어교육학회, 519-560.

- 주은우(2003), 19~20세기 전환기 자연 풍경과 미국의 국가 정체성, 사회와역사 63, 한국사회사학회, 123-138.

- 柄谷行人(2010), 일본 근대문학의 기원, 박유하(역), 도서출판b(원서출판 1988).